国际中文教育
案例指导与实训

包学菊 编著

合肥工业大学出版社

前　言

　　当我们把"案例"和"国际中文教育"联系在一起时，这中间似乎"穿越"了约 150 年的历史。案例被应用于专业教育领域始于 1870 年，那时的案例作为一种教学材料开始在法律教育、医学教育中发挥作用，并在当时支撑起一种新型的教学方法——案例教学。时隔 50 多年后，教师教育中的案例教学在北美地区开始了一段尝试和发展的历程，并在 20 世纪 80 年代后期逐渐走向成熟，从而产生了世界范围的影响。而"国际中文教育"这个概念则是在近年通过国际中文教育大会的召开，以及研究生教育学科专业目录的更名①才得以明确。虽然作为一个学科，国际中文教育自中华人民共和国成立之初的"对外汉语教学"发展而来，也留下了十余年来"汉语国际教育"时期的卓越成绩，但是从其本身来讲，它还是一个相对年轻的学科。在这个学科平台上，为培养国际中文教育专业研究生和教师而采用的案例，正在基于并超越教学材料的基本价值，在教师专业成长的多个层面焕发出新的活力。

　　如果从最基础的案例教学起步，我们能看到在《全日制汉语国际教育硕士专业学位研究生指导性培养方案》中，"国外汉语课堂教学案例"以核心课程之一的角色发挥着重要作用。而随着教育部、人力资源和社会保障部在 2013 年联合出台意见，要求深入推进专业学位研究生培养模式改革，各专业学位授权单位在以职业需求为导向，以实践能力培养为重点的思想指导下，在课程教学环节优选教学内容，突出课程实用性和综合性，逐步加强案例教学，并确立了以各培养院校为基点的案例教学模式。正是在这个时期，记录专业实践、联结学科理论的案例集开始大量涌现，对于本学科案例教学思想的总结、案例分析方法的探索，以及案例库的建设也愈加走向深入，并取得了初步的成绩。

　　同时，案例集和案例库的出现也就意味着参与编写、建设的国内外教师、研究生、汉语教学志愿者进行了广泛的案例开发活动，经历了难以计数的反思、理解和解释自

---

　　① 2022 年 9 月，在国务院学位委员会、教育部印发的《研究生教育学科专业目录（2022 年）》中，"汉语国际教育"正式更名为"国际中文教育"。本书在撰写过程中，遇有早于这一日期的文件资料中的及官方目前还在沿用的专业名称，仍使用"汉语国际教育"，而在其他表述中均以"国际中文教育"为准。

身实践经验的过程，建构起了国际中文教师专业发展的丰富侧面。在另一个角度上，一直大量存在于专业论文写作当中的案例研究，也让我们看到了那些从国际中文教育现实中提取的有价值的案例。我们对这些案例进行深入、系统的分析，并借助科学的研究路线将其呈现为系统的论述，从而在理论与实践交织的层面勾勒出学科发展中的许多重要议题。

不过，在这些围绕案例的教师专业发展活动中，我们也能发现，虽然有些学者较早提出了一些理论思考的方向，如案例的概念、理论依据和运用原则，也在汉语作为第二语言教学、跨文化交际等课程中总结出了比较丰富的实践路向，但是至少在案例教学的角度，他们围绕教学活动的实施者——教师和教学内容——案例所做的探索仍是其中的主流。相对地，在案例教学的参与者，即专业研究生及参加案例培训活动的职中教师这个角度，直接的、有针对性的指导、研究还很少。同样，能够借鉴国内外教师教育的案例学习理论，面对国际中文案例开发、案例研究的方法论、实践论总结也非常少见。这一切不得不说是一种缺憾。案例教学的参与主体除了在课堂环境、培训条件下跟随教学组织者外，目前还缺少介入案例、利用案例的方法指导和有力工具，开发案例也只能依靠感性经验。让专业研究生和处于不同职业阶段的国际中文教师真正成为案例分析的受益者、案例开发的实践者及案例研究的尝试者，就需要从他们的角度建构一些有学习指南意义的基本线索，为其提供一套行之有效的"案例使用说明"或"guidebook"，而这正是本书最朴素的出发点。

我们认为倡导一种基于案例的教师专业发展方式——以案例教学为核心，围绕案例分析、开发，以及案例研究的多种学习活动能够拓展国际中文教师专业发展的资源与通路，亦如此前100多年历史所印证的那样，从而提升教师教育的引领性和实效性。而一套适用于国际中文教育案例学习的参考指导，在当下来看，可以服务于国际中文教育硕士课程设置、人才培养，并对各类以案例分析为导向的课程产生积极意义；从长远来讲，也可以有效支持职前和职中教师"案例思维"的形成，使之主动接纳案例成为专业生活的一部分，获得终身学习的方法。为此，本书从案例的内涵、本质与应用场景出发，力求在案例学习的认识论、方法论方面为国际中文教师专业发展提供一些思路，因而规划了以下七章内容：

第一章，案例认知的基础：梳理国际中文教育案例的概念、特点、多样类型，以及案例与相似概念，如例子、教案、教学实录等的辩证关系。

第二章，案例方法的意义：从现代知识类型、建构主义理论、认知学习理论的角度揭示案例中蕴含的相关理论价值；面向现实需要，分析国际中文教师的培养方向、职业特点、发展目标，论述专业研究生以案例更新知识观、学习观的必要性。

第三章，案例教学的程序：按照时间线索和组织层级，介绍案例教学实施的前、中、后进程，以及个人、小组、班级的工作原则，明确课堂教学常用模式和必备的讨论、写作方法。

第四章，案例分析的路线：提供评价型、决策型、诊断性三种案例分析过程的"例说"，使案例学习者获得比较明确的内在思路导航，并在案例分析报告的撰写方面定位到一些记录思维成果的要点、方法与标准。

第五章，案例开发的策略：介绍采写新案例的原则、程序和步骤，使文本形态案例的写作模块、产出标准得以明确。通过撰写策略的清晰化、可操作化，推动职前和职中教师结合自身积累，把握专业发展的需求，进行案例开发实践。

第六章，案例研究的尝试：针对研究用途案例，引入质性研究方法，从选题确立、资料分析、内容要求、结构规则等方面简要说明案例研究的操作方法，帮助国际中文教师了解这种常用的研究设计形式，并为此类学术论文写作做出准备。

第七章，教学前沿案例举隅：汇编了近年来中国传媒大学人文学院教师、研究生（包括毕业生）开发的七个案例，这些案例一方面可直接用于为此前的案例分析方法提供例证，另一方面也可让读者"小试牛刀"，在语音教学、班级管理、教学资源开发等案例情境中试炼一番。

其中，首先，第一章和第二章是在学科视野上廓清、深化对国际中文教育案例的本质认识，帮助职前、职中教师理解案例学习模式蕴含的理论和现实价值，以及在专业学习和成长道路上的"阶梯"作用。其次，第三到第六章作为本书主体，依照案例应用的常见场景，着重向读者传达案例学习的方法论。此部分从课堂到研究、从教学组织者到参与者、从个人到团队、从思考到写作，具体给出一些切实可行的参照，以便进入案例教学和研究的尝试者通过相关策略的辅助，能够真正成为案例的"主人"。最后，作为附属内容的第七章是来自教学一线的案例，它们曾作为教学素材在案例分析的课堂上登场，也共同反映了汉语国际教育中心师生案例开发的一部分"实训"成果。虽然位在末章，却颇具华彩，其中第四到第七节的撰写者任前方老师、赵梦媛（16级专硕，现任芳草地国际学校国际部教师）、陈晶（21级专硕）、蔡靖婷（21级专硕）都贡献了精彩的笔墨。此部分的"评析"除了来自上述案例作者外，也凝聚着段瑶、徐鲁君、闫蕊三位22级汉语国际教育专业硕士研究生的才思与卓见。

最后，这里还要对本书使用的一些对象指称加以说明。国际中文教育领域的活动主体既包括以汉语作为第二语言或外语的学习者，也包括与这些学习者共处于国内外教育环境的中文教师，还包括即将走上讲台担任教师的以国际中文教育专业学生为主的在校生等。对于获得和尚未获得教师身份者，我们使用职中、职前教师的说法，而当他们进入案例教学中成为"受教者"，则会视情况称之为学生、研究生、案例使用者。对于案例教学中的授课人、"施教者"，他们其实就是教师的教师。本书还借鉴了2001年之后外语教育领域的概念，会使用"教师教育者"一词来指称这些培养或培训汉语教师的专业人员，有时也会根据语境需要，简单以"教师"来表示。

包学菊

2023 年 3 月

目　　录

第一章　案例认知的基础

　　本章将设立案例学习方法的一般起点，从探索国际中文教育案例的概念开始，介绍理解案例本质的若干要点，并在案例与相似的概念如例子、教案、个案研究之间，建立对比关系，以便廓清案例这种教师教育载体的基本面貌。关于案例类型和内容特点的梳理，也将帮助我们在关于案例内涵与外延的认识中找到方向。

第一节　国际中文教育案例的基本概念

一、案例的涵义及构成要素

　　对于案例的解释，不同领域的学者有着不同的意见。为了厘清这些看法的线索和要点，我们不妨回到"case"被引入汉语语境的起点，对"案例"这个"舶来品"进行一些英文词源的分析。通过梳理"case"一词的词源和在字典中的释义，我们发现其主要含义大致有两部分：首先是比较具象的和"容器"（container）有关的意思，比如盒子、套子、手提箱，甚至还包括建筑物外部、印刷品封面等；再者是稍抽象的、跟"事件"有关的义项，如情况、处境、例子、论点、理由和证据等。在这个追本求源的过程中，思考"case"的基本指向，其实就向我们形象地揭示了"案例"的特性：它一般是跟某一情境或事实相关，其内部可能包含着一定的问题指向或观点，而观察者和分析者面对它，要了解其中内在的具体情态和问题，则需要经历一个"打开"外在"容器"的过程，进而深入到事件本质中去。按照这种最为基础的理解"案例"的思路，我们能看到，在法律领域，案例是法官面前的特定的事件，还有对这一事件及其解释的书面记录；在医学领域，案例是某个具有诊疗需要的病人，也包括对其症状、治疗过程的记录；在商业领域，案例就是一个商业主管实际面临的具有赖以决策的事实、观点或偏见的商业问题的记录……当这些文字形式成为容纳一个病例、讼案、商业活动的"容器"，真实发生的事例被转化为专业记录，而事件之中的原理或问题就等待着我们由案例的载体去深入发掘。

在教育学的角度上，中外研究者对案例概念本质的界定，以及对案例呈现方式和功能的描述趋近相同方向，但"事例""故事""情境"等依旧是其中的关键词。一般教师教育中使用的案例是指包含着问题或疑难情境的真实发生的典型性事件，可以通过文本、视频等形式记录和呈现，作为一种工具帮助教师进行思考。从本书所要讨论的国际中文教育的专业视角上来看，参照《汉语国际教育硕士专业学位基本要求》，这里简要地将案例解释为"在国际汉语教育实践中真实发生的含有问题或疑难情境，或能够反映某一国际汉语教育基本原理的典型性事件"。虽然随着国际中文教育新范畴、新标准的不断确立，这一定义在未来也有可能加入某些新元素、新调整，但其中包含的"教育实践""真实""典型""问题"等关键要素，依然会是说明、界定本专业案例概念的明确标准。而上述概念和关键词揭示的也正是国际中文教育案例的本质基础、内在价值、现实功能及外在形式，能够帮助使用者和撰写者把握案例的基本"图式"。接下来，我们可以再从这四个方面来深入理解案例的涵义。

（一）案例来源于真实事件

就本质基础而言，国际中文教育案例植根于汉语教学实践和教师职业生活，是对真实事件的表现，案例撰写者、记录者叙述中的时间、地点、人物、事件变化和进展等都应处于教育实况的框架之下。当然，这里所说的案例来源于真实事件，并不是说案例要绝对的"去伪存真"，也不意味着教师只能以自身经历为案例素材。部分取材于真实情节的假设性推导或还原式描述，以实际教学事件片段为基础的扩充、改写、加工，只要具备充分的现实根据和逻辑链条，仍可视为教育教学案例的内容。但是，如果案例完全来源于虚构，只是假想的"事实"，那么在支持学习者分析和反省教学实务、检验教育原理或原则、提出行动方案等方面，极可能因未经"实践出真知"而产生错误的导向，无法获得读者或使用者的认同，从而在很大程度上影响案例功能的实现。

案例必有其实际来源，这样的先决条件就要求案例的搜集、提取依赖"实地作业"，获取有关信息的过程也往往依靠案例撰写者、研究者的一线经验。而这些经验的转化在案例"诞生"的道路上可能会出现两种情况：一种通常是案例的撰写者有明确的理论观照需求或引入案例进行教学的目标，因而自上而下有意识地择取所需要的信息，依据现实中的教育教学过程建构自己所需的案例；另一种情况是处于教学一线的教师和研究者在自身的实践中，只是从感性经验出发，撷取自身实践的片段加以记录，进而提炼其中正待升华的经验和智慧，自下而上地推进写作进程。

（二）案例包含着问题或疑难情境

就内在价值而言，案例涉及的事件中的人物，大部分是教育教学活动的实施者、参与者，而他们必然是在特定情境之中遇到了某些值得记录的困惑或问题，也正是在面对这些典型的疑难情境时，其间的处置过程或成败经验成就了案例最大的价值。一份平平无奇、波澜不兴的日常教学备忘录可能很难被称为"案例",就是因为它在情境记录上体现不出问题、疑难或其他典型意义。

透过事件记录的原始面貌,切入案例内容所包含的困境或难点,使用者至少可以在以下两个方面获得助益:一方面是促进反思。案例反映的是真实而复杂的国际中文教师工作实务,讨论和分析这些案例的过程就是引导使用者比照他人成熟的或不完善的做法,反思自己的教育思想和教学行为,从中收获提示、启发、激励的过程。这对职中教师或新手教师的意义比较大。另一方面是代入现场。对职前教师而言,特别是国际中文教育专业的本科生、研究生还未能获得足够的实践机会,案例可以打破这些使用者原有的认知局限,帮助他们从中更好地了解汉语教学实况的多种可能,从他人的视角认识到自身职业理念、专业技能的局限性。可以说,由案例带动"准教师"贴近未来教育实践的拟态场景,推动他们在一系列分析、思考、问答、讨论的活动中得到经验认知与理论提升,这正是在国际中文教育专业人才培养模式中引入案例的主要原因。

(三)案例导向一定的教学基本原理

就现实功能而言,案例既包含具体事件的情节和过程,还原度高,真实动人,同时又可以让使用者在案例所提供的具体情境中,通过对问题的分析、推理领会到或建构起某些一般原理和标准。虽然案例本身并不直接呈现这些理论,但使用者还是能借助从具体现象到抽象思维的路径,在案例叙述中定位出某些教学方法、教育理论、教学技巧的方向,而使用者对这些认识成果的发现、归纳、再认识,既是对已有个人知识储备的重构升级,也会为未来的学科理论认识奠定基础。

在国际中文教育硕士培养中引入案例教学法,指向的正是对与专业学习主题相关的概念或理论的理解,以及高层次能力培养目标的达成。需要明确的是,案例的内容只是达成教师教育目标的材料或介质而已,利用这个工具,借着其中体现的问题或情境去达成目标。案例教学强调的是经由特定主题帮助学习者了解到与此相关的概念或理论,进而培养出分析情态、做出决定、解决问题、提出行动方案、检验原理或原则、贯通理论与实务等高层次的能力。因此,对案例中人物和情节的感受和理解,一般不是案例教学希望达成的目标,而依据汉语作为第二语言教学法、第二语言习得、跨文化交际等理论,透视广泛的教育教学现实,获得面对新情景时处理、解决实际问题的创新能力,才是案例教学支持教师教育历程的最大动力。

(四)案例是以叙述形式呈现的

就外在形式而言,案例是以叙述的笔法被再现出来的,撰写者呈现有实际来源的典型性事件,主要是依靠记叙文体,也兼有客观说明的写法。我们可以把案例想象成围绕着问题、原理这些主题而写作的"记叙文",它表现的是一个具体教学情景中的"故事"。其中的背景部分要向读者交代清楚,包括故事发生的时间、地点、人物、事情的起因等。主体内容中则要讲述清楚事件经过,不仅要记录人物行为的表面现象，还要反映人物的心理，提供故事发展的内在依据。而案例事件中的结果，可能是某种教学措施的即时效果或未完成的状态，也要包括学生的反应和教师的感受，甚至事后的遗憾、打算、设想等。在整个案例故事的线索中，有时会形成矛盾、冲突，甚至交织着"悬念"，从而引起使用者的阅读兴趣，带动他们随着叙述深入思考。那么，在这种情况下，评析、论理的议论表达和抽象语言的逻辑演绎就不适合出现在案例正文中。

不论案例的叙述手段是文字语言还是音频、视频等，它首先要"负责"讲好一个故事，再作为叙事性的文本奠定解析、研讨和可供推论的空间。但还应注意的是，并非所有的故事都能成为案例。一个事件之所以被当作案例来看待，通常是因为期望它能够引出某些问题，特别是那些需要认真加以考察的问题。国际中文教育案例强调借由其本身教学和研究素材的功能，关联、结合某些具体的教育主题和活动，服务于特定的学习和工作目的。也就是说，从实际片段中撷取而来的案例，始终是以问题为导向的，具备事件焦点或"关键议题"。因此，案例中的叙述就不能满足于对事件全貌巨细靡遗的"还原"，或者平铺直叙的客观写实。利用书面文字、音画手段乃至数字化技术等，不仅要记叙教学活动与行为，还应记录伴随案例人物而产生的思想、情感，反映教师在教学活动中遇到的问题、矛盾、困惑，以及由此而产生的想法、思路、对策等。

二、案例与相关概念的辨析

当在"个案""实例""事例"这个语义内涵上使用"case"时，它会与不同语境层面的指向关联在一起，可能会产生一些具体的内涵与外延。不过，一般来说，在国际中文教育的课程体系中，基于"case analysis""case based learning（简称 CBL）"等用途，"case"都习惯译作"案例"。20 世纪 80 年代之后，这种语义背景的案例教学被引入我国的管理学、法学和其他学科领域。不过，随后由于观察和利用的角度不同，对案例内涵的理解逐渐出现泛化及误用的倾向。那么，要获得对国际中文教育案例概念的确切理解，除了参考本节前述正面的界定以外，可能还要借助一些否定性的概念，对比说明"案例不是什么"，也会帮助我们划定案例与其他一些相关对象的外围边界。

（一）例子与案例

不论是话题讲解还是开展写作，人们都会经常选用一些例子来说明自己表达的重点或难点，或为相对抽象化的说法提供更易理解的例证支撑。所以，此时所说的"例子"一般情况下不需要详尽的细节叙述，如与主体观点之间是附属与核心、说明与被说明的关系，它选用的基本根据就看是否有利于说明问题。在我们习惯的教学方式中，经常见到老师先讲授要教的理论，然后举出几个有助于理解的例子，而这时出现的例子是不适合被称为"案例"的。这是因为，首先，案例有其自身独立的价值，可以提供对抽象概念的具体说明，更重要的是其本身就包含某个经典理论或问题情境，其功能是以对实际情境的描述还原事件现场，引起讨论，协助案例分析者从多元的观点中学习分析问题的技能，并联结理论与实际，产生问题解决方案。这种动态性和开放性是绝大多数例子所不具备的。其次，在利用的时机上，案例无须即时匹配课上讲授内容的要点，但会在课堂上保持与其他内容的贯穿性。基于案例的学习要求参与者具备相当的知识储备，而推行案例教学的教师经常要求学生在上课前阅读案例或准备关于案例的讨论，使之能够把握更多反省和思考的机会，再在课上提出自己的解释与决策。而例子一般由教学者在上课时提出，根据具体的讲授话题来设计或发挥，并依赖所述观点出现的时机，通常运用得灵活、随意。最后，案例的叙述一般比例子更丰富，内容更长，对使用者而言更为写实，并有更多的细节描述及各种不同的真实议题，让人有更多的空间确认和探索教育实践的各个方面。例子因其附属作用，教学者会考虑篇幅，以一两句话点明。例子与案例的区别具体见表 1-1 所列。

表 1-1 例子与案例的区别

	例子	案例
与理论的关系	有内在联系，但也是附属的	包含的、同步嵌入的
结构	较为概括，尽量简单化	全面、完整地展现事件全过程，包含原因、影响等
内容篇幅	较短，一般较为简略	较长，内容翔实，有细节
选用时机	课上使用	课前阅读、课上分析、课后实践都可

（二）教案与案例

不论哪个专业方向、教育层次的教师，在引领学生进入具体的教学活动之前，面对每个教学主题或每个课时的目标、内容，对于教学方法的选择，教学步骤的安排，教学环节的时间分配乃至板书设计、教具应用等，都会经过科学、周密的考虑，完成精心、系统的设计，而由此确定、记录下来的课堂教学设计思路和方案，就是教案。可以看出，教案是教学设计思想的具体体现，负责勾画课程实施的计划蓝图，对准备付诸实践的教学活动进行规划和说明是它的最大意义。所以，从本质上来看，教案反映的是教学预期，可以说代表的是一种"未然"状态。而教学案例则是对已完成的教育教学过程、事件的片段或总体描述，面向的是教学结果的某些侧面，体现的基本教学活动应该是"已然"的状态，而且案例所能反映的教育实践内容不仅限于课堂，学校管理、教师发展、学生成长、文化交流等主题都可以容纳到案例里。

不过，教案与案例二者的界限从来都不是泾渭分明的，前者很可能就是后者的"孵化器"。我们目前能看到的很多课堂教学案例，都是教学者把落实教案后的成果、经验及反思记录下来而形成的，他们从中提炼教学设计的形成过程或在课堂中的实施效果，实现了教案到现实，再到案例的转化。还有一些案例以某种教学设计为讨论和研究的对象，当教学设计的理念、思路、所采用的方法、所实现的水平和质量等能带给人足够的启示时，教学设计的文本——教案就成了研习的素材，用于启发使用者定义相似问题，形成经验储备。

（三）教学实录与案例

教学实录与案例在体例上比较接近，它们都是对教学情景的刻画和描述，并完成于教学实践之后。从内容上来看，教学实录是对课堂教学活动忠实、客观的记录，倾向于有闻必录，要求为课堂教学活动的每一个细节都留下详细记载。案例的撰写则根据其目的和功能选择课程中出现的典型现象来进行，对课堂教学所出现的某一个矛盾冲突、某一个教学困境进行重点再现。即使将整个课堂教学过程当作案例，其内容也必须经过撰写者选择，围绕一定的议题组织写作，留下鲜明的作者观念的烙印，而不是保持客观实录的风格。从形式上看，教学实录保留着大量"原生态"的对话体和必要的流程说明，用以还原师生在课上的语言、行为；案例则必须利用第一人称或第三人称的叙述，呈现矛盾冲突，再现教学困境，发掘出可供思考、讨论的方向，完成对现实的二次加工。

如果可以在前述差异中看到案例与教学实录的共性特征，我们其实就很容易理解以实录为基础转写出案例的思路，因而从课堂实录中挖掘和整理出多个具有专业发展价值的故事，将之"案例化"是完全有可能的。教学实录转写为案例时需要注意，实录中大范围的内容，对于案例来说必然有些是多余的或不具备提炼价值的，所以撰写者聚焦发现、精细剪裁的预备过程就显得比较重要。

（四）案例研究与案例

案例研究是社会科学研究的一种方法，也可称之为个案研究。案例研究一般选定典型的个人、教育事件、教育机构或团体为研究对象，围绕研究对象进行大量相关资料的收集，详细了解、整理和分析研究对象产生与发展的过程、对其产生影响的内在与外在因素及相互关系，形成对有关问题的深入、全面的认识和结论，揭示教育实践事件或教育现象中的本质，并据此提出有价值的教育改进措施，从而推动研究对象的改善与进步。按照这种研究方法获得的书面化的研究成果就是我们所说的案例研究报告，它需要将案例研究所获得的成果以文字、表格、图像等手段综合加以表现，科学表述案例背后的规律，总结和提炼教育经验。

那么，可以看出，案例其实就是案例研究这项学术活动的素材和对象，由此也就有了研究用途案例和教学用途案例的区分，而这二者也是可以互相转化的（详见第六章第一节）。当案例研究的主体从广泛的现实中提炼案例，并依据特定的资料收集、分析方法，揭示案例这一载体中所蕴含的丰富的教育教学信息，逐步完成个人的思考成果时，案例所代表的事实便从主体的研究视角分离出来，它一般不需要以单独的叙述状态出现，而是随着学术研究的逻辑呈现在案例研究报告的内容里。

第二节　案例的多样类型和内容特点

正如教育现实中的情境总是变动不居的，由此而来的案例也常常异彩纷呈、形式多样。如果仅以统一的划分依据来认识案例，恐怕不免走向简单化、片面化。而采用多元框架，关注各个维度下案例的形态特征和功能，则更有助于我们梳理国际中文教育案例的面貌，开拓案例认知的视野，为不同类型案例找到适配的分析思路。同时，进行案例的类型化考察，对于发现和总结专业案例的普遍化特征也非常有帮助。

一、案例类型的多元化考察

综合已有的案例集等出版成果，参考其他学科的标准，以下将借由案例载体、目标定向、题材内容、核心场景四个较为实用的维度，由表及里地讨论国际中文教育案例的类型范畴。

（一）从记录案例的载体来看

如果从外在形式、媒介手段上来定义，国际中文教育案例是通过不同的载体加以记录的。其内容既可以借助口头讲述、文本记录得以传播，也可以经由视频影像、数字技术呈现出来，表现形态是案例最为明显的类型特征，因此我们可以将案例划分为口述型、文本型、视频型和数字型案例。

1. 口述型案例

口述型案例一般出现在教师的日常交流和教研活动中，就是通过口头讲述国际中文教学实践中的典型事件，在教师间分享自己遇到的课堂问题和疑难情境。在教学工作之余，经常会有老师提出某个学生的特殊状况或者个人遇到的具体困难，在办公室里、在教研会上、在私下的交谈中与同事交流探讨。这一方面能分享彼此在教学单位中共同的情感和体验，另一方面也能切磋、讨论问题的成因和对策。这种口述型案例交流和讨论的方式，其实就构成了国际中文教育案例的"草创"和"初阶"形态，其中蕴含着不少值得关注的教育教学智慧和可供研究的议题。它可以继续被转化成音频、文本或其他样态，通过进一步的保存、记录凝练出教师专业发展的素材。

有学者从正反两个侧面思考口述型案例的特点，将之总结为以下五个方面：

（1）案例来源和讨论具有及时性，参与者（比如同事）大多在现场，故事发生以后能很快交流和讨论。

（2）除了时间，案例形成和案例讨论几乎不需要其他成本。

（3）随机性和针对性强，但系统性较弱，讨论显得零碎，容易浮于表面，一段时间后会被遗忘。

（4）案例的传播范围和影响很小，持续时间也可能很短。

（5）案例的重复利用性比较差，口耳相传容易使信息走样。

2. 文本型案例

不论对哪个专业领域而言，绝大部分案例都是以文本形式呈现的。借助这种媒介载体，案例的保存性和传播性更好，同时制作成本较低，可供重复利用和讨论。所以，从案例教学实施以来，文本型案例就成为历史悠久且主流化的类型。进入信息化时代后，各专业所建设的案例库也依然是基于文字媒介的，辅之数字资源远程访问系统的便利，使用者可以通过线上平台阅读或使用。

国际中文教育案例从教学的具体问题出发，经过书面文字的记录、转写，能够直接、形象地反映真实的教育事件，并体现一定情境引发的故事感、可读性。一个篇幅适当的文本型案例不仅要讲述一个完整故事，其内容要素还需要涵盖至少三个模块，包括案例前的说明、案例正文、案例后的附录。至于正文的结构，虽然多种多样，但是叙述文体和讨论素材的基本元素是不可缺少的。关于文本型案例的结构特征和写作方法，本书将在第五章重点讨论。

此外，对于文本型案例的局限性，我们也要有一定的认识，如其信息传达形式相对单一，对故事的还原受制于案例撰写者的主观态度、表达能力，一些对细节的记录可能有损失，而这些正是案例开发中需要注意和弥补的。

3. 视频型案例

视频型案例指以各种动态影像的格式制作和储存的案例。从各种教学示范课、教学技巧展示记录、课堂教学活动和文化活动的实录影像及微课、慕课中都能提炼出国际中文教育的视频型案例。

商业教育领域将视频视为书面叙述型案例的变体和补充，认为它本质上虽然基于真实性、情境性记录了专业实践，但用于讨论和教学时，每一个视频片断还是要有与其对应的说明文本，教学设计方案、教学资源、教师反思等也应体现两种载体时间点上的关联。使用者需要配合运用与视频型案例相关的其他资源，才能发挥案例的作用。而在教师教育领域较多地采用课堂录像作为视频型案例，主要是因为课堂环境相对稳定，能基本满足录制视频的场景要求，而且课堂教学也是教师的主要工作方向。视频型案例相较文字型案例，更能直观地展示整个教学过程，对感官的全方位刺激亦能调动学生的注意力与积极性。观摩这样的案例有如身临其境，特别是对新手教师来说，视频能适当减轻他们的认知压力，有助于直观理解案例内容，有直达教学现场的模拟效果及凸显问题解决线索的作用。在使用过程中，案例课程的教师也可以在适当的时候对播放进程加以控制，克服课堂教学中瞬息万变的即时性和不可复制性，进而借助视觉信息细化讨论，将课堂观察的焦点从外在的教学行为和师生互动转移到内在的思维进程的判断、识别和分析上。

视频型案例的优点很明显，形象直观，真实感强，信息量大，强烈的视觉与听觉效果利于使用者捕捉更多的关键信息，在现在的技术手段下使用和保存也很方便，似乎更符合"视觉时代"人们的追求。但其缺点是制作成本高，对拍摄、编辑和使用的硬件设备及技术要求较高，普及性不如文本型案例好，而且利用视频型案例的过程依赖其前期的制作，真实性的问题也很难解决。这一方面是指案例主人公在知晓拍摄任务的情况下，入镜后"扮演"某一角色的意识就会增强，行为表现上可能会出现掩饰、变形等情况，造成背离现实情境的非自然状态；另一方面在开发视频型案例的过程中，案例作者变成了脚本撰写者、导演或摄影师，不免对镜头呈现的内容加以提前干预，因而有时会无法反映事件的真实走向和教育活动的现实规律。

利用视频型案例，要求案例课程教师重视学习环境的创设，不能把教学过程仅仅视为师生观摩一段实况录像，重要的还在于配合视频片段打造相关的课程资源、背景资料、提问和反思框架及检索工具。围绕视觉手段将这些因素整合起来，构建一个丰富、有深度的学习环境，才有利于发挥案例的学习支架作用，建立教学理论与教学实践的联系。

4. 数字型案例

随着数字教学资源的发展，在教师教育角度将案例与数字媒体手段（文字、图片、音频、视频、动画、网页等）有机结合起来，借助互联网媒体形式和程序设计语言等，可以更加多维和富有创意地展现案例的内容。当前各学科领域所运用的众多案例都是以文字叙述的形式呈现出来的，但这种形式本身是按照文字的线性逻辑展开的，在如实、充分地反映教育场景、课堂生活的模糊性和复杂性方面，难免出现力有未逮的可能。当需要在案例中建构更多可观可感或者可沉浸、可交互的信息时，以非线性方式组织的数字技术和形态就显示出了优势。二维和三维的图文、动画、音视频融合的方式，作为强大的情境记录工具，能够更加准确地捕捉、再现教育教学活动的特点，聚焦、放大特定的待研讨信息，让案例故事和主人公在不同的移动终端上虚拟"登场"。而应用这些手段为传统的案例公开技术"赋能"，目前看来已非难事。随着出版技术的发展，编制国际中文教育案例也可以参照"视频书""富媒体"的概念，在经济成本允许的条件下，为数字型案例拓展研制、开发空间。

（二）从案例的目标定向来看

国际中文教师教育的内容本身就有若干目标，在不同阶段也会有不同的关键点和侧重点，为之服务的案例也因配合中心目标，形成了不同的定位方向和应用形式。舒尔曼提出的教师案例知识的三种类型是原型（prototypes）、先例（precedents）和寓言（parables）。其中，原型是指用来阐明理论主张的案例，先例着重于提供可在类似的情景中加以遵循的行动指南和模型，寓言传达的是规范与价值。受此启发，可以说对国际中文教师发展而言，教师教育者开发、启用大量案例的"初衷"至少包含理论定向和实践定向两种，也就形成了以下两类案例。

1. 理论定向型案例

正如《专业学位研究生核心课程指南（试行）》所规定的，案例教学课程依据的是汉语作为第二语言教学法、第二语言习得、中国文化与传播、跨文化交际等理论，其目标在于提高学生对特定理论化、实践化概念的认识和理解，这就需要有一类案例关注知识的传递和理解力的发展，能够充分表征理论知识。基于这种定向，案例被视为传递理论知识的手段与媒介，其设计和开发以促进学生运用某个核心概念、关键原理、教学原则和技能为目的，力求帮助职前教师成为学科内容方面的专业人才。我们经常能看到一些案例以国际中文教育中普遍且重要的理论元素为议题，包括案例之后提供的以某种理论视角为透镜的分析，这些都能让学生从叙事的情境中获得更深入的概念理解和专业思考。当然，对这类案例的分析、讨论要求使用者必须能识别其中出现的原理和问题，进而用这些理论知识为方法支撑，在类似教学实践情境中发挥解难纾困的作用。

利用理论定向型案例，教师教育者不仅可以在学习目标和内容层面引领职前、职中教师，还可以塑造他们的思维方式。以案例配合理论和概念讲解，将抽象的理论实例化、具象化，这就推动了学生演绎思维的发展，而案例使用者从现象层面推导出理论原则，又训练了归纳思维。对于正在摸索理论与实践关系的职前教师而言，这类案例更为基础和必要。而且案例学习的过程有助于实现知识内化，帮助教师"驾驭"有真实背景的理论，充分消化那些抽象的、概括化的原理。

2. 实践定向型案例

专业实践者通过在教育教学工作中分析和解决问题，形成了大量的成败经验，这是教学知识的重要来源和教师学习的重要手段，由此发展来的案例就具备了明显的实践定向。在案例学习过程中，未来教师的着眼点不仅在于通过分析获得蕴含其中的那些已在理论学习中接触过的教育原理、教学原则和方法等知识，还在于提高和发展解决实际问题的能力、创新能力。熟手和专家教师在复杂的问题情境中，成功解决了自身遇到的困难，归纳和总结出相似问题的处理办法，而这其中的思路与办法、智慧与技巧对于其他案例使用者是宝贵的财富，可以成为教师群体借鉴的资源。因此，实践定向型案例以鲜活的叙事代替抽象的说理，澄清、记录经验的感知和本质，向案例使用者提供替代性经验，展示解决教育问题的过程，丰富职前、职中教师处理特定问题的思路，拓展他们的策略和技巧，并将其中高效的探究过程固定下来。

不少实践定向型案例和法律教育案例类似，都可以被当作一种范例，学生可以通过他人的经验进行高效的学习，快速获得专业的成长。这类案例更多地包含了教师解决疑难问题的成功经验，反映了典型、突出的教育教学思考水平。它不仅提供关于教育教学事件的描述，也显示教师确定的行为结果，与记录两难困境及考察多种原因、结果的案例相比，往往具有封闭性。最早将教师教育中的案例制度化的新泽西州立师范学院提出，教师教育的目标之一就是帮助学生解决课堂教学中可能遇到的问题，此时案例被用作范例，向学生提供一套被实践证明了有效性的行为指南。随着案例教学和案例开发的深入，强调国际中文教学情境的独特性、不确定性，从实践中提取学习推理与决策的材料，追求开放性、可讨论性案例的做法又成了教师教育的补充。

（三）从案例的题材内容来看

国际中文教育在国内外有着庞大、复杂、系统的实践活动，可以说其中有意义、有价值的教育教学事件都可以成为案例素材或题材。虽然案例具有不可穷尽性和持续生成性，但目前在案例集的编写中，撰写者还是在努力征集、选取一些典型主题，以这些内容来代表国际中文教育的重点与侧面。《国际汉语教学案例与分析（修订版）》《国际汉语教学案例分析与点评》《国际汉语教师经典案例详解》《国际汉语教学从这里开始——中小学国际汉语教学案例与分析》等书在追求特色化框架的同时，在案例的分类上也陆续表现出一些共性化内容，如语言要素教学、语言技能教学、教学和课堂管理、文化与跨文化交际四大方面，还涉及了特殊教学对象、教师专业发展等角度的议题。四本案例集的栏目划分情况见表1-2所列。

表1-2　四本案例集的栏目划分情况

书名	《国际汉语教学案例与分析（修订版）》	《国际汉语教学案例分析与点评》	《国际汉语教师经典案例详解》	《国际汉语教学从这里开始——中小学国际汉语教学案例与分析》
栏目主题	教学环节； 汉字教学； 语言要素教学； 语言技能教学； 教学与管理； 文化与跨文化交际； 少儿与老年人汉语教学	教学内容； 教学方法； 资源与评估； 教学管理； 文化与跨文化交际	汉语教学方法； 教学组织与课堂管理； 中华文化与跨文化交际； 职业道德与专业发展	教学导航； 语言要素教学； 语言技能教学； 教学活动组织与设计； 课堂管理； 文化教学与跨文化交际

纵观以上，目前国际中文教育案例的内容焦点首先在于专业技能、专业实践两方面，语言要素和技能教学两类又是其中的"主流"，与其类似的内容有时也会按教学内容与方法的角度来定义。跨文化交际、课堂组织与管理在技能和实践的框架下也是比较典型的内容元素。其次，在专业理念、专业发展方面，与职业道德和信念相关的案例仍属"小众"内容，随着《国际中文教师专业能力标准》的发布，研制与此主题适配的案例内容，体现"师德为先"的专业准则也许是新的切入点。最后，我们还应注意到，按照案例中的事件或问题发生的环境，国际中文教育案例还可分为海外汉语教学案例和对外汉语教学案例，这是基于案例是否在目的语环境中发生来划分的。国际汉语职前教师的培养工作主要在目的语环境中开展，受时间与空间的制约，对非目的

语环境下汉语教学情况的了解十分有限，因此这一类案例能够使学生获得情境认知，拓宽视野，获得替代性经验。非目的语环境下国际中文教育案例的收集、制作在近十年间持续推进，目前已经成为数量更多的一类。

从内容角度认识案例，并不在于拿出多少标准作为案例划分的定规，而是提示我们要充分观照更多维度的案例生成的可能性，把内容要素作为具有指向性、线索性的标记，更好地对应和满足案例使用者的需求，也为编写者提供持续开发的蓝图。关于这方面，本书将在第五章继续探讨。

（四）从案例的核心场景来看

商业教育中的案例教学思想提倡学生应掌握识别案例核心情境的技能，并认为案例所具有的相似性可以帮助使用者"透视"它们，而大部分案例所描述的其实都可以归纳到以下三种情境：做出关键性决策，并说服案例中的其他角色接受；进行有关案例主体的深度评估，确定支持或反对的意见，并列出相关的优势或劣势；进行深度问题诊断，寻找案例所描述问题的根源。这也为国际中文教育案例的类型化认识提供了一种有益视角，即对国际中文教师而言，案例建构起的情境主要可以概括为评估、决策、诊断三种核心指向。我们面对教育教学事件，要做出的选择经常就在于是评估既有状态和结果，还是提供未竟问题的决策，抑或是诊断问题出现的根源。不同场景的案例本身提供的内容信息是有差别的，要求分析者做出的思考和反应方式也有相应的区别，由此形成的案例特征才最具有差异性。故而，通过提炼出核心情境，案例的类型可做如下划分：

1. 评估型案例

在这类案例叙述中，情境可以发生在某个决策形成之前，也可以在事件的某种结果产生之后，其目的在于让学生对其中待推出的决策或已实现的行动进行评价，指出长处或点明不足，并且陈述理由，提供进一步的计划方案，因此也会带有一定经验示范或问题诊断的意义。职前和职中教师通过案例，对教育环境、教学行为和策略等进行评价、论证，可以有效地接近一线的教育现实状态，全面把握个体、部门、教育机构所面临的整体态势和焦点问题，形成较为全面、灵活地看待教师工作实务的能力。

2. 决策型案例

决策情境的案例主要让学生代入主人公视角，把案例中的未能辨明的问题定位出来，寻找解决问题或摆脱困境的方案。结尾一般会是开放的，要求分析者回应"怎么办"一类的问题，分析者运用国际中文教育相关理论审视现有症结，挖掘矛盾根源，对行动计划做出严密、系统的思考，以应对、改善案例主体面临的危机，处理影响教学活动进行的紧迫问题。

3. 诊断型案例

相对来讲，在问题诊断的场景下，案例提供的是事件的当前结果。而在其中，肯定会潜在地具备某种因果逻辑，以往的教学活动、现有的做法、教师的内在理念、各方面因素的影响等都会成为事件发生或正在发生的逻辑。那么，将问题与其主要原因联系起来，理解、解释教育教学事件的因果链条就是这类案例中需要分析者完成的重要任务。用于揭示失误的案例其实就可以归为这一类，当一个案例以表现课堂教学中存在的且没有处理好的疑难问题为特征时，它的使用目的就在于让学生在案例观摩中发现问题，追溯原因，进而寻求解决问题的种种方案，这实际上是"示范"的另一面。

最后需要注意的是，按照目前案例撰写者自主开发的情况来看，以上几种场景会呈现出单一或混杂的不同面貌，只能说其中一种会成为相对主流的场景，但又很难与其他场景截然分开。比如评估现状可能是我们从案例中确定的主要目标，但其中也会包含对现状产生原因的探寻和说明。实际上，这正反映了国际中文教育实践的复杂性和模糊性，教师进入现实场景就是要处理多元任务，从不同角度应对问题的多个侧面。如果从案例教学发展的需要来看，未来采集、编写案例时可以依照不同的类型特征，有重点地"定制"以一类场景为核心的案例，以配合教师教育目标、主题的达成，实现和突出案例思维训练的针对性。

总的来说，包含评估、决策、诊断三种场景元素的国际中文教育案例，面向多元、复杂、开放的教育教学现实，对使用者的价值体现在可以塑造问题意识与开放思维，培养处理动态性课堂问题的综合能力及举一反三的创新能力。本书第四章还将重点依据这三种类型线索，逐一介绍案例分析的操作思路和方法。

二、案例内容特点的一般描述

不同类型的案例构成了国际中文教师成长的阶梯，它们被广泛运用于教师职业发展的进程中，帮助职前和职中教师感知、熟悉国内外的社会文化、教育环境，理解本专业的教学原理、实践原则与方法。大量的案例尽管会在载体、目标、题材、场景上显示出差异，但为了能够实现前述价值，则在内容元素上必须满足一些基本的共性特征，而真实性、叙述性、启发性、典型性就是必不可少的几个方面。

（一）真实性

本章第一节对案例的来源做过说明，案例必须基于已经发生过的真实事件，而在这里再强调其真实性，就是意在说明，真实才是案例的生命力所在。

强调案例的客观写实，要求我们对确实已经发生过的事实进行记录，国际中文教师的亲身经历就是案例充足的来源。所谓"亲身"大致指的是两种情况，一是案例开发者就是教学事件的当事人，二是案例研制者是教学事件发生的现场目击者。也就是说，案例涉及的教学事件和行为可以是自己的，也可以是他人的。由此而来的记录、描述才能保证事件是真实、原发的，而不是杜撰、虚构与主观臆想的。案例的真实性还表现在案例本身其实就是一个日常教育工作环境的模拟仿真，编制完成后的效果是让使用者置身于事件情境之中，去体验处理实际问题的感受，达成教师自我反思和经验学习的目的。

案例的真实性并非要求案例与现实中的教育事件完全一致，案例是一个建构物，是从实地考察的记录走向理解和研究性知识的中介。案例信息与现实情境的关系一方面不排斥作者对真实素材的适当加工，要求以逻辑上合理可信的方式组合素材，另一方面案例展示信息的方式也可以包含"有预谋的混乱性"，因为现实情境本身就不会明确传递经过筛选、分类的信息，在这个角度上去贴合真实的"本质"也是训练分析者思维的路径。

案例的叙述部分类似于实录得来的现实，可以剪辑，但不能想象或加"旁白"。作者附加明显的主观倾向或者从抽象的、概括化的理论中演绎出的事实，都不能替代案例中有现场基础的故事。案例也因之呈现出更多白描手法，这也是撰写者的分析与评论只宜出现在后续的附录模块或另做编辑的原因，就是为了避免先出现的观点和判断影响使用者。

（二）叙述性

案例是背景因素、起因、经过和结果组成的具体事件，不是理论阐述和一般性的经验总结，所以它在形式上应当是叙述式的、故事性的，与说明、思辨、论说体式不同，这也是案例最明显的外在特征。

案例应当提供围绕某一中心问题的事件详情，有开头，有结尾，有情节，有细节。因为案例素材常常来自课堂问题或现实困境，所以还需要交代与之相关的人物、学校、课堂和社区的背景。与事件本身联系直接且紧密的微观背景也很重要，比如案例角色的状态、心理特征等，这对于案例的理解、解释比较关键。案例虽然不是叙事文学作品，无须塑造人物，但是人的因素始终是事件发生、发展的核心。因此案例除了反映故事人物行为的外在进程，容纳事件发生过程中所出现的矛盾、冲突，还要体现参与者，包括教学管理者、家长、师生的思想观念、心理过程，对人物的内心世界有所揭示。在此之中，案例叙述的表现方式是多种多样的，对话、转述、动作、细节的描写手段都能够帮助读者在头脑中像放电影一样重现情景，获得身临其境的感受。尽管案例中也有必要包含一些非叙述性线索，比如从案例表现对象那里引述的教学日记、作业、试卷，以及经撰写者提炼形成的图表、附录等正式或非正式的材料，但它们的作用还是在于完善故事，引入更多侧面建构读者对事件的认知。

当然，案例叙事的要点不在于静止、孤立的人或物，而在于动态事件的连贯演进和相互影响，包括师生行为的动因及其引发的后果、多视角还原的实况和体验、变化状态的过程性深描等。成功的案例都不是停留在一个故事片段，或者对事物的笼统介绍上面，而是在相对丰富、具体的叙述之中促进使用者对案例进行多重视角的审视，增强读者对其中情境的感受与确认。

（三）启发性

如果我们从外到内继续认识案例的特征，就会发现案例叙述的真实故事都含有问题或疑难情境，并包含了大量的理论定向成分和现实经验因素，具有很高的讨论价值。

没有启发性和研讨空间，或者缺少价值"隐喻"的故事与一则轶事近似，读来也许让人颇有兴味，但却不能成为带来思维启迪和深度思考的案例。

案例作为国际中文教师教育的素材和工具而受到欢迎，正是因为其对使用者主体性、能动性的重视。在把握教科书式的知识表征体系的同时，预备投身实践的教师也必须接受现实的"启蒙"，到变动不居的教育教学事件中联系理论，积累经验，获得观念指引。案例以足够充分的情境信息支持使用者对教育实践进行还原、介入，并为他们打开独立思考与探索的空间。从表层来看，案例内容维度上主人公成败经验的记录、教学行为演进的线索、师生关系处理的要点、教学管理的现实矛盾等直接资源都值得职前和职中教师学习，阅读案例的过程就是从他人经验中寻求启示、获得指引的过程。从深层来看，运用案例塑造思维对教师专业能力的发展也有长远意义。在案例中不存在绝对正确的答案，反而存在一些有争端的信息或问题，期待分析者能够运用其中的线索提出解决思路或方案。案例的讨论也不是为了找到唯一的结论，不能依赖针对某一情况的确切规范和最佳方法。教师致力于推动学生通过透视其中教学问题的背景、过程与效果及人物的行为、思想、情感等，建立一套思考问题的方法和分析问题、解决问题的思维方式，启发他们站在一个更宽阔的视野、角度来看待教学工作和职业生活里的各种可能，并更加从容、有效地迎接未来必然出现的多种教育教学场景。

（四）典型性

教育教学过程是复杂多变的，每位教师的实践方式也是千差万别的。大量开发并持续汇集案例，并不是为了覆盖国际中文教育的所有方面、所有环节，而是希望通过关注、解决较为有限但体现典型意义的问题，使采编的样本足以说明、诠释类似的事件，具备理论辐射性和宏观指向性的样本会提供给我们面对常态教学情境的普遍"支点"。而且，一个典型的案例有时也能反映人类认识实践上的真理，从众多的案例中，我们可以寻找到理论假设的支持性或反驳性论据，并避免理论研究过程中间的偏差。

首先，在案例的筛选标准上，正如有学者指出"教学案例是对截取的相关教学片断的描述，但教学情境或片断的截取不是任意的，而是有选择的，即选择的是教学过程中发生的有典型意义的情境或教学行为。即使描述的是偶发事件，也是教学过程中有典型意义的偶发事件"。案例撰写者往往需要在一般的教育教学活动中发现值得总结、推广的"可通约"事件，尽力产生案例举一反三、一叶知秋的效果。其次，在案例记叙的内容方面，理查特提出："教学案例描述的是教学实践。它以丰富的叙述形式，向人们展示了一些包含教师和学生的典型行为、思想、感情在内的故事。"合格的案例开发者不能满足于事件的罗列与堆砌，以及对个别问题的无限收集和重复记录，案例的每个片段都要能展现参与者有代表性的状态，揭示教学活动从一到多、由此及彼的规律。最后，在功能导向上，案例通常会涵盖理论与实践双重因素，并将之联结在某一具体问题或疑难情境上。通过对案例的学习，使用者可以由点及面激活已有的多种知识储备，推动自身知识迁移、技能强化，掌握类似主题的处理规律和策略，用以应对国际中文教育的"高频"场景。

目前，收入各种案例集的作品体现了国际中文教育案例积累期的特点，虽然其在各个特征维度上不断得到强化，但真正具有较强说服力和经典性的案例还不多。可以说，案例的典型性是与其指导意义成正比的，案例越典型，揭示的规律就越深刻，普遍意义和通用价值也就越大。在来源的真实性、内容的叙述性、问题的启发性的基础上，在典型性主题的维度上继续开发高质量的案例正是我们未来努力的方向。

第二章　案例方法的意义

在教师教育领域，案例方法的应用在世界范围内已走过百年，案例所提供的知识类型、包含的理论基础及对教师专业成长的作用，还在不断地显示其现代意义。本章将简述从国际中文教师教育视角上引入案例的价值，使置身案例课堂，参与案例开发的实践者看到从中获取知识与思维的提升及应对职业挑战的充分可能。

第一节　从知识类型的角度看案例

任何教育活动都脱离不了知识的传授，通过对知识的学习，未来的国际中文教师会获得生存和发展所必需的各种经验，并在这一过程中逐渐形成各种态度和能力。那么，我们应如何看待自身需要具备的知识呢，案例的学习和应用又能为我们提供哪些知识呢？这就要回到知识类型的角度对这些问题的答案加以梳理。

西方对知识类型的划分可以远溯至古希腊的柏拉图和亚里士多德。随着现代认知心理学理论对人类知识获得的心理机制做出深刻的解释，一些具有稳定框架和充分研究依据的认识成果开始赢得人们的共识。在这之中，安德森、斯皮罗、波兰尼提出的知识类型对我们认识案例有直接的帮助。

一、从陈述性知识到程序性知识

现代认知心理学从信息加工的角度将知识看作是个体与环境相互作用后获得的信息及其组织，学习就是个人进行的信息加工过程。安德森把那些关于"是什么"的知识称为陈述性知识（declarative knowledge），主要是对事实、定义、规则、原理等的描述；而关于"怎么做"的操作性知识，如怎样进行推理、决策，如何解决某类问题，则被定义为程序性知识（productive knowledge）。这就形成了依据知识形态和表现方式而划分的两种知识类型，二者的具体区别见表 2-1 所列。

表 2-1　陈述性知识和程序性知识的区别

	陈述性知识	程序性知识
表征	概念、命题、命题网络、表象、图式	条件与动作的联结（即产生式①）、图式
状态	相对静态的，其运用形式常常是输入信息的再现	是体现在动态操作过程中的知识，常要对信息进行变形和计算
意识控制程度	提取和建构是一个有意、主动的过程，速度较慢	意识控制程度较低，一旦熟练则可以自动执行，速度较快
表现方式	可以通过回忆、再认、应用及与其他知识的联系等方式来表现	通过完成各种操作步骤来表现
输入输出	可以通过听讲座、读书本等方式获得，容易用言语表达清楚	必须通过大量的练习和实践才能获得，不太容易用言语描述清楚
记忆储存	储存呈现非独立的网络性，其迁移具有叠加扩充的特性	储存呈现独立的模块性，其迁移具有序列转移的特性
测量角度	通过口头或书面的陈述方式测量	通过观察行为上是否能做、会做

　　虽然为了进行论述和对比，表 2-1 对两类知识做出了条分缕析的说明，但在人类的绝大多数活动中，这两类知识是共同参与并密切联系在一起的。陈述性知识与程序性知识的获得一般是学习进程中的两个连续的阶段，前者为后者的形成提供必要的条件。大脑最初从获得陈述性知识开始，将之与具体的任务目标相结合，经过大量的解决问题的过程，使这些知识走向自动化，陈述性知识就转化为程序性知识。反过来，程序性知识的掌握也会促进陈述性知识的深化。这样的过程我们可以用汉语学习者的经历作类比，比如汉语学习者在刚听到有关某项语法规则的讲解时，能够意识到这些语法规则的内容和作用，可以认为此时他们正在获得关于这一语言规则的陈述性知识。但当他们使用这些规则来听、说、读、写时，则在调动语法运用的程序性知识，形成特定的汉语技能。而到了他们将汉语学得和母语一样好时，已经无须再去注意自己到底如何使用那项语法规则，这时的陈述性知识就完全转化为程序性知识了。而同时，这项语法的程序性知识的形成又会推动他们对原有陈述性知识的掌握，把记忆和理解中的语法要点引向深入。

　　陈述性知识转化为程序性知识的重要标志，就是学生运用所学的概念和规则去解决实际问题，选择有意义的学习材料、增加实践的机会则有利于促进陈述性知识向程序性知识转化。案例对于国际中文教师来讲，就具有这样的促进作用。如果说我们习惯的课堂教学基本上使用的是讲授法，其目的主要在于传授概念、原理这些陈述性知

---

　　① 即"如果某种条件满足，那么就执行某种动作"的知识。

识，那么在案例教学中，陈述性知识的传授与程序性知识的形成则是并行不悖的，而且适用于未来教学场景的程序性知识的发展更是教师教育的重点。例如，在一些案例教学的模式中，教师会先确定以哪些基本理论（陈述性知识）为支撑，然后再选择恰当、有说明力度的案例。案例使用者在讨论开始前，也必须首先对基础概念、原理有所了解，即掌握特定的陈述性知识。在教师指导下，学生对案例进行讨论分析、提出假设、验证假设、得到结论，充分加工已有信息，获得大量替代性的经验，将以命题形式存在的知识加以编辑，转化为产生式的表征方式。经过这样长期的积累及进一步深入实践的锻炼，一旦在真实教育场景中的条件被满足，原本的程序性知识便可以被"激活"，学生进入熟练技能的执行状态，转入中文教师的专业角色，从而不断获得职业胜任力的提升。

二、知识的良构领域与劣构领域

从知识及其应用的复杂多变程度出发，认知心理学家斯皮罗划分出了结构良好领域（well-structured domains）的知识和结构不良领域（ill-structured domains）的知识。对于二者的译法，目前简略译为"良构领域知识"和"劣构领域知识"亦为常见。

在我们生活周围，有些问题的解决过程和答案是确定的，或者直接套用法则、公式就可以了，这就属于良构领域问题。但是现实生活里的许多实际问题，却常常没有这样的规则和确定性，不能简单套用固有的解决方法，而是需要不断面对新情境，在原有经验的基础上重新分析，这就属于劣构领域的问题。二者的区分大致可见表 2-2 所列。

表 2-2　良构问题与劣构问题的比较

	结构良好	结构不良
问题条件/数据	全部呈现	部分呈现或冗余
答案	标准的、唯一的、确定的、封闭的	多样的、开放的或者根本没有答案
解决方案	唯一的、规定性的	多种方案
所涉及的概念、规则和原理	常规的、经过良好组织的	不明确的
归属学科	单一学科	跨学科
目标界定	清晰、确定	模糊、不清晰
评价标准	单一	多样化
解决方法	熟悉的、确定的、唯一的	不熟悉的、多样化的

劣构领域是普遍存在的，对于其中的问题，我们无法简单、直接地提取已有的知

识或解决问题的条件和目标，只能根据具体情境，以原有的知识为基础，澄清和明确问题的角度，建构问题解决的途径和方式。而这类问题的处理过程，往往也不是仅以某一个概念或原理为基础，而是要通过对多个概念或原理的综合，以及对求解方案和规划的筛选、决策、监控等，才能实现最终的目标。许多专业教育领域或科目的学习，包括国际中文教育专业的课程知识和教学实践，面对的都是相当程度的劣构领域知识。我们要不断迎接概念的复杂性、实例的不规则性带来的挑战。国际中文教育中绝大部分实际问题是复杂的、变动的，而且呈现多元和不确定的解决途径，规范化、公式化的知识很少可以直接应用到这些模糊和复杂的情境脉络中。另外，在国际中文教育专业所具有的新兴学科和交叉学科属性的影响下，教师可能进入学历教育或非学历教育体系，执教于长期班或短期项目，要把握是否处于目的语环境的教学内容差异，而且教学对象还可能包括入门级到精通级，水平差距较大，文化背景和学习动机也各不相同。再具体到维持课堂秩序、处理学生的个体差异、评定学生成绩、制定课程大纲和教学计划等，这些教育实践问题都明显地来自真实工作场景，不可确定的状态是常态，具有典型的劣构特征。不论是完成职前教师的专业学习，还是进入职后的工作场景，在这样的领域，看透问题的表象，构思多种解决方案，使自身知识结构更多元、更通达，对教师就显得极为必要。

在这种专业学习和工作场景下，具有多元表征和价值的案例，尤其应该受到重视。案例的价值就在于它能在一定程度上把繁杂的国际中文教学实践展示出来，允许使用者在一定的逻辑结构中进行"解法"的搜寻和尝试，拟态化地参与到解决方案的设计和优化过程中，从劣构问题的广泛摸索中接近职业常态，积极适应教师角色。可以说，职前教师接触的案例通过真实教学事件的再现，阐明国际汉语教学问题的本质——模糊性与不确定性，并且提供一个生动、形象、内在的思维模式，展示经验丰富的教师是如何思考和解决教学中问题的，示范怎样像教师一样去思考这些问题。

三、在显性知识与隐性知识之间

我们还可以从知识与语言的关系上来理解知识的分类，这就形成了英国科学家、哲学家波兰尼所说的两种类型知识，即显性知识（explicit knowledge）与隐性知识（implicit knowledge）。显性知识也称"明确知识""明言知识"等，指的是用书面文字、图表和数学表述的知识。隐性知识又称"缄默知识""默会知识"等，指的是尚未被言语或者其他形式表述的知识。正像波兰尼自己说的，"我们知晓的比我们能说出的多"，相对于"冰山一角"的显性知识而言，那些尚未言明或者难以言传的隐性知识可以被形象化地理解为隐藏在"冰山底部"的大部分。这二者是相对存在的，但同时也能够互相转化。研究者为此建立了一个知识转换矩阵，用以说明显性知识与隐性知识之间的转化途径，具体见表2-3所列。

表 2-3 显性知识与隐性知识的转化

	隐性知识	显性知识
隐性知识	社会化（socialization） 如在学徒制中分享经历和经验	外显化（externalization） 如在教育叙事中记录反思
显性知识	内在化（internalization） 如利用模拟在实践环境下传达某种教学技巧	综合化（combination） 如将理论知识综合为更复杂的形式

　　教师教育中的知识不仅涉及单向的传播，更强调多向互动。有效的知识转换过程需要不同层面间高频次的相互作用和四种方式的共同作用，更重要的是，为了将大量的有价值的隐性知识快速地转换为显性知识，需要寻找到更好的相互交流和表达我们自身知识的途径，而案例就能提供一个这样的途径。虽然一般案例作为文字叙述系统，其本身不负责"眷写"显性知识，记录下来的信息也尚未深入到隐性知识，但案例犹如二者之间的载体，用一个个故事承载教师实践的问题和困惑、经验和方法、理论和观点。通过学习和研究，分析者可以借助故事理解和储备寄寓其中的策略、思路和智慧，并在相似的实践情境中启用从案例中获得的知识，完成内在化。而一次案例教学的全过程大体包括个人阅读、小组交流、课堂讨论、分析报告撰写等几部分，每个环节都具备梳理、综合、共享显性知识的机会。在案例开发的平台上，撰写者所关注的事件，通常联系着个人经验的判断、洞察，乃至直觉，由此而来的加工过程正是对隐性知识的分享，也包含了案例知识外显化的充分可能。

四、教师的理论性知识和实践性知识

　　从认知心理学的基本角度把握知识的不同侧面，在此基础上，具体到教师专业所需具备的知识条件，研究者已经对其中的知识类型及特点进行了广泛的研究。中外比较典型的论述都是采用分析性的方法，关注与教师职业相关的一系列知识领域，尤其是学科知识和教师向学生有效地表征学科知识的方法，其中几种重要的教师具有知识的分类方式见表 2-4 所列。

表 2-4 教师具有知识的分类

舒尔曼	学科内容知识、一般教学法知识、课程知识、学科教学法知识、有关学生的知识、有关教育情境的知识、其他课程的知识
格罗斯曼	学科内容知识、学习者和学习的知识、一般教学法知识、课程知识、情境知识、自我的知识
考尔德西德	学科知识、行业知识、个人实践知识、个案知识、理论性知识、隐喻和映像
申继亮	本体性知识（学科知识）、条件性知识（教育学、心理学知识）、一般文化知识、实践性知识
傅道春	原理知识（学科原理、一般教学法知识）、案例知识（学科教学的特殊案例、个别经验）、策略知识（将原理运用于案例的策略）

对于国际中文教师而言，表2-4中所含的学科内容、学科教学法、课程、教育学、心理学和一般文化等原理类知识，是属于理论性的，通常可以通过阅读、上课、听讲座等方式获得。具体来说，理论性知识依其功能，首先容易被注意到的是本体性知识，即教师所具有的特定的学科知识，如汉语作为第二语言教学的理论、第二语言习得理论、汉语语言要素知识等。这是教师未来进行教学活动的基础。在进入国际中文教育实务后，教师的努力主要是围绕着本体性知识的有效传授，教学的最终成效也是看学生掌握的本体性知识的质量。同时，教育科学和心理科学知识又是教师成功地进行教育教学的条件性知识，如外语教育心理学、教学设计与管理、教学测试与评估等。教学过程是教师将其具有的学科知识转化为学生可以理解的知识的过程，在此过程中，教师使用教育学和心理学规律来思考学科知识，对学科知识进行重组和表征是现代教育科学的基本要求，理论性知识中的这部分同样意义重大。

实践性知识包括教师在教育教学实践中实际使用和（或）表现出来的知识（显性的和隐性的），除了表2-4中提到的行业知识、案例知识、情境知识、学习者的知识、自我的知识外，还包括教师对理论性知识的理解、解释和运用原则。这些实践性知识是以解决实践问题为中心而组合起来的综合性知识，又是与个人生活经历、教育实践及反思密切相关的个体性知识，常常依存于有限的或特定的情境，以缄默的非系统性的方式存在和发挥作用，可以说是教师知识中最难"编码"呈现的。这种知识很难用抽象的语言加以陈述，只能通过某种具体的情境加以表征。或者说，这种知识就是以案例、叙事或故事等形式表征，并且以案例、叙事或故事等形式积累、传承。实践性知识的传播、分享需要通过显性化的环节加以实现，而案例的开发就是这样一个过程。不论是回顾自身的教学经历，还是寻找适合的案例记录对象，作者都要在收集细节性资料之后，描述当时的情境，回归到当事人的情感、价值观念，反思事实及其言行中的深层因素。在对主人公的自我挖掘和整理中，作者表达出对教育过程与结果的理解和解释，原有的未曾表述的教育教学知识得到整合、深化，作为案例背后的线索留存下来并继续传递。

这里还需要我们关注的是与实践性知识相关的"案例知识"（case knowledge）。在一些研究框架中，案例知识属于实践性知识，或者是个人实践知识的表现形式，主要考虑到案例知识是透过特定情境的丰富描述，是对大量案例有所认识后积累下来的知识，因而其对实践性知识形成的支持作用更加明显。但也有些学者认为案例知识与实践性知识、理论性知识都有关联，但又不同于二者。究其原因，首先，从生产与应用案例知识的主体来看，对案例的提供者而言，案例知识是实践性知识；对案例的接受者而言，案例知识是准实践性知识、准理论性知识，既能帮助学习者理解和掌握理论性知识，也能帮助学习者掌握实践性知识。正是在这样的意义上，案例知识可以被视为居于直接经验（做的经验）和抽象经验（符号的经验）之间的间接经验（替代的经验）。再者，从案例知识的形成过程来看，案例的撰写过程需要以普遍化、通用化的专业认知来架构经验，作者经验转换为案例叙述的过程，这本身就是一项概念化的思维活动。而案例阅读者、使用者又会将案例与个人的经验或其他案例相连结，再次将之付诸概念化，也因此可以从这些经验中抽象化出普遍适用的原则，完成自身案例知识发展的历程。案例从原始资料到成为叙述性的第二手资料，可以说是直接经验再搜集、再表述、再反省和再生产的过程，并且形成了间接经验。最后，从案例知识的功能来看，其更广泛的意义既在于优秀教师积累的丰富的"实践智慧"可以通过案例得到有效保存和传递，成为专业团体共享的知识，也在于能提炼抽象化的理论或原则，为宏观的学科建设和发展做出贡献。正是在这些角度上，我们得以真正理解从现实出发的案例一直被称为沟通理论与实践的桥梁的原因，它在理论性知识与实践性知识之间实现着二者的连接与转化，因而对教师教育有着巨大价值。

教师的实践性知识是大量的，同时具有缄默性。它是教师在专业活动中的直觉、灵感、信念、洞察力、价值观和心智模式，以及融于教育教学中非正式的、难以明确表达的技能、技巧、经验和诀窍等。它深植于教师个人的行动和经验之中，具有高度个体化、不易言传和模仿的特点。关于实践性知识在教师专业发展中的重要作用，学界已基本达成共识，并发现在教师日常的教育教学工作中，起决定作用的是教师的实践性知识，它指导（甚至决定）着教师的日常教育教学行为。案例知识与实践性知识的关系是密不可分的，观摩案例、研究案例已经成为教师获得实践性知识的重要手段。在以案例教学为主要形式的教师教育中，其基本构想就是使教师能够进入高度拟真的教育情境，面对复杂的教育问题做出选择和判断，以形成专业化思考模式，解决基于教师个体经验所生成的实践性问题。案例使用者观察、理解和判断教学活动主体的典型行为、思想，结合个人的概念理解或有限的实践经验进行深度反思，在现实中逐渐形成学习者个人的实践性知识。所以，对于增加教师的实践性知识，乃至深化理论性知识，提升教师的专业水平，案例都具有相当的助益。

通过梳理知识的类型，并在国际中文教师教育的角度上思考这些类型与案例的关联，我们能够发现案例所能提供的知识类型侧重于程序性认知，对于解决劣构领域问题非常有帮助，并在显性知识与隐性知识、理论性知识与实践性知识之间起着载体和桥梁的作用。这可以理解为案例知识的整体化特征，不过同时也表现了案例承载知识的局限性。也就是说我们不能期待案例"无所不能"，在面对陈述性知识或理论性知识时，则应该寻找更加适用、高效的学习手段。对于案例教学、案例分析等方法的应用，其"适配"的知识类型本来就是有特定偏向的，那么我们一方面应把握、接受案例知识的相对互补性，另一方面也不应对它求全责备。

第二节　案例学习方式的建构主义特征

学习理论是教育学和教育心理学的一门分支学科，是描述或说明人类和动物学习的类型、过程和影响学习的各种因素的学说。借助学习理论，我们可以获得探究人类学习本质及其形成机制的心理学依据，也能定位案例学习的相关理论支点。上一节从普遍的知识类型的角度解读案例，引入了一部分认知学习理论的概念，本节将专门从建构主义的角度分析基于案例的学习方式。

建构主义自兴起以来对教学改革产生了非常深远的影响，虽然国外一些学者在学习理论的具体观点上有着较大差异，但在各种观点之间形成的共识也很明显，其中在知识观、学习观、教学观三方面整体形成的看法对我们理解案例导向的学习方式有着极大的启示价值。

一、建构化的知识观、学习观与教学观

建构主义首先对知识的客观性、可靠性和确定性提出了疑问，强调人类知识的主观性、动态性和建构性。他们认为人类知识只是对客观世界的一种解释和假设，并不是对客观现实的准确表征，不独立于人脑而事先存在，也会随着人类认识的进步而不断地被新的解释和假设所推翻和取代。个体知识是由人建构起来的，取决于人们各自的知识经验背景和特定情境下的学习经历。

建构主义还认为，学习不是知识由教师到学习者的简单转移或传递，学习者也不是被动的刺激接受者，他们主动建构自己知识经验的过程包括了对外部信息的选择、加工、转换、综合、概括、推论，甚至反思和检验的一系列活动；学习要通过参与社会文化生活来内化相关知识和技能，这就需要学习共同体的合作互动，学习者与助学者（教师、专家、辅导者）之间的沟通交流、互相影响、互相协作对知识的建构有着重要意义；知识既然不是一套独立于情境的符号或名词术语系统，就不可能脱离活动情境而抽象地存在，那么它只有通过实际情境中的应用活动才能真正地被人理解、接受。

建构主义的教学观主要强调教学的要义不在于传递客观现成的知识，而是激发学习者的相关经验，以及促进知识经验的重新组织、改造和"生长"。教师的作用是建构理想学习的情境，帮助学习者建成学习共同体，激发其推理、分析、鉴别等高级的思维活动，并为其提供丰富的信息资源和工具的支持。教师因此也变成了教学的指导者、促成者和辅助者。

二、来自建构主义的其他教学思路

基于上述理论共识，社会建构主义和个人建构主义还分别提出了情境性认知、认知灵活性理论，并由此衍生出一些新的教学思路和原则，在语言教学领域先后产生了巨大的影响，也为案例教学带来了深刻启示。

（一）情境性认知（situated cognition）

以前的认知科学曾把人的认知归结为头脑内部的信息加工活动，但建构主义学者发现情境，包括物理、社会、文化因素乃至身体因素也参与了认知活动，所以知与行

是不可分离的。如果将知识从学习和应用知识的情境中抽象出来，会极大地限制教学活动的有效性，因此情境性学习理论认为，知识是情境性的，学习应该与情境性的社会实践活动相结合。比如，汉语学习者遇到听力课文中的生词，对这个词可以结合上下文的意思加以理解，听力课文的语境就是广义上的背景。生词明显受到学习和应用词义时那些情境的影响，不能仅仅被看成是脱离背景、活动的抽象语言符号。

这种情境性学习的观念在教学中具体应用时就会演化出一种模式：教师提供的学习内容要选择真实任务和真实问题的原型，学习过程就是接近现实中专业化解决思路的探索过程，而且要借助真实的互动合作和情境化的评价方式。体现这种模式特征的教学方式就是抛锚式教学。它将学习活动与某种有意义的大情境挂钩，让学生在真实的问题情境中进行学习。教师首先呈现真实事件或真实问题，学习者运用原有的知识去尝试理解情境中的现象和活动，教师逐步引导学生形成一些概念和理解，然后让学生用自己的理解方式去体验、思考并解决问题。这样的教学是以有感染力的真实事件或真实问题为基础的，确定这类真实事件或真实问题被形象地称为"抛锚"。

（二）认知灵活性理论（cognitive flexibility theory）

在解释知识的建构时，认知灵活性理论认为在知识的获得与知识的应用中都存在着这样的双向建构：一方面是对新信息的意义的建构；另一方面是对原有经验的改造和重组，并且更加重视在知识应用中的双向建构。在知识的获得过程中，学生不是建立了在以后知识应用中可以直接套用的图式或命题网络，而是形成了对概念丰富的、有着经验背景的理解，并且在知识应用时能够面对新的问题情境，灵活地应用这些对知识的丰富理解。

认知灵活性理论还关注复杂的、劣构领域的学习活动。以斯皮罗为代表的建构主义心理学家主张应该将学习分为两种：初级学习与高级学习。初级学习只要求学生通过练习和反馈掌握一些重要的概念与事实，再将所学的东西按原样再现出来，如背诵、填空等。这基本上是一些有还原倾向的简单化学习，涉及的内容主要是良构领域知识。但是研究者更感兴趣的是高级学习，他们认为高级学习不同于低级学习，要求学生把握概念的复杂性和彼此间的联系，运用所获取的概念去分析、思考问题，以及在新的情境中灵活运用。因此，这一阶段的学习涉及大量的劣构领域的问题，为了适应复杂多变的情境要求，个体自然要有以多种方式重组知识的能力，培养自身的认知灵活性或弹性。在传统的学校教育中，学生之所以不能将课堂上所学的知识灵活地应用在新的实际情境中，可能是因为教学活动混淆了初级学习和高级学习的界限，教学的目标仅是让学习者接受、记忆和套用良构领域知识。而当学习者普遍地用初级知识获得的方法学习劣构领域知识时，就必然会出现不适应，也无法真正获得高级知识。

建构主义者在寻求适合于高级学习的策略时又提出了"随机通达教学"（random access instruction）原则，即避免在教学中抽象地谈论概念的一般应用，而是将之具体运用到一定情境的实例中，提供多种实例的变式，以显示概念的不同方面和生成性联结。学习者可以随意通过不同途径、不同方式，带着不同的目的进入同样内容的学习，从而获得对同一事物或同一问题的多方面的认知和理解。当然，在重新配置的情境中进行多次交叉的反复学习，不是对同一材料的简单反复利用或者为了巩固知识技能而进行的重复，而是为了进入每一次学习情境中互不重合的侧面，把握概念的复杂面貌并形成知识的迁移，这是达成高级学习目标的关键。

三、建构主义色彩的案例教学

以课堂应用场景为核心的案例教学自 1870 年开始，从美国哈佛大学法学院逐步推广到世界各国，进入法学、经济学、教育学各个领域。它以学生为中心，以案例为基础，通过呈现案例情境，将理论与实践紧密结合，引导学生发现问题、分析问题、解决问题，从而掌握理论、形成观点、提高能力。案例教学之所以有着长盛不衰的影响力、生命力，正是因为其理论的前瞻性和模式的科学性。借助前述建构主义学习思想的参照视角，我们能发现案例教学反映出明显的"建构色彩"，而从开发材料到分析写作的案例学习历程，可以从整体上培养学生建构取向的认知方式，在情境性、灵活性认知和高级学习的角度发挥作用。

（一）建构化的师生角色与教学活动

在基本的指导观念上，建构主义强调知识的动态性，尊重学习者经验世界的丰富性和差异性，追求学习的主动建构性、社会互动性和情境性。当学习者成为自己知识的建构者时，教学活动要做的就是创设理想的学习环境，提供丰富的信息资源和工具，促进学习者的自主建构活动，教师的角色也因之而发生了转变。这种学习观、教学观与案例教学是完全一致的。面向国际中文教师的案例教学，通过实实在在具体发生的案例架设各种教育情境，激活学生头脑中的已知储备，再通过分析、思辨、反省，突破已知而形成新知。教师依照理论传递的导向设计教案，确定教学重点、难点、目标，其周密的设计基于概念的固定性和对课堂活动的完整预设，往往设计得越周密，教学时越缺少生成性的思想火花。但案例教学比起传统教师培训的直接传授知识，更重视学习者个人建构取向的认知方式，把知识获得与参与者自我知识的打破和重建过程联系在一起。案例教学一般由教师制作或者选择适宜的案例，围绕案例进行资料查询、探讨和理解，学习活动在师生讨论、小组合作、问题导引、质疑辩难、假定、模拟等形式中交错前进，不断生成新结论或者新质疑。教学过程是合作的，教学目标是生成的，教师是"学习共同体"内部的促进者，而非知识的占有者、传递者。

（二）案例构建的情境性与灵活性

从内容上看，案例叙述的事件本身都必须依赖情境，这是它的表象，也决定着案例的内在作用。因为案例提供的也是知识所依托的情境，从而塑造了案例使用者进行学习、加工信息的方式。在建构主义代表人物乔纳森提出的学习环境模型中，个案可以在帮助学生记忆、加强认知灵活性的角度上支持学习者的学习。此外，案例构建的情境性知识线索还参与了案例推理（case-based reasoning，简称 CBR）这种认知模式。通常来讲，教师一旦在遇到某个问题或情境时，会自然而然地从他们的记忆中查找以前曾经解决过的类似案例，将以前的经验和教训与目前的问题相比较，评估问题情境的各个特征，如果目标或条件匹配，他们就会运用以前案例中解决问题的方法，在综合筛选、平衡的基础上，确定新问题的解决方法。当新方法或新经验有了成效，它们就会被当作成功的知识加以索引、编排，储存到记忆中以备将来取用。所以，案例不断提供教师所需要的经验表征来帮助或补充记忆，逐步建立教师自己内在的案例集合，也推动着他们基于案例推理的问题解决策略的形成。

此外，认知灵活性理论主张提供有关内容的多种表征和解释，以表现内在知识领域本身的复杂性、观点概念间的联系和概念内部的联系，用多重的相关案例来传达多种观点就是一个非常普遍的做法。斯皮罗曾提出，在以认知弹性理论为基础的教学模式中，可以使用由概念与案例构成的多层面、多元化的知识表征，通过概念与案例的交融，增强学习者的认知灵活性，以达到对概念充分、完整的理解。而以案例为主的教学方式，即是达成认知灵活性目标的良好教学方式。

所以，在案例内容实现的功能上，通过一定的阅读、研讨、写作活动，学生在知识获得的过程中可以对原理、概念等建立带有经验背景和情境支持的理解，在新的不确定性的问题场景中，用以应对和决策的方法就可以依赖课堂上的案例知识和经验，而不是抽象的原则和套用的图式。在国际中文教育的现实场景中，职前和职中教师需要对教学问题有一定的经验并能够建构相应的心理模型，而对一般的初学者来说，他们最缺乏的就是经验，经验对他们解决问题非常关键，所以提供一系列学习者可能参考的相关经验将对他们解决问题产生莫大的帮助。

（三）问题导向和多角度学习

在具体教学思路的实践上，建构主义模式下的"抛锚式教学""随机通达教学"源于情境性认知、认知灵活性理论，它们与案例教学有着共同的内在支点。可以说，在基于案例学习的课堂中，案例正是真实事件或问题形成的"锚"，通过不同知识情境的广泛再现，用于奠定师生知识建构的导向，能够帮助学生将所获得的知识灵活迁移、运用到其他拟态化的案例和现实化的难题中。案例教学的过程以基本的提出问题、分析问题、解决问题为线索，其中的提问与互动、阅读与讨论、情境模拟与报告撰写等要求师生不断变换角度进入同一案例，并在同类案例中持续研讨典型的教学主题，开辟充分的"随机通达"的可能。国际中文教育的基本概念和原则会被具体运用到诸多情境的实例中，而且通过案例叙述展示出不同的"变体"，帮助学生形成对概念和原则的多角度理解，获得背景性经验，为在未来的教学实践中进行灵活的知识迁移做准备。

在上一节对案例知识类型的讨论中，我们已经认识了案例对教育实践劣构领域的价值，其实在这方面，建构主义学者就曾做过实证研究，根据斯皮罗对医学院生理学课程进行多年研究所得的结论，案例教学可以适用于劣构领域的高级学习。

综上所述，基于案例的学习具备明显的建构特征，而吸收建构主义的思想对于转变案例教学实施活动中师生的观念和角色、提升教师教育的质量都将产生积极影响，对此下一章中还会有接续性的讨论。除此之外，同样在分析、批判传统的心理学研究的基础上，人本主义心理学家也可以为案例教学提供一定的思想资源。人本主义学习理论的观点首先在于以人性为本位的教学目的观，即认为教育的根本目标是帮助发展人的个性，帮助学生认识到他们自己是独特的人，并使其最终实现潜能。另外，人本主义学者还讨论了彰显主体的教学过程观，提出在教学过程中应以"学生为中心"，这又是其"自我实现"的教育目的的必然产物。在传统讲授式、灌输式的教学方式中，让学生成为学习的真正主体的观念显然很难实现，而相比之下，案例教学更强调、突出学生的主体地位与作用，提倡学会根据事实情境的变化而采取不同的解决问题的方法。另外，案例教学与充分的讨论是分不开的，应力图营造一个学生敢于辩论的课堂环境，教学中还应十分注意弘扬情感等非智力因素的动力功能，强调建立民主与平等的师生关系，创造最佳的教学心理氛围。正是从这个意义上来说，案例教学中蕴含的人本主义方向是相当明显的，我们在教师教育实践中也可以继续循此探索。

第三节　案例对国际中文教师的现实价值

案例关联着多种知识类型，其内在导向也体现了认知心理学、建构主义及人本主义的科学思想，因此案例在专业教育中一直发挥着广泛作用。自 20 世纪 80 年代后，案例在教师教育方面的应用场景也不断扩大，除了有教师教育者主导下的基于课堂的案例教学，还有职前和职中教师自主的案例阅读和分析，以及关联着多种用途的案例研究和写作等。基于对目前国际中文教育专业硕士培养目标和未来国际中文教师工作特点的认识，充分考虑到案例之于本专业教师职业发展的现实价值，我们继续在职前教育、职后进修两大阶段，通过课堂教学、个人研修、教育研究等平台引入案例，这对国际中文教师的发展是非常必要和颇为重要的。

一、国际中文教师的专业成长方向

国际中文教育硕士专业学位（Master of Teaching Chinese to Speakers of Other Languages，简称 MTCSOL）是在国际中文教育事业和孔子学院蓬勃发展中应运而生的专业学位，也是我国特有的专业学位类型，主要培养具有熟练的以汉语作为第二语言或外语的教学技能、良好的中华文化传播技能和跨文化交际能力，适应孔子学院发展和汉语国际推广工作，胜任多种教学任务的高层次、应用型、复合型、国际化专门人才。自 2007 年 5 月，国务院学位委员会办公室下达通知，批准北京大学、中国人民大学、北京师范大学、北京外国语大学、复旦大学等 24 所院校开展汉语国际教育硕士专业教育的试点工作之后，经过十余年的发展，截至 2021 年底，全国获批的培养院校已达到 198 所。2022 年 9 月，在国务院学位委员会、教育部印发的《研究生教育学科专业目录（2022 年）》中，"汉语国际教育"正式更名为"国际中文教育"。

多年以来，伴随着国际中文教育事业的发展变化，虽然专业硕士的培养目标和理念在不断调整，但从《全日制汉语国际教育硕士专业学位研究生指导性培养方案》（以下简称《指导性培养方案》）、《汉语国际教育硕士专业学位基本要求》（以下简称《基本要求》）《汉语国际教育硕士专业学位研究生核心课程指南》（以下简称《课程指南》）[①] 来看，再结合各校的培养方案和具体实践就不难发现，国际中文教育专业人才培养的实践导向是极为突出的，而且对高阶思维的形成非常关注，这都对国际中文教育职前教师的塑造起到了至关重要的作用。

（一）实践导向

区别于学术型硕士学位，专业学位又可称为职业学位、职业型学位，其目的就是针对社会特定职业领域的需要，培养具有较强的专业能力和职业素养，能够创造性地从事实际工作的高层次应用型专门人才，国际中文教育硕士专业学位正是属于这种学位类别。从这种宏观认识上来理解培养方案中的课程设置——以实际应用为导向，以国际汉语教师的职业需求为目标，便能清晰地定位出国际中文教育专业的实践导向。具体到课程体系层面，围绕汉语教学能力、中华文化理解与中外文化融通能力及跨文化交际能力的培养，全国汉语国际教育硕士专业学位教育指导委员会（简称教指委）公布了专业学习中的各级课程（包括必修课、选修课），见表 2-5 所列。

表 2-5　《指导性培养方案》里的课程与学分结构

一级分类	二级分类	课程名称	门数
核心课程 （需 18 学分）	（1）学位公共课程	政治 外语	2
	（2）学位核心课程	汉语作为第二语言教学 第二语言习得 国外汉语课堂教学案例 中华文化与传播 跨文化交际	5

---

① 该指南按一级学科和专业学位类别编写，共 7 本，囊括 1533 门课程，主要包括基础理论课和专业课，体现本学科、本专业类别的基础理论和专门知识，并与《一级学科博士、硕士学位基本要求》《学位授予和人才培养一级学科简介》《专业学位类别（领域）博士、硕士学位基本要求》相衔接。

（续表）

一级分类	二级分类	课程名称	门数
拓展课程 （需8学分）	（1）汉语作为外语教学类	汉语语言要素教学 偏误分析 汉外语言对比 课程设计 现代语言教育技术 汉语教材与教学资源	6
	（2）中华文化传播与跨文化交际类	中国思想史 国别与地域文化 中外文化交流专题 礼仪与国际关系	4
	（3）教育与教学管理类	外语教育心理学 国外中小学教育专题 教学设计与管理 汉语国际推广专题	4
训练课程 （需4学分）		教学调查与分析 课堂观察与实践 教学测试与评估 中华文化才艺与展示	4

　　表2-5中课程门类的设定参照了国际中文教师的工作任务，便于研究生在学习过程中熟悉与教职有关的业务结构和维度，形成"以核心课程为主导、模块拓展为补充、实践训练为重点"的布局，而实践性的技能训练则是其核心培养目标，教育、教学方法类课程所占比例也是最高的，在总体课程中所占学分超过2/3。《指导性培养方案》还要求通过教学见习、实习、案例教学、汉语教学项目参与等方式，帮助职前教师在一定的实践基础上建构理论知识。在课程内容上强调的是将更多时间放在实践知识的学习上，这样做并非忽视理论知识的学习，实践本身不排斥理论，而是内在地包含理论，让理论知识服务于实践过程。

　　2022年8月发布的《国际中文教师专业能力标准》在其基本理念中明确了"素养为基"，指的是国际中文教师能够将本学科的知识和教学技能相结合并运用于教学实践中。国际中文教师应具备从事国际中文教育所需的教育知识、中文和语言学知识、中华文化与中国国情知识、第二语言习得知识，具备从事国际中文教育所需的中文要素教学、中文技能教学和教育技术应用等技能，能制订课堂教学计划、选择与利用教学资源、组织教学、管理课堂、评估学习者并提供反馈、进行教学反思，保障教学任务顺利完成。可见，从职前教师的培养目标，到职中教师的胜任标准，实践导向一直是专业人才发展的主体方向。

（二）高阶思维

《基本要求》《课程指南》等以培养胜任多种教学任务的高层次、应用型、复合型、国际化专门人才为目标，对国际中文教育硕士处理复杂课堂问题的综合能力、创新能力、专业发展能力等都提出了较高要求。在"基本能力"的框架下，相关文件提出在教育研究能力和职业发展能力方面，要求研究生应掌握一定的教育研究方法，具有通过教学观察、教学实验、教学反思等开展教育研究的能力，具有参与本专业学术交流的能力，具有终身学习寻求自身专业发展的能力。具体到学位论文方面，相关文件则强调学生应在国际汉语教育实践中具有发现问题的敏感性、分析问题的科学性及处理问题的主动性和创造性，充分展现其教育反思能力。可以看出，作为一个顺应汉语国际传播事业的发展要求而建立起来的硕士学位，强调技能的培养，注重实践导向，使职前教师具备顺利完成教学任务的能力，这是专业培养的必备方向。同时，教师职业所需的学科知识与研究能力也受到了必要的重视，将国际中文教育硕士视为"准教师"，开发其成为专家型教师的潜能，这就需要更多地借助高级知识获得方式。

正如前文所述，国际中文教育本身的跨学科性质、持续的动态化应变决定了本专业教师面对的大多是劣构领域的问题。应对概念的复杂性、实例的不确定性，职前教师不能靠对已有知识的简单提取来解决教学实际问题，只能以课程知识为基础，重新分析具体的问题情境，建构对学科教学的动态理解，不断寻求和创造应对教育问题的解决方案。这就要求必须以高阶思维模式，形成自身建构取向的思考、应用能力。这里的高阶思维要求学习者具有深刻的认知水平，能够主动获得和建构自己的知识，善于把知识转化为实践能力。此外，更应认识到，如果从学科和职业使命来看，国际中文教育专业承担着为汉语和中华文化走向世界，培养国家级、世界级胜任多种汉语教学任务，具有熟练的教学技能乃至高超的教学艺术的行家里手的责任，这应是MTCSOL培养的核心目标或追求的理想境界，这一点至少在理论和观念上应得到充分肯定。整个行业和专业对职前教师的期待、要求是高层次的，因此，在课程学习、实践环节、教学研究和职业发展的各个角度上，对国际中文教育硕士的高阶认知模式的培养都需要得到重视。

二、案例教学对教师专业成长的意义

在获得对国际中文教师培养方向和特点的初步认识后，我们就不难理解在《指导性培养方案》中，以案例学习为导向的"国际汉语教学案例分析"① 一直是五门核心课

---

① 在《专业学位研究生核心课程指南（试行）》中，该门课程名称为"国际汉语教学案例"。在近年教指委修订培养方案过程中，有专家提出改变其单独设课的方案，而改为在专业学位课程中更多采用案例化内容取向和教学模式，为相关课程都增加案例分析的导向性要求。

程之一，而针对专业课程的教学方法，教指委也明确提出了"要运用团队学习、案例分析、现场研究、模拟训练等方法，力争使研究生在课程学习期间能接触到 100 个以上不同类型的案例，提高教学技能和国外适应能力"。本专业核心课程中的汉语作为第二语言教学、中华文化与传播、跨文化交际等都要求使用案例分析的授课方式。而案例分析与调研报告、教学实验报告等同样是体现实践价值的论文形式，可作为规定的学位论文类型之一用于考察研究生综合利用科学理论、方法和技术解决实际问题的能力与水平。这就从各个层面肯定了案例教学对专业人才培养的重要意义。

（一）案例与实践性知识的积累

案例教学是以学生为中心，以案例为基础，通过呈现案例情境，将理论与实践紧密结合，引导学生发现问题、分析问题、解决问题，从而掌握理论、形成观点、提高能力的一种教学方式。案例贯通理论和实践的作用一直受到肯定，准教师高效积累实践性知识的途径也蕴含在职前培养、职中培训的案例教学过程中。面对理论化的抽象知识，教师教育者一般要赋予其情境化的"激活过程"，尽量使职前教师明确理论适用性及具体适用方式、对象，帮助其形成新手的实践智慧，深入、准确地理解教育现实，依照切实的理论支撑做出更多明智的决策。那么，案例正好扮演着这样一种"激活"或"启蒙"的角色。案例通常是对教学环境中发生的真实事件的叙述，能向使用者提供一种极为贴近现实的场景，当它们被置于具体的参与对象面前时，既能呈现一种替代性的教学经历或经典性的教学经验，也保证了使用者是在教师教育课程这种"前实践"阶段"安全"地尝试各种不同的框架、原理，从不同的方向来理解、解释或解决案例中的问题，并且还不会受到在真实处境中失败的威胁。因此，加强案例教学，被认为是强化专业学位研究生实践能力培养，促进教学与实践有机融合的重要途径。

确保教师"会教"中文的条件之一是知识，当然不仅有理论性知识，也有实践性知识，实践性知识影响着教师对理论性知识的学习和运用，支配着教师的日常教育教学行为，是教师从事教育教学工作不可或缺的重要保障。要有效地学习复杂的实践知识，并且能够正确地把所学习到的知识运用在不同的情境中，也非常需要有一个以案例为基础的学习环境，将一部分要学习的知识镶嵌在案例中，再借由案例达成足够的解释效力和应用效力。不论是在专业课堂的讨论中，还是在自主阅读和分析中，国际中文教师都可以面向案例"做中学""行中知"，找到专业成长的资源和动力。

（二）案例与高阶思维能力培养

通过上一节的分析可以发现，案例学习者知识的建构过程不同于传统教学中对教师或理论持有者知识的复制、回忆、再认的过程，其本身含有学习者对知识的发现、对学习的监控与调节及对知识的综合运用等多种高水平的智力活动过程。普遍来讲，基于案例的学习方式符合认知灵活性的要求，能够改善思维品质，提升思维质量和弹性，故而被视为一种高级学习方式。

具体到国际中文教师教育，案例帮助职前教师形成个人的实践性知识，这些知识不是停留在叙述、观察一个个来自教学一线的故事上面，而是超越故事本身，从案例中产出的案例知识。由此导向的案例知识凝练过程，需要学习者运用理论对案例进行解读，结合个人的"前概念"（自己对于学校、课堂、教学的已有理解）或有限的实践经验进行深度反思，在以后的行动中形成学习者个人的实践性知识，并在教师的"学习共同体"内部完成知识的相互传递。案例教学或者职前教师的案例知识积累要不断面对问题解决方案的不确定性及其分析的开放性，为培养反思习惯及塑造探究精神和批判思维能力提供了可能。而且，有国外学者已经指出，案例对于许多学习者有更强的吸引力，他们能够在传统的、文科类型的课程中聚焦事实和内容，从而发展学生高阶思维技能。从认知目标的不同维度来看，运用、分析、综合、评价等能力均属于高层次认知思维。除此之外，近年来也有学者从国际汉语教学案例分析课的教学反馈中发现，案例学习的作用在于增加学生接触间接经验的现实感，使学生聚焦实际问题，通过接触多种视角及观点，增强决断力和提升阅历。案例分析课不仅可以提升学生的专业知识和专业能力，而且能够增强学生的表达能力、思维能力。所以，综合来看，将案例运用于国际中文教师教育，不仅能"开启"其所包含的真实问题、多元视角、知识转化及互动合作的内在空间，推动案例学习者从反思能力出发，向更高级、更综合的认知维度发展，而且这与建构主义学者所追求的应用知识、解决问题的目标和思路也有着一致性。

实际上，从外在条件上来衡量，走入国际中文教育的现实就等于走进了一个劣构知识领域，这里一直充满着各种各样的不确定性，教师想以先前所具有的知识有效应对现实的所有变量是不可能的。即便在汉语教学基础、汉语教学方法之外，教师还具备教育学、心理学等知识，其也仅仅是获得了一些知识背景和问题视角，而课堂涉及的是多学科、多维度的实践智慧，可谓社会学、人类学、文化学、伦理学等无所不及，地区、社区、学校、班级等各维度又相互影响，因此在问题出现时，教师所具备的知识很难被有机地整合在一起，也不可能借助预设的规则或程序将问题一劳永逸地解决。课堂从来都是即时多变的，不存在一模一样的课堂情景，而教师在课堂教学之外，还要管理班级、参与学校事务等，所以，为了国际中文教师能够获得长足的职业发展，在强调知识与技能的应用性、实践化之外，更需要借助案例以应对劣构领域问题，发挥其培养高阶思维能力的作用。

（三）案例与国际化教育的工作场景

从内容表现的层面来看，源于各国、各地区教学实践的案例可以使国际中文教师对未来的工作场景有充分的认识，而这些场景的共性"标签"非"国际化"莫属。目前，国内外的在职教师承担的教学任务有小学的、中学的，也有大学的；教学对象有华裔和非华裔，也有政务、商务人士和一般民众；有需要集体授课的，也有一对一或小班制授课的；有只要求教听说的，也有要求听说读写都教的等。此外，国外的汉语教学都是在缺乏目的语环境的条件下进行的，在远离中国社会和中国文化的背景中，学生所在国的文化传统、教育传统和学习者的学习习惯等无不影响其汉语学习。正因为国际化与在地化教育场景的差异，成长中的教师很难用自身接受国民教育的经历去构想未来工作现场的复杂特点，依靠案例分析、课堂实况观摩、海外实习、志愿者派出等方式则能够使国际中文教师接近、进入拟态的或真实的工作现场。

从案例课堂的运行思路来看，基于案例的学习活动本质上推动了师生共建跨文化色彩的教育空间。这里的"跨文化"并不是表面地指案例教学中包含着中外师生个体的参与，而是说案例分析、讨论和案例开发本身就带有西方教育文化的背景，能够使学生内在地接触到与中国文化不同的价值模式和思考模式。有学者将案例教学、案例写作和案例学习比喻为在北美的文化土壤上培植出来的一朵娇嫩的鲜花，这一方面指出基于案例的学习方式在北美两个国家（美国和加拿大）比较盛行，另一方面也说明这种教学和学习活动必然带有来自北美的文化差异色彩。结合荷兰心理学家霍夫斯塔德总结的文化尺度理论，我们就能意识到具有北美文化色彩的案例教学课堂中内隐的师生关系、思维逻辑更倾向于推动个体在集体（小组、班级）中显示力量，缩小师生权力距离，强调平等，促进交流，接受不同意见，并适度降低知识传授的结构性和计划性，提高对不确定性和模糊性的包容度，具体见表 2 - 6 所列。

表 2 - 6　从文化尺度看中国和北美文化

	中国文化	北美文化
个人与集体的关系取向	集体主义	个体主义
对权力不平等分布的接受程度	权力距离大	权力距离小
对不确定性和模糊性的包容度	低	高

可以说，案例课堂与我们传统的中国式课堂的教育文化具有相当的互补性，虽然案例教学的引入也会因此而遇到一定的跨文化"障碍"，但对未来的国际中文教师形成对多元文化的理解、建构新型的教学理念，以及从内在上适应差异化的工作场景都非常有帮助。为此，我们应对案例教学中师生角色和课堂工作方式做出必要的转变，下一章也会再论及这一方面。

三、案例开发和研究对教师的价值

对于教师而言，职前的一次性、完结性的本科或研究生教育是不够的，那只是完成了职业起点的准备。教师的专业发展不仅需要一定的知识积累，而且需要有效的知识增长和更新的机制，这贯穿于职前培养与职中进修的全过程。教师要成为一个成熟的专业人士，要通过不断的学习与探究来拓展其专业素养，提高专业水平，并保持终身学习的动力。国际中文教师个体在专业发展的历程中，为满足不断接触新知、提升专业能力的需求，完全可以主动、持续地借助案例这一建设性工具。除了在教师教育和培训场景中常使用案例教学，在国际中文教师的专业生活中，围绕案例的研究活动也很丰富，常见的类型之一就是案例开发。案例开发是教师成长、发展和自我提高的重要途径，与教学实验、调查访谈等常见的教育研究方法有共通的价值。当国际中文教师编写关于自身教育教学实践的案例时，他们实际上是在开展对自身实践、自身经验的研究，成了研究的主导者、实施者，特别是成了内在知识的建构者，而不是外在知识的复述者和执行者。而当教师教育者与投身实践的教师合作从事开发活动时，指向案例产出的一系列撰写、编制、研讨活动也成了教师教育的重要环节，是可以充分利用到师资培养和教师专业发展中去的。尽管国际中文教育专业硕士作为职前教师，教学经验的总量还不多，但如果能由教师教育者带领，在一线教育场景中提炼并适当积累案例，其实这正是对个人经验的深加工，亦能提升其专业实践发展的质量和速度。

一体化、长期化的教师教育包括职前培养、入职教育、职后提高，不同的职业阶段教师关注的焦点有所不同，教师发展的专业知识结构和需求重点也不相同，具体见图 2-1 所示。对跨过"入门"阶段的教师而言，他们在实践中会愈加从容，具备将教育科学原理运用到个案的策略和能力，也会关注教育理念的更新和汉语教学的新发展、新动向，进而在教法、教育理念上开展积极探索。这时案例研究的方法对国际中文教师就具备了一定的适切性。

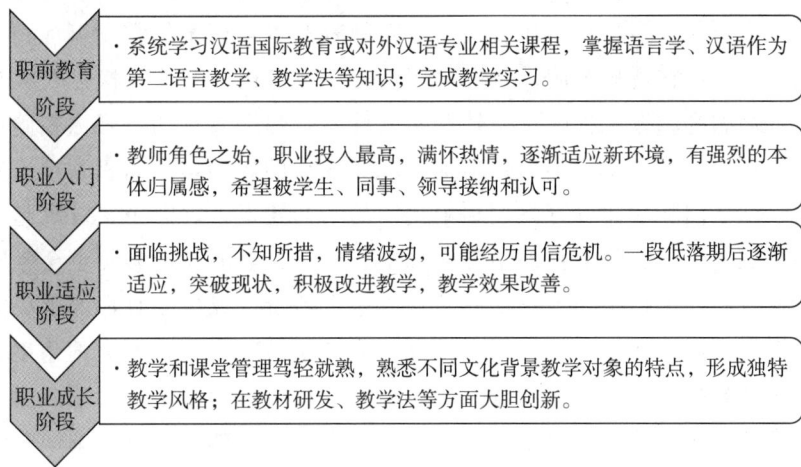

- 职前教育阶段：系统学习汉语国际教育或对外汉语专业相关课程，掌握语言学、汉语作为第二语言教学、教学法等知识；完成教学实习。
- 职业入门阶段：教师角色之始，职业投入最高，满怀热情，逐渐适应新环境，有强烈的本体归属感，希望被学生、同事、领导接纳和认可。
- 职业适应阶段：面临挑战，不知所措，情绪波动，可能经历自信危机。一段低落期后逐渐适应，突破现状，积极改进教学，教学效果改善。
- 职业成长阶段：教学和课堂管理驾轻就熟，熟悉不同文化背景教学对象的特点，形成独特教学风格；在教材研发、教学法等方面大胆创新。

图 2-1 国际中文教师职业发展阶段

案例研究作为社会科学研究的方法，其通过系统地收集和分析数据和资料，探讨某一现象在国际中文教育环境下的典型状况。它的表层起点是教育实践中真实发生的典型性事件及发生过程，就像给一个案例、事件"画像"，但其研究重点是提炼其中蕴含的问题和疑难情境，得出归纳性分析结果，或建立理论模型，做出深层次的本质分析。教师身处教学一线的现实之中，具备发现问题、体察案例的优势，开展相关研究不仅是对职业生涯的记录和反思，也能深刻影响自身教学理念、专业实践的蜕变，并使教育理论因增添了实践的根基和来自教师的声音而更有生命力。

关于上述案例开发与研究的各个侧面，本书在第五章、第六章还将提出一些具体的看法和做法。

总体来看，从职业成长的路线、目标上对国际中文教师的现状和未来加以理解，就必须注意到，当下的教师专业发展模式，已经从以行为科学为基础的教师教育模式，向以认知科学、建构主义和反思性研究为基础的教师教育模式转型，由培训技术型为主的培训模式向培养专家型为主的发展模式转型。国际中文教师的发展需求和对自身职业的认知也正从最初的技艺模式、应用科学模式中脱离出来，向如今的反思型、自主型模式前进。以往依靠教学单位或培训机构进行的自上而下的外接式教师教育，主要按照理论设想告诉教师应该做的和应该懂的，可能呈现了严格的理论网络和详细的操作守则，但很难使教师直接生成基于情境的理解力和创造力，也无法解决其在不可预期的场合中遇到的问题。而且对教师参加专业发展活动的后续支持往往也不够，大部分教师可能仅从职业培训活动中获得了部分技能的提高，短期集中培训的作用在教师回到工作岗位后发挥的实际效力很有限。因此，各种形式的外在指导和帮助亟待与持续的自我赋能、资源支持结合起来，而案例的作用在教师自主的、高标准的职业发展历程中正是必不可少的。

基于案例的教师教育模式可以将案例教学和分析、案例开发和研究等方式综合运用到课堂、个人研修等多种场景中。其中，教师教育者运用案例教学可以将听讲式培训导向参与式培训，在搜集案例、分析案例、交互式讨论、开放式探究和多角度解读的过程中，提高教师教育课程的引领性和实效性。教师个人化的学习途径则可以通过自我主导的案例分析来实现，不断分享他人职业成长的经验，从而积累反思素材和新的实践方向。随着国际中文教育案例和案例库的不断建设，国际中文教师是有条件接触到充足的案例的，在这些丰富的学习资源中，追求专业成长的教师也会不断地启动自身的理论储备和知识构架，或形成决策，或做出评价，或生成具体的解决问题的方案或意见，继续磨炼自己的专业知识和技能。从教学研究和理论研究的角度，我们可以根据国际中文教师的成长规律和特点，在不同阶段、不同需求层面适时引入案例开发和案例研究的方法，发挥教师本人在专业发展中的能动作用，充分调动一线的教育研究资源。虽然在这里，我们并不是说案例能解决国际中文教师教育的一切问题，但带着自身专业持续发展的追求和终身学习的意识，拥抱专业场景中不断涌现的案例，去分析，去讨论，去记录，去研究，这本身就应是教师职业生活中有益的一部分。

第三章　案例教学的程序

　　研讨案例教学往往有不同的起点，可以从师生知识传递的角度理解教学中形成的模式，也可以按照从开发到应用的路线，谈谈案例教学的理论性过程。本章将回归到对教师教育而言更为适切和常用的角度，梳理案例教学的课堂应用程序。一方面静态地剖析实施和参与案例教学的关键因素，从内容层面认识学习资源的各项要素，从主体层面发现师生角色的转变；另一方面从课堂结构的时间脉络中梳理案例教学的动态流程，对案例教学前、中、后三个阶段的具体做法加以描述和总结。借助静态与动态视角的结合，我们期待进入这种教学模式的探索者能从不同侧面对案例为主的课堂形成充分认识，并找到自己的实践方向。

第一节　案例课堂关键因素的解析

　　案例教学法（case methods of teaching）最先由美国哈佛大学于 20 世纪初首创，早期应用于法学界、医学界，后逐渐延展到管理学、教育学等领域。从草创到最终为学界所接受，案例教学法在经历了一段较为曲折的发展过程后，于 20 世纪 80 年代进入我国。因为学科与课程不同，案例教学的模式本然地存在着差别，也导致目前还缺少关于案例教学的标准化定义。从广义上讲，案例教学法指通过对一个具体教育情境的描述，引导学生对这些特殊情境进行讨论的一种教学方法，在一定意义上它是与讲授法相对立的。如果结合国际中文教育专业的特点，对案例教学法的狭义理解则专指以案例为教学材料，结合教学主题，通过课上讨论、问答、角色扮演等师生互动、生生互动的教学形式，让学习者了解与教学主题相关的理论，关注教学中的实际问题，并培养学习者发现问题、反思问题和解决问题的能力的一种教学方法。随着国际中文教育领域案例教学法的应用和研究及未来学界认识的深入，从专业角度界定案例教学的内涵，除了上述资源内容、人际互动、方法与目标的层面，还有继续深化的可能。

　　走入基于案例教学的课堂，师生都将成为一个不同的教学设计系统的内在部分，对其中要面对的工作原理和逻辑，我们有必要进行初步的廓清与认识。首先，要知道传统教学设计主要基于行为主义学习理论或认知学习理论，设计的焦点在"教"上，强调教师的主导作用，一般为循序渐进、按部就班、精细严密地运用系统方法对教学进行设计。而案例教学在实际操作中属于"以学为中心"的教学模式，其教学设计的理论思路主要具有建构主义色彩。这在第二章已经重点说明过，而以下的讨论也始终基于非传统教学设计这个前提。继而，我们还要明确，基于建构主义学习理论的教学设计强调的是教师精心为学生选择和设计的恰当的学习环境，这里的学习环境不是简单的物理意义上的场所，而是学习资源和人际关系的一种动态的组合。学习资源包括学习材料、帮助学习者的认知工具、学习空间等；人际关系包括学生之间的人际交往和师生间的充分的人际交往，学生不仅能得到教师的帮助与支持，而且学生之间也可以相互协作和支持。正是如此，在走进案例课堂的学习环境之前，我们至少要对其中丰富的学习资源和人际互动的因素加以体认，才能具备接受和适应这种教学模式的可能。本节遵照从客体到主体的顺序，对案例课堂这两类关键因素逐一展开讨论。

一、案例课堂中的多样学习资源

案例课堂中的学习资源大致包括学习材料（以案例为主）、师生所采用的辅助案例学习的认知工具（各种获取、加工、保存信息的工具）、学习空间（如教室或在线教室）几个方面。

（一）作为学习材料的案例

国际中文教育专业研究生课堂中使用的案例可以称为教学案例，教学案例是基于专业教学的需要和具体的教学目标而编辑、撰写的案例，除了需要具备案例的一般特征（见第一章第二节），还要体现更强的目的性、适切性。它们蕴含着国际中文教育领域教学活动和师生行为、思想、情感的线索，紧紧围绕案例教学课程发生的需要，用来支撑和辅助案例教学目的的达成。教学案例的内容标准应蕴含专业理论知识及专业知识在教学情境中的运用情形，可以为职前、职中教师架设理论与实务间的桥梁。正如国际中文教育专业的课堂教学需要是纷繁多样的，目前用于支持教学需求的案例也表现出内容广泛、视角丰富的特点。宏观地以教学案例理论定向为划分标准，依照案例与国际中文教育专业研究生课程体系的呼应关系，我们能看到汉语作为第二语言教学、第二语言习得、中华文化传播、跨文化交际、语音教学、汉字教学、词汇教学、语法教学等方面的案例；微观地以具体内容指向为划分标准，将教师未来所面临的实际问题与案例场景相关联，则能看到诸如教师的教育技术应用、课堂组织与管理、教学资源选择与利用、课堂教学计划的制订和实施、学习评估与反馈等主题的案例。可以说，教学用途的案例是促进国际中文教师发展的"先行军"和"核心区"，目前众多案例集的出版和案例库的建设都以此为重点。而当依靠教学案例的导向和功能来实现单元化或全学期授课内容时，整个课堂对案例本身使用价值的依赖是非常明显的，甚至案例的选择会成为这类课程成败的关键因素。

整学期课程完全凭借案例资源进行的"全案例"教学方式已经为众多培养院校所采用，突出的例证就是作为学位核心课程之一的"国际汉语教学案例"[①]。这种案例导向的课程（case-based curriculum）学习模式，在使用案例的方式上与其他课程有所区别，这种区别就在于教师要构建基于案例的全部教学活动，以全学期容量为学生引入大量的教学案例，形成了国际中文教育专业案例教学的典型形态。本章以下的讨论整体上就是从"全案例"背景出发的，期待在课堂实施的各方面集中为案例学习者提供支持。当然，由此获得的思路对其他以案例教学为辅的课程也有相当的适用性。

在作为学习资源的意义上，案例虽然成了一类课堂的主体，但并不意味着案例教学与传统的讲授法不能相容，通过教师讲授所提供的理论、概念、规则等信息也必然是案例课堂的学习材料。实际上，案例教学在其发展的初始阶段是和讲授法混合使用的，各个领域的教师在调动案例完成教学单位的内容和计划时，都力求在讲授与案例——"Lecture & Cases"的模式中找到平衡。以一个学期为单位，根据案例教学的不同选用比例、使用时机形成案例教学的诸多实施方式，有研究者用"C""L"的不同顺序和大小写方式将之表述为多种情况，具体见表 3-1 所列。

表 3-1 案例教学实施方式

	类型	含义
1	$C_L C_L C_L$	在教学主题或理论上先使用案例教学法，再使用讲授法，如此交替使用。
2	$L_C L_C L_C$	在教学主题或理论上先使用讲授法，再使用案例教学法，如此交替使用。
3	LLLCCC	在前半学期或较长时段内密集使用讲授法或其他教学法，在后半学期或某一时段内集中使用案例教学法。
4	$L_C L_{CC} L_C L$	先以讲授法说明基本知识，再施以一至两则案例，再以讲授和案例交替，最后总结。

随着教学法理论与实践的发展，能与案例教学呼应的方法已经超出了讲授法的限制，而案例应用的弹性也在新的教师教育格局中得到扩充。在目前国际中文教育专业的跨文化交际、汉语作为第二语言教学、教学测试与评估等诸多课程中，案例教学已经成为广泛的辅助手段。或是在一个学期内先由教师讲授基本理论，再将理论用于分析案例；或是课程由大量案例开始，通过分析、提炼，对此后讲授的理论形成初步认识；或是在每一个专题内，教师的多样化教学手段和案例教学交替使用；或是不定期按课程需求引入案例教学。案例资源在课堂上的应用方式已经超过了表 3-1 中所归纳

[①] 在 2007 年的《指导性培养方案》中，这门课名为"课堂教学研究"，2009 年修订的《指导性培养方案》将其改为"国外汉语课堂教学案例"。文中的"国际汉语教学案例"取自 2020 年《核心课程指南》中所用的名称。各校培养方案中该课程具体名称不一，一般以"教学案例"为关键词。

的常用的模式。

（二）辅助案例学习的工具

支持、指引和扩充学习者思维过程的心智模式和设备，都可以作为案例学习中的认知工具，最常见的是案例库、知识库、数据库、概念图、语义网络、图形表格、专家咨询系统、智能信息处理软件和互联网交流合作工具等。学生可以利用它们进行信息与资源的获取、分析、处理、编辑、制作等，用来表征自己的思想，将部分思维外化，并与他人达成通信和协作。例如，当我们搜集同一主题下的案例时，案例库的检索功能可以快速定位结果；当需要更好地表述案例中的问题时，我们可以借助图文、视频工具；当对既有知识和正在学习的客体加以分析时，图表工具显得更为直观。就国际中文教育专业的学习需求来看，目前常用的辅助工具以案例库为核心，由各培养院校和负责单位建立、运营的主要案例库在近十年间陆续"登场"，但仍有明显的探索阶段的特征。由教育部学位与研究生教育发展中心负责的"中国专业学位案例中心"建有汉语国际教育专业学位案例库，其正在综合汇集各校成果，适时更新入库案例。

以案例内容为出发点，信息化、数字化时代的学习者要善于综合、高效地使用各类认知工具，在与其交互的过程中获得认知结构的发展和改变。除了前述这些直接可用的外在的工具外，案例学习环境还能为学生的自主学习提供策略支持及心智模式的塑造途径，这些无形的工具能够有效激发学生学习的内在动力，帮助和促进认知综合过程的发展，在培养批判性思维、创造性思维中起到重要作用。本章将在第二节和第三节结合教学的实施过程介绍案例难度立方体模型（CPA）、分析思路的提问列表等。本书第四章也将提出案例分析的参考路径，并列举三类案例的分析模式。

（三）案例学习环境的创设

随着教学场地物理设施的持续改善和多媒体技术在教室环境的广泛应用，目前案例教学在场所的选择、课桌椅的排列、教室辅助设施的布置及现代信息技术装备等方面获得了更多空间和可能。就基础条件来讲，研究者和实践者指出，案例教学的教室环境调整应当遵循的原则主要有四条：一是要满足听与看的条件，即学员可以在任何位置上听到教师和其他学员的发言，不需移动位置就可以看到教师、写字板及教室内设置的其他视听设备；二是要保证教师不受限制，可以走到每一个学员的位置前进行对话和指导；三是每个学员可以很便利地离开座位走到讲台前或其他学员的面前，进行面向全班的交流和学员之间的面对面的交流；四是根据学员人数的多少，扩大或缩小课堂的沟通半径。在这样的标准下，岛屿式和"凹"字型桌椅摆放模式会比较合适，具体见图 3-1 所示。

如果硬件设施条件确实有限，那么在布置教室时，以沟通障碍最小为原则布置环境设施即可。

学生进入案例讨论的空间环境，与此同时教师要安排好学生分组，在物理空间布局和人员组织规则间达成内在的一致。从组织协调的便利和学习机会的均衡分配等角

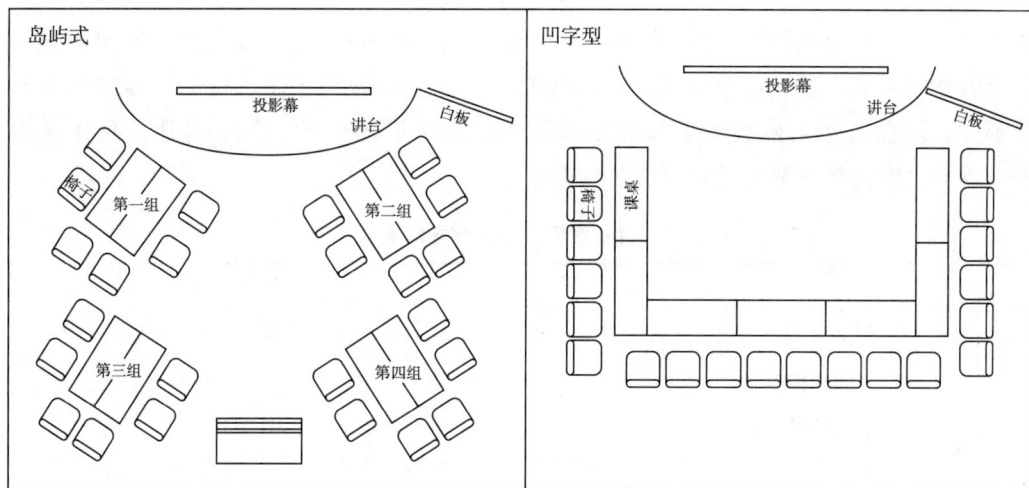

图 3-1 案例课堂的空间布置样例

度来看，每组以 3～5 人为宜。案例教学的班级总人数也是需要考虑的客观因素，毕竟从心理学上讲，班级规模是影响教学效果的一个重要因素，班内学生数量和个体差异幅度成正比，班级集体的大小和情感纽带力量的强弱一般成反比。哈佛大学商学院认为最适宜进行案例教学的班级人数是 15 人，这个规模才可以使学生充分地交换意见并受到关注。在国际中文教育专业的本科生或研究生班级中，人数往往会超过以上数字。但一般来说，在进行案例教学时，应以 20～30 人的班级为宜，否则教学实效可能会有所折损。此外，音视频效果俱佳的多媒体教室、将物理空间与数字空间融合的智慧教室对于营造轻松而开放的案例学习氛围、扩大案例教学的边界都会起到极佳的作用。

二、理解案例课堂中的师生主体

在前文所讨论的物理性和非物理性学习环境中，学习资源和人际关系聚合其间。不论传统与现代，课堂人际互动的核心始终在师生两大主体之间，而在案例课堂的学习环境中，教师和学生体现的角色特征、交往方式和互动模式正在发生变化，理解和适应这一系列的变化对师生来讲都非常重要。

（一）重新认识师生角色的必要

基于对案例提供的知识类型的认识，以及建构主义学习理论的视角，我们能够发现案例教学与传统教学方式会有所不同，课堂中的师生要形成崭新的"学习共同体"，既体现教师的组织指导作用，又强调学生自主学习、主动参与的重要性。最大限度发挥这一共同体的优势和功能，提高案例教学的实效，就需要自觉地关注和适应师生角色各自的变化。

教学活动是一个由教师和学生的教与学构成的行为系统，教师和每一个学生都要在其中扮演不同的角色，使自身行为服从各自角色结构的要求，才可推动教学活动达到最佳效果。同时，教学活动中的角色关系不是单一的、不变的，不同的教学活动方式会打造不同的角色结构。认识师生在案例教学中的新角色，可以从分析案例教学与传统教学的差异入手。这里所说的"传统教学"泛指以教师课堂讲授为主要特征的教学形式。结合前文案例教学的概念基础及专家对二者展开的梳理、对比，具体见表3-2所列，案例教学显现的特点就更加明晰了。

表3-2 传统教学与案例教学的主要区别

	项目	传统教学	案例教学
1	教学目的	侧重系统知识的传授	强调提高学生素质与培养问题解决能力
2	基本假设	知识即真理； 教师是知识之源； 学生要获得知识只能被动接受教师的传授	知识适用于特定情境，也只有在此情境中才能被理解； 教师的责任在于促进学生探索和思考； 学生应积极主动地参与学习
3	教学方式	讲授为主，易形成灌输	讨论为主，强调启发式教学，关注学生体验
4	交往方式	单向交往为主	强调师生、生生之间的双向互动
5	教学过程	结构化程度较高	具有很大的自由度
6	学习方式	学生是被动的，积极性较低，学习活动以个人为主	学生积极主动地参与学习，强调独立思考与团队学习的结合
7	学习内容	间接经验	在主动探索中领悟直接经验
8	教学效果	传授系统知识效果显著，能力培养不足	能有效提高学生能力、积累经验，但传授系统知识效率低

虽然采用案例教学并不意味着对其他方法的否定和排斥，但它自身的特点决定了教学活动的主体要遵循互动合作、主动赋能的导向，在教学、学习、交往方式上打破讲授式课堂的原有模式，因此，教学场景中的师生角色结构需要有各自转换和重新定位的过程，这是保证案例教学实质效果的前提条件。

(二) 学生角色

毫无疑问，学生是案例教学活动真正的主体，这也是本节认识师生角色先从学生一方入手的原因。与单向传播知识的课堂不同，离开了学生的积极参与，案例教学便无从开展。不仅学生的主动性、积极性、知识积累、思维水平及表达能力是讨论能否有效的关键所在，而且在观念与方法、行为与心理层面，学生都需要在以案例学习为基调的课堂上做出调整，将自己进化成"新版"学习者。

1. 多元知识的接纳者

具有对知识的开放态度才能使学生投入到以案例学习为主体的课堂中，而知识观的转变可能是其首先要做的。人们的知识观受认知方式影响，从古典模式演进到现代模式，正在向后现代模式发展。传统的观点认为真正的知识不受时间、地点的影响，不以个人兴趣、爱好为转移，是客观存在和普遍有效的。知识作为人类认识世界的经验总结，如实地反映事物的"本质"，而事物"本质"是唯一的、稳定的，因此知识也是一成不变的。只有这种普遍的、确定的、绝对的知识才最有价值，才能作为课程进入学校教育领域。所以，传统的教学主张向人们传授基础知识与基本技能，并以此作为适应未来生活的保证。然而，在现实世界中人们发现，由于各个事件、各种因素的具体差异，并不存在放之四海而皆准的绝对真理，所有的知识都具有局部化、情境化的特征。这些特定的情境条件正是知识形成的前提，而学生解决实际问题时的遭遇，也验证了学习抽象概念和规则并不能充分应付千变万化、形态各异的问题情境，我们必须从中梳理出表象与症结，探索和勾画解决方案，总结出适合一类问题的情境化知识。案例教学为形成和掌握这类知识提供了机会，让我们意识到在高度抽象化的教科书和脱离情境的显性编码之外，还有回到经验、接近实践的知识，而这正是未来的国际中文教师尤其需要的。

除了学会从情境化特征中理解知识，我们还要破除对理论的"迷信"，接受知识的多样类型和动态增长。对国际中文教育专业的学生来说，案例知识直接为准教师实践性知识的积累和传承提供了"试验场"，为理论性知识的消化和吸收增添了"催化剂"，他们在教学活动中应对结构不良问题的能力也要更多地通过案例加以锻炼。所以，除了注重汉语作为第二语言习得知识、一般教学法、中国文化与国情知识等，职前教师专业成长的力量还来自其他框架下的知识类型和载体，案例带来的知识内容和学习方式更应该成为灵活、开放的头脑所接纳的对象。

2. 学习共同体的建设者

在传统的课堂上，教师是教学过程的控制者和课程知识的传递者，学生更像是教学过程的旁观者，只是被动地接受教师端释放的客观知识，对教学进程和状态没有什么发言权。而案例教学肯定了教师与学生是情境性知识的创造者和建构者，学习是通过对课堂文化的参与而内化相关知识和技能的过程。由学生、教师、相关专家、辅导者等共同构成的团体，需要在学习过程中进行沟通交流，分享各种学习资源，共同完成案例分析、讨论总结等学习任务。因而成员之间会形成互相促进、互相影响的人际联系，建立一定的规范和文化，形成相应的社会群体，即学习共同体。所以，案例教学的过程正是通过学习共同体内部的合作互动完成的，协商、协作对于知识建构有着重要意义，在此过程中尤其需要学生转变态度，积极主动地参与到教学中来。

学习共同体的价值对于案例教学的课堂而言，具体有两方面的意义：一是从推动课堂学习主体力量的实现上，国际中文教育专业研究生课程面对的是职前汉语教师，大多数学生尚未获得充足的实践经验，解读教学实务问题往往难以掌握切入点，如果仅靠教师讲授、灌输，则很难发挥案例的作用，故而需要在授课方法上赋予学习者更多自主发现、资源共享、积极互赖、多维学习的机会。二是在以案例的具体事实作为蓝图开展讨论时，经由师生互动、生生合作来探讨其中的行为与缘由，他们在做出评价与决策时，也要考虑到作为教学内容的案例的客观属性，即教学原理的隐含性、讨论取向的多元性、案例阐述过程的启发性等。只有通过合作、沟通，发展多向的交流对话，才能保证案例解析角度的全面、理论深度的达成和学生接受程度的提升。

当成为共同体的一员时，学生被赋予强烈的期望——团体成员都应积极投入到案例学习中，那么学生自身也应该意识到这一点，主动担负起提高全班案例教学效能的职责。一个案例教学的优秀参与者绝不是一个教学过程的"跟跑者"，学生必须努力对案例做出独立思考和透彻分析，而不是一味地听从教师的指令；作为"学习场"中的一员，学生还必须随时准备与他人交流与合作，同时不断反思与调整自己的行为和判断；和教师一样，学生是真实案例问题情境中的决策者和行动者，有责任促进小组或班级团体更高效地解决问题，避免不必要的重复和失误。正是在这样的意义上，案例教学不能仅仅被视作一种传授客观知识的具体教学方式，它超越了工具意义，正在推动一种积极的教与学理念上的变革和课堂人际交往的改变。

3. 课堂进程中的自控者

案例教学的参与者除了要保持知识观上的多元开放、人际活动中的主动合作，还需要在学习活动中保持较强的自我监控能力。这里的自控不是限制或压制，而是自我调节和调适。比如提升对案例的重视程度，维持学习兴趣，保持自我激励，对自己分析、讨论或写作的能力有足够的信心，在学习过程中认识和管理自身的情绪，识别他人的情绪，以过程导向而非结果导向看待案例，在不再掌握"标准答案"时放下疑虑等。这些积极的做法不是自动生成或被动获得的，而是需要借助主动学习、协作、反思等训练方式加以培养的。案例教学成功与否，很大程度上与学习者的自我监控能力相关，二者相辅相成，自我监控的技能促进案例学习，反过来，案例教学会促进自我监控能力的提高。

即便到了研究生阶段，也不能说每位学生对自身学习活动进行自我监察、调节与控制的能力达到了完满程度，而且进入到与以往不同的案例课堂环境，对于学习前的目标、计划与准备，学习过程中的自我认知与调适，学习过程后的检查或补救，及对整个学习过程的反思等，学生都要比进入讲授式课堂付出得更多。这里的学习活动从学生主体维度出发，涉及师生双边活动和相互作用，包括听取讲授、阅读案例、讨论与交流、问题解决、提问与作答、说服与辩论、评价、演示、模拟教学、角色扮演、头脑风暴、案例开发等。同时，随着技术资源的拓展，网络学习空间、智能教室、智能终端、案例库和数据分析系统等也会融入案例学习活动中。在如此丰富多样的活动进程中，学生在目标规划、方法选择、资源使用、结果检查和修正等认知环节中需要充分发挥自己的计划、监察和调控能力，而且对自己的学习兴趣、学习态度、注意程度、情绪状态等非认知因素也要有意识地加以调节和控制。具体来说，学生可以依照时序性线索，大致在以下三个阶段锻炼自我监控、调节能力。

（1）课前

精心准备是有效参与案例讨论的基础，学生要完成有质量的阅读准备，做好个人分析，将之视为创造性学习的开端；主动了解讨论小组的运作规则（详见本章第二节），为加入合作活动进行心理建设。

（2）课中

设身处地地进入案例提供的拟真情境，站在想象中的决策者、当事人的立场上去观察与思考，去理解与体验，去分析问题和解决问题；对身临其境、进入角色保持开放态度，接受在拟真问题中产生的压力感和紧迫感；至少愿意在讨论中"冒险"，调动自己平时所学习的知识和经验积累；努力以一种简练的、观点鲜明的、具有说服力的方式积极表达自己的想法；尊重每个人的学习风格、交往风格，不以情感代替理智，不将问题之争、学术之争变成意气之争、情绪之争。

（3）课后

悉心体会从不同视角分析问题的同学的思考轨迹，从中寻找其合理性和启发性，进而将之吸收到自己的思维结构和经验储备中去；着意培养反思能力，实现案例知识的迁移、运用、综合。

（三）教师角色

联合国教科文组织早在 20 世纪 90 年代就提出，"教师的职责已经越来越少地传递知识，而越来越多地激励思考；除了他的正式职能以外，他将越来越成为一位顾问，一位交换意见的参加者，一位帮助发现矛盾论点而不是拿出现成真理的人"。到了信息技术蓬勃发展的今天，教师更加不再是知识的唯一源头。以案例为基础的课堂因其教学内容、方式及参与主体的特征决定了教师的心态应更加民主和活跃，其身份标记会更接近于知识的分享者、问题中心的维护者和案例讨论的把关人。

1. 知识的分享者

案例教学与讲授为主的课堂教学有明显的区别，在国际中文教育专业的教学中推动基于案例的学习，身处其中的教师就不能再依据传统的师生观行事。在那种等级化、分离式的师生关系中，一切有关课堂的设计安排都是从教师的角度出发的，教师有着"长者""强者"和"智者"的色彩，在知识传递过程中具有绝对的话语优势。但是，案例课堂中出现的教师首先应该"转身"成为一位知识的分享者。

案例教学为教师与学生提供的是同样的决策信息，从这些信息出发，不同的观点和解决问题的方案在课堂上交锋，教学者和学习者一起深入地探寻符合教育智慧的方案，成为求解教学议题的伙伴。在这种伙伴关系下结成的学习共同体，其内部的平等对话、真诚合作就需要教师主动走下讲台，与学生分享自己的观点，更需要每一位学生能积极走上讲台，和大家共同讨论自己的想法。教师应与学生建立起良好的合作对话机制，在共同生成的价值目标的追求上，在彼此尊重与信任的前提下，共同分享教学的权力、利益和责任。这中间可以有辩论与争执，但没有居高临下的反对、命令和谴责，在话语权上保证流动和平等，在一定的团体"契约精神"中打造宽松、自由的氛围。

当然，处在这种理想的平权结构中不等于会让教师更轻松。引导案例教学向着课程目标前进，教师甚至需要成为更强大的"知识宝库"，才有可能将围绕案例的知识分享出去。继续以学习者的姿态掌握丰富的教育理论知识，对所选择的案例进行认真的研究分析，在案例分析难关补充必要的参考信息，以及依靠自身宝贵的经验把握教学的方向、进度，让参与其中的学生真正体会到知识共建的机制和过程，这实际上意味着案例课程的教师将面对更多的挑战。

2. 问题中心的维护者

案例教学的授课内容起点在于教师和学生一起就案例中所呈现的问题进行深入的探讨，从这个意义上说，案例教学的过程就是师生围绕案例发现问题、分析问题、解决问题的过程，是循着问题表征和问题解决的指向，达到知识建构目标的一系列活动。这也是有的学者在回应"我们为什么教"的战略性问题时，把案例教学定义为一种"以问题为基础的学习"的原因。但是，教师教育的传统仍是以理论为中心，所以经常会看到教师在案例教学过程中花了不少时间来"普及"理论，使得教学过程出现了一些理论和实务、传授和参与失衡的现象，案例有时又回到了例证作用的老路上去。而且从实践的经验来看，教师在进行全案例教学时经常会遇到一个来自学生的期望，即希望教师能将案例讨论和理论讲授平衡起来，或者是折中一下。

转向问题驱动、问题中心是案例课程教师必须有的姿态，这就要求我们：一是多角度地研究案例中关联的问题，摸透案例的内容和背景，发掘案例和相关理论的契合度，脱离狭隘经验主义和理论附会的局限，内在地培养一种问题"敏感"。二是在外在手段上依靠高效的提问推动案例教学的进程。教师帮助和启发学生，经常是通过一个又一个的问题的提出，推动学生不断深入思考，把问题由表面引向本质，一步一步实现案例教学的目标。在课堂中提出不同层级水平的问题是有效把握教学节奏的手段，从理解、分析、综合、评价、运用的角度，教师得以确认和检视学生的思维进度及对关键问题的认同程度。教师在给出讨论框架时就必须明确哪些问题是思考方向，提问遵循怎样的顺序，每个问题讨论的大致时间安排等。我们甚至可以将教师和学生从案例中提出的问题的数量和质量作为评价案例教学成功与否的标准之一。

在一个教学单位时间中，教师必须依其教学组织者、引导者身份有效推进学习活动，在案例的展示、分析和总结中，教师要抗拒大段的理论"独白"、经验"宣告"的诱惑，始终依靠真正的推动力量，即案例中的问题，对课堂发挥足够的"起航""导航""续航"作用。至于案例教学的实施所包含的课程内部案例与理论的联动、全案例课程与理论课程的外部衔接，也是教师在建设以问题为中心的课堂时要着意协调的。

3. 案例讨论的促进者

案例教学中以小组或班级为单位的讨论是课堂行为的主体，在以案例为基础的对话和交锋过程中，教师既是牵头人，也是促进者，其作用体现在个人的倾听、表达活动中，以及对学生行为与情感的调节等方面。

在开放自由的讨论过程中，教师首先应该扮演倾听者的角色，对学生各种不同的观点给予尊重。耐心、细致的倾听往往能让学生感受到教师对其所提观点的重视，使之产生进一步参与讨论的积极热情。重述或回溯学生已说过的话，适时添加自己所知道的事实或意见，是教师引导案例讨论顺利进行的方式。重述的主要作用在于将学习者个别的言论改为全班共享的语言，让大家理解发言者的观点和想法。至于教师陈述自己所知道的事实是为了控制讨论，以引导讨论不偏离主题，因此教学者不能过早表示自己的意见，以免导致学习者不敢再发言和表示意见。教学者只有在讨论发生阻碍或偏差的情况下，才提出自己的意见和看法。在学生和小组彼此的沟通交流中，教师要能够发挥桥梁的作用，使各种思想和观点在相互撞击和融合中得到理解、支持，为最终思路的达成不断"引路"。

在案例讨论过程中，规划利于发挥学生优势的任务分配模式，平衡学习者的贡献，都可以保障案例讨论的顺利进行。另外，讨论的言语行为可能同时带来好奇、兴奋、愉快、厌倦、焦虑，甚至辩论中的愤怒等情绪，这些情绪促进或制约着案例教学的进程。教师在维持案例教学的认知活动的同时，要利用一系列非认知活动调节和控制讨论。比如利用新奇的案例材料激发学生的直接兴趣；解释此次教学的目的和期待；及时肯定学生在参与活动时的每一个细微成绩，让学生体验到成功的愉悦，从而保持学习热情；及时为遇到挫折的学生提供指导或更多信息，鼓励学生克服困难，摆脱困境。教师的调控，不仅可以让学生熟悉案例教学的结构和学习方式，也可以在心理上使其成为一个个更为成熟的团队工作者。

三、建设案例课堂的工作准则

案例教学营造开放互动、持续生成性的学习环境，师生从各自的角色认知出发，为保证案例课程的有序、有效实施，需要形成一些主要的共识。以下几个方面既可以作为教师进行教学设计的参考，也可以为学生进入课堂提供指引，这里不妨称其为师生共同的工作准则。

1. 以学生为中心

在学生作为"主角"的课堂中，教师必须遵循和充分利用学生为中心的观念，不能以教师的主观意愿、现成的答案和方法、事先设定的结果代替学生的思考、发现及置换学习共同体内部的发展需求。案例课堂应该以学生面临的实际问题为中心，教师根据教学进展的实际情况，及时调整教学内容、方法和程序，并且在人际互动中尊重学生个性，鼓励他们发挥各自的学习风格和长处，通过内外支持因素使学生真正感到他们就是课堂的主人，是案例教学的主角。

同时，学生也应该在学习过程中充分发挥自己的主动性，在知识的生成、理解、整合、深化中承担起建构化的任务，努力在不同的情境中应用所学的知识，根据案例课堂中行动模拟的反馈信息形成对国际中文教育实践的认识和解决实际问题的思路，并体现出一定的创新意识和精神。

2. 创设问题情境

传统的课堂讲授由于不能提供实际情境所具有的生动性、丰富性，常常使学生对知识的意义建构产生困难，而优秀的案例提供了一个个矛盾的、复杂的问题情境，师生必须共同利用好这些建构知识的有益素材。

在具体的案例教学中，教师要如教学中的"导演"，善于将纸上或屏幕上的特定情境转化为现实课堂中的问题情境，以生动的方式去呈现案例，聚焦问题，引导分析，促成讨论，有效地激发学生的兴趣与动机，挖掘学生的洞察力和推断力。学生也必须投入"角色"，将自己视为情境中的决策者，或者未来此类案例的"当事人"，积极运用所学的理论知识，主动尝试思考问题的切入点，去解析、解决模拟事件中的疑难之处，并在克服案例困境中肯定自己的能力，获得愉悦感和成就感。

3. 协作与自主兼顾

在案例课堂中，学生改变以往的接受定势和被动定位，在教师的组织和引导下一起讨论和交流，结成伙伴，共同建立起学习共同体并成为其中的一员，这应该是比较理想的协作方式。在这样的群体中，大家共同批判地考察各种理论、观点和原则，进行协商和辩论，让个体（包括教师和每位学生）的思维与智慧为整个群体所共享，共同完成对所学知识的建构，协作在这时就建立起了人与人之间的强联结和对话场。

直接的协作外在地贯穿于教师与学生、学生与学生、个人与小组、小组与小组等不同规模主体之间。而在达成相互理解和案例阐释的同时，学生的自主力量又始终在案例教学中发挥作用，包括在案例营造的情境中独立完成文本意义的感知，调控自身知识应用和迁移的过程，在讨论过程进行中和结束后走向反思实践环节等。单一个体的主动探索过程和群体层面的对话协同活动在案例课堂中是同时作用、交叉渗透的，它们从知识建构的基础出发，共同推动学习主题的深化和完善。

4. 重过程而非结论

案例的表达形态本来就是不直接表明含义，不明确显示答案的，成为主动阅读者的学生通过提出问题，才能找到对自己有意义的回答。而对于案例的学习过程来讲，如果组织者在讨论开始前就已经明了了讨论的结果，进而产出一个毫无疑问的确定结果的讨论，那么这种讨论严格来说并不能称为讨论，起码不是真正意义的讨论。案例从具体内容到结论，总体上是和"唯一性"相悖的，所以在案例教学中，教师在对问题进行阐述时不会轻易给出定论，或武断地以自己的解决方案为最佳结果，在案例的结论上也会保留一定的模糊度、开放性，从而拓展学生的思考和探索空间，使之结合自己的实践经验和知识积累，对当前所遇到的关键问题进行多维的分析、推测、判断。同时，学生也必须意识到，不能满足于已有的结论，不要相信唯一正确的答案，案例的分析本不是以明确无疑的结论为目标的，在整个阅读、讨论、质疑的过程中，围绕案例情境与知识主题的意义建构才是师生启动一个案例的目的。

围绕作为内容要素的学习资源和作为人际要素的师生主体，本节的静态角度分析已经呈现了案例学习环境中的两大类关键因素及相互作用。那么，当师生共同协调若干学习活动序列，渐次走入教学实施的前、中、后三阶段时，案例教学的动态进程便将随之展开。

第二节　进入案例教学前的准备

长期以来，我们在教学设计的时序性线索中把握案例教学，形成了多种形式的教学流程，其中广泛为各个学科借鉴的是哈佛大学商学院的案例教学流程（简称"哈佛流程"），具体见图3-2所示。该流程要求学生课前认真研读案例，进入小组讨论，互相切磋，进行思维碰撞，再进入班级课堂讨论，在教师的指导下重点分析案例事实背后的问题及解决方案。

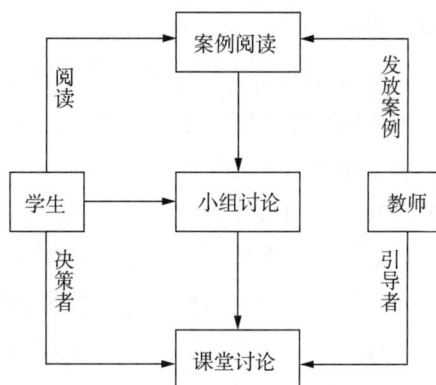

图3-2　哈佛案例教学流程图

在目前开展国际中文教育专业研究生培养的各大院校中，"哈佛流程"的三个主要步骤得到了继承和创新，进而又发展出了"北外流程""民大框架"等，已经在学校、学科和特色环境的基础之上形成了一系列相对稳定的教学模式。从教师教育的设计定向来看，在案例课程教学的时间框架下，当前更普遍的做法是将个人的案例阅读置于课前准备阶段，把小组讨论和课堂讨论视为课中环节，并在"哈佛流程"的第三步之后延伸出若干课后评价和反思活动，见图3-3所示。

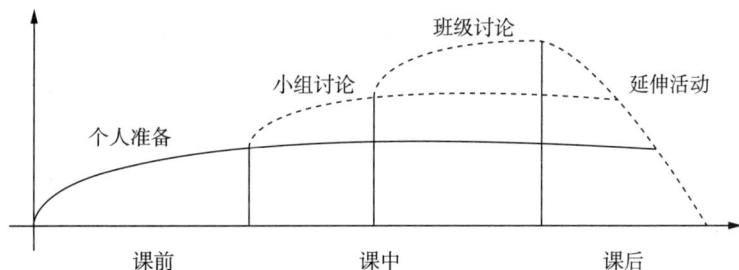

图3-3　案例课程学习阶段示意图

对师生来讲，案例教学实施前的准备活动任务多、要求高，其重要程度要超出一般的"课前预习"。本节将从了解学习材料出发，就学生与教师两方面的准备加以说明。

一、了解学习材料

在进入案例教学前，甚至是在开始阅读案例前，我们对这些学习材料的了解应该是有尺度和参考的，如案例的来源及内容本身呈现的样态和指向的目标。除了结合本书第一章对案例加以把握，学生和教师对教学可用案例的品质和难度的了解应该明确包含以下两个方面。

（一）识别"好案例"

经过十余年的努力，目前国际中文教育专业的案例集与案例库的建设已有初步成果，课堂教学或学生自学的文本案例可以在各大出版社、数字平台的资源中获取。大量教学实况录像也可以作为视频形式的案例变体，在中外语言交流合作中心、各慕课平台、微课赛事中不断获取。当然，除了利用已经制作完成的案例，还有一种情况是教师立意使用新开发的案例，这就需要一个从零开始撰写或拍摄的过程。那么，可被采用的良好案例的特征到底是什么呢？在真实可信、源于现实的基本条件之上，有学者简要提出了"好案例"的标准：案例要能贴切课程及教学需求、叙述品质要佳、可读性要高、能触动读者情感，并且要能制造困境。这五项特征具体来说，就是案例要能包含课程目标，要能包含学科主题或内容，并且要有足够的资料，可供解决案例问题使用；其长短要能配合教学时间，也要配合所使用的教学媒体或教学环境；案例内容的组织要清楚明确，案例叙述要有连贯性和整体性，内容不能过于琐碎或存在无用的"垃圾信息"；案例要能符合学生的阅读和理解的能力，并且要能给予其智慧上的挑战；要有生动、有趣的人物，以及动人、悬疑的情节，使案例具有戏剧的张力和写实感，但是仍然要做客观中立的描述；案例应具有复杂、冲突的元素，以及不止一个答案的待解决问题，以引起学习者的反省、思考和讨论。可以看出，达到这些质量标准的案例可谓是案例的理想形态，也正因为此，我们在现实中极难直接选到如此"为课堂而生"的案例。

另外，虽然目前国际中文教育专业的案例建设还处于起步阶段，案例编撰的标准也未尽统一，但一个质量达标的案例在构成要件上还应具备适用对象与课程、关键词、教学目的与用途等说明性信息。对于创编案例文本的标准和体例、步骤和方法，本书将在第五章详细讨论。

（二）评量案例难度

以文本为主要载体的案例在国际中文教育专业教学中应用较多，它们是否适宜进入课堂，还须考虑案例的"难度系数"。案例以何种难度出现才适合目前学生发展的需要，师生为案例投入的准备和研讨时间是否有标准，回答这些问题要依据案例的三个维度，即概念、陈述、分析。案例教学的实践者一般可由三个维度及单一维度上呈现的难度系数来判断案例所带来的挑战程度，具体说明见表3-3所列。

表3-3 案例难度三个维度的具体内容

维度	系数	水平	具体含义
概念（概念或问题是否简单易懂）	1	简单概念	概念或理论本身直接明了，数量有限，学生可以轻松把握案例中概念的含义及问题情境等。
	2	一般概念	概念、理论本身有一定难度且数量并不单一，需要学生对其进行先期了解或同步整合。
	3	复杂概念	概念和理论抽象程度高或综合性强，学生需要较多引导才能了解其含义。
陈述（信息呈现方式是否完整清晰）	1	完整而简短	案例以简明的形式相当完整地表达了所需信息，仅以文字形式呈现，无须重新整理。
	2	模糊而复杂	案例包含了冗余信息或缺失了信息，结构较长或不明晰，需对数据、信息等其他形式进行加工。
	3	结构不良	案例缺失了条件或加入了大量无关信息，结构混乱冗长，在书面形式之外还有视频、数据库等其他多种表达形式。
分析（案例信息对形成问题解决方案所起到的提示程度）	1	透彻分析	案例信息已包含了问题产生的原因和解决方法。
	2	一般分析	案例信息只提出了一个问题，但没有显示出问题发生的原因和解决方案。
	3	不足分析	案例信息只提供了一个关于问题情境的描述，其中隐含的问题还不分明，需要挖掘、定位到关键问题所在才能推动分析。

如果将表3-3简化和形象化，就会得到管理学领域研究者所提出的"案例难度立方体模型"，见图3-4所示。图3-4分别将概念（concept）、陈述（presentation）、分析（analysis）设定为立方体的三个轴，通过以上三个维度、九项系数的不同组合，区分出难易度不同的案例等级代码，如（1，1，1）或（1，3，1）。如果授课对象是初次接受案例教学模式的学生，教师需要使用的案例可能就是（1，1，1），三个"1"代表概念、陈述和分析各方面难度基本上是最低的。而遇到了（1，3，1）这个难度类型的案例，学习者就可能要在概念或理论的理解上接受挑战了。

虽然这个包含27个小立方体的理论模型接近理想化，在实际应用中对案例难度的评量几乎无法做到如此精细化，但它可以帮助师生理解一个案例在整个模型中所处的位置，也就是难易水平，从而科学地规划不同案例解析任务所要投入的时间和精力，以及判断自己的投入是否落在了案例最具挑战性的维度上。所以，案例的使用者一旦遇到了无从下手的案例，无须纠结于文本中的字句或者自己的知识储备，不妨审视、判定一下案例的难度，很可能是案例某一个维度的难度系数本身偏高，才导致自己在

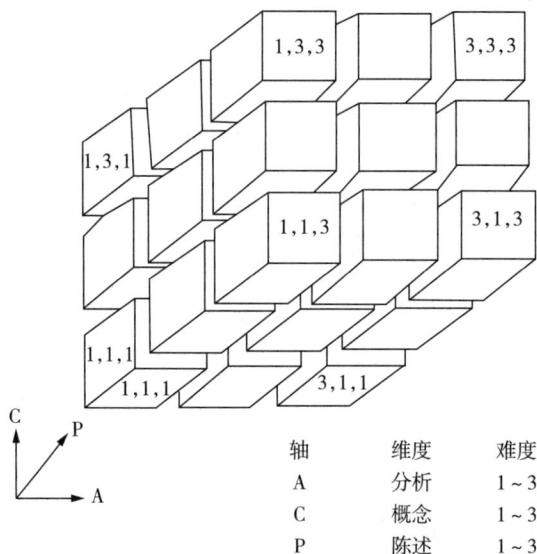

轴	维度	难度
A	分析	1~3
C	概念	1~3
P	陈述	1~3

图 3-4　案例难度立方体模型

阅读中产生障碍。那么，学生参照以上模型做出自我调整，或者等待教师的辅助引导，"拨云见日"的分析体验也许很快就会出现。合理而不僵化地运用这个模型，对于教师课前甄别、选择适宜水平的案例，引领学生在讨论时从不同水平区间提出不同的问题也有帮助。当然，教师还要凭借课程的教学目标、教学时长及学生的具体情况等多重因素来确定案例。

二、学生的必要准备

案例教学的结构相对来说较为松散，具有较大的灵活性。如果说在以讲授为主的教学方式中，教师占据了绝对的主导地位，那么，案例教学因多以讨论为主，教师的主导权力会有所削弱，而学生拥有了较多的支配权。知识线索的分析、发现也不再是教师可以完全预测、把控的过程。要保证案例教学的效果，教学活动中的两类主体——学生与教师就必须同心协力，为课程实施而认真准备。

案例课程的学生在具备基本概念、相关理论知识及初步实践经验的前提下，面向某一案例专题所做的即时性准备，大致包括在教学活动启动前接受教师分配的案例材料、阅读和尝试做出个人分析，以及适应小组工作机制。

1. 自主阅读案例

刚开始学习案例的学生往往认为，要理解一个案例，最可靠的方法就是先把它从头到尾读一遍，然后再尽可能地多读几遍。但实际上，一字不落的反复阅读案例可能不是良方，像读教科书那样阅读案例的方法必须改变。在阅读案例的过程中，学生要针对内容提出问题，然后再从案例本身寻求答案。当你找到了部分或全部答案时，想一想它们彼此之间及同案例整体有什么关系。你不能指望通过阅读来获得认识，阅读绝不是案例分析的主要方法，它只是解读案例的思考过程引导下的一种手段。主动的阅读者和通过提问来阅读的思考者，对于读得快慢、细读和浏览的调控等，不必花费过多精力去有意把握，最重要的应当是把更多的时间用于思考，把握阅读的侧重点。一般来说，案例的首尾几段、附录图表、揭示题旨的标题、教师给定的问题能提供更多的关键信息。

在这种高质量的阅读中，学生走入了自主分析案例的过程，这也是个人创造性学习的过程。刚接触一个新案例的时候，不知道需要探究什么，这是每个案例阅读者都会面对的常见困境，因此便要求学生在阅读案例之前，就按教学主题激活相关知识，充分调动自己的实践经验，体验案例所描述的"问题情境"。特别要注意运用想象力和同理心，把自己投射为案例中的主角，带着"如果是我"的设想，率先接受这种置身决策和责任情境的压迫感。在一个初步的案例分析中，具有重复提问价值的向度来源于最基本的五个"W"，即谁（Who）、什么（What）、为什么（Why），以及何时（When）、何地（Where），结合国际中文教育案例教学的情境，可以将其具体表述为多项内容，见表3-4所列。

表3-4　个人准备时的提问向度

	向度	问题	案例内容举例
1	谁（Who）	谁是当事人或决策者？ 我被假设要承担什么角色和责任？	案例中以第一或第三人称叙述的人物，某位老师。
2	什么（What）	我这个角色的关键问题可能是什么？还有什么挑战或机会？ 它对整个教学单位的重要性如何？	案例呈现的是学生书写汉字的困难，影响到中文课教学目标的达成。
3	为什么（Why）	问题为什么会产生？ 为什么我深陷其中？	学生的内在因素、语言学习环境、教师方法等。
4	何时（When）	我何时必须做决定、采取行动或补救？情况紧迫吗？	最好在零起点班这学期课程结束之前改变现状。
5	何地（Where）	在哪里发生了这种情况？ 海外还是国内？是哪个教学层次？	在主人公赴任国家，孔子课堂的中文课上。

这些问题对于更为详细可行的分析思路的形成，以及在案例的叙述中找准切入角度都会有帮助。在一些要求更高或节奏更快的案例分析课程中，教师还会要求课前就形成分析意见的草案，由小组代表将初步成果带到课堂，其形式可能是案例阅读提纲或案例分析报告的初稿。其中案例阅读提纲是学生在对案例进行初步分析之后，形成的关于案例内容与结构的简要总结。提纲至少应包含以下几点内容：

（1）明确案例主题；

（2）识别与概括案例中存在的问题；

（3）了解与确定有关事实与背景，并收集一些补充材料；

（4）明确进一步分析问题的思路与支持依据。

案例分析报告则是学生在对案例进行充分分析的基础上形成的书面报告，它一般在结构和内容上有较为完善的体例要求，也要经过从课前到课后的打磨过程。关于案例分析报告的具体思路、表达规范和做法，本书将在第四章详细介绍。

课前的初步阅读可以帮助学生尽快进入案例情境，为必要时借助专业理论资源和分析工具预留时间，规划好课堂中各级讨论的方向，对案例的质量和难度，以及后续作业的强度形成合理的估计。如果要在自主学习时间独立完成案例分析，或者在自学条件下探索解析案例的方法，本书第四章将会为读者提供具体的线索。

2. 进入学习小组

在个人课前准备完成的同时，学生可凭志愿选择、自主结合的原则组建学习小组，而熟悉、适应小组工作机制，确保在每个案例专题的学习中积极投入，也是其一项重要的准备工作。小组活动包括课下和课上两种时机，对国际中文教育专业的研究生而言，其工作内容以讨论为核心，可能还包括文献查阅、角色扮演、模拟教学、微课拍摄、案例撰写等。合作小组也是学习共同体的最基本单位，贯彻着研究性学习的主旨，学生在小组之中合作互补，共享成果，可提升自身作为课堂中心的主动意识，有助于提高知识转化、迁移及决策行动的能力。而小组之间又能体现竞争机制，互相激励和切磋，从而增益教学实施成效。

每个小组都可以通过主动协商，制定一套工作准则、参与标准，对每个成员都提出一定的行为期望，至少要在课前或课中的讨论活动中，就如下几点规范达成共识：

（1）每个小组成员必须要参加小组讨论，并在讨论之前尽自己的最大努力做好个人准备工作。

（2）在责任分工上，组员都是平等参与的，固定的组长、专门的记录员和小组发言人不是必需的，每个人都可以自行做笔记，从自己的角度陈述有关观点，并为个人的学习成果负责。

（3）不必一定要达成小组成员间的一致见解，案例小组讨论的目的不同于实际生活中以一致意见促成行动的目的，不同的观点和选择正可以丰富学习过程。

（4）对小组讨论的正负结果都保持接受的态度，讨论可能提升个人准备，促进意义协商，也可能带来冲突，使分歧鲜明。认可小组内一定程度的积极纷争是必要的，可以让讨论保持活力，激发组员的创造性思维，但也要注意识别那些破坏小组功能的不当行为，如攻击、主宰等。

三、教师的课前规划

进行案例教学时，学习收获往往从学生自发性、自主性意见和想法中产出，教学过程会出现许多无法事前预见的变数，这就要求教师的课前准备在一般性原则的基础上，兼顾案例教学的特殊性，把握准备的关键基准，最大限度地确保课堂讨论的焦点保持在核心主题上。当然，对于以学期为单位的教学任务的整体准备工作，教师一般在开学或更长时段前就会进行，如"备学生"，即教师对学生的基本情况做尽量全面的了解，包括年龄、专业背景、实践经历等，还可以问卷或访谈的方式了解学生的性格特点、学习态度和风格，分析学生的起始能力和知识基础。围绕一个时间单位或一个案例的教学实施，教师还会进行以下三个方面的准备：

1. 选择和编制案例

案例教学实施前的第一项准备应该是面向教学素材，即选择、编排或从零开始撰写案例。虽然中外学者不断提出"好案例"的标准，但教师在结合每个教学时间单位下的特定主题和目标，对案例加以选择时，不管是文本形态还是视频形态，通常都很难遇到近乎"完美"的，许多案例还要教师稍加修正或补救。比如，补充事实资料，厘清案例叙述中的时间线索，配上技术路线图、人物关系图等图表，或者直接向学生言明案例中可接受的缺陷。

除了开学之初大体确定全学期案例编选内容外，在每个案例专题进行前，从整体的"备案例"到外围的"备资料"，教师还会细致化地"备问题"，也就是研究案例及其相关文献，获取可能的教学指引及案例评析的资源，在掌握事件细节、关键议题后，准备好案例涉及的全部问题及问题推进的模式。这项准备工作是教师课前准备的关键，如果没确定好每个案例需研究或讨论的问题，那么案例内容就缺失了依据，在课堂上就会因问题失焦或驱动力削弱而无法将其价值发挥出来。

具体来说，教师首先会充分把握案例中的事实，在准备过程中分析案例本身的内容结构，仔细阅读案例内容，列出案例所涉及的基本要素，理清各要素之间的具体联系，明确关键信息及学生容易忽略和难以理解的信息，准确定位问题驱动的方向。接着，基于事实信息，教师会权衡案例中的主题，也就是事实和情境脉络所引起的困境或争议，再尽可能准备出围绕主题的所有疑问，这时的问题清单可能包括如下例子："案例中的做法符合什么教学原则""如果你是视频中的人物，你会依据怎样的标准采取行动""某老师根据课文提的问题是按照哪些层级展开的""案例中教师的纠错方式如何""能否提出替代性解决方案"等。这种问题清单既呼应案例总体性问题指向，也包括案例呈现过程中的细节性问题，引导案例讨论的顺畅开展，而所有问题的组织和驱动，就填充起了教学过程。当教师对所有问题的答案都有了较为明确的解释，其实也就说明他在课堂教学实施前，勾画出了自己的案例分析蓝本。

不过，实际上教师不必把全部的问题清单都带入课堂，可以剔除一些问题或将它们作为可选内容。引导学生讨论时的原则正如哈佛大学教授克里斯汀森所说的：少即是多。少一点观点、主题、议题、疑问，往往会带来更多的学习、理解的深度。

2. 设计教学流程

案例教学需要借助"以学为主"的教学系统设计思路，由教师在课前按科学的方法与步骤加以准备，除了如前文所述备好创设情境之用的案例，还应完成教学目标分析，规划出可行的自主学习和协作学习策略，拟定学习效果评价方式，最终动态地把握即将开展的教学全过程。因为这方面涉及教学系统设计的专业知识，不宜过多展开，此处仅对案例教学目标部分加以说明，其他方面的具体做法将在第三节和第四节中做相关介绍。

教学目标也称为行为目标，运用这个术语是为了强调教育结果的可观察性和可测量性。在实际教学中，教师常常会发现很多学生试图在案例上标画或做笔记，但却无法确定哪些是重要的内容，或者在上课听到其他人的分析时才意识到自己没有把握住案例的关键信息。出现这类情况的原因，可能是学生没有得到一个清楚、具体的指向，即教师期望学习者学到什么。实际上，在案例教学深入教师教育领域的 20 世纪 80 年代，就有国外学者提出了颇有参考价值的案例教学目标框架，对学生经过案例教学后应该表现出来的可见的行为做出了较为具体、明确的表述，大体勾勒出教师带领学生应该前进的方向，具体见表 3-5 所列。

表 3-5　巴赫提出的案例教学行为目标

	目标描述	关键词
1	学生要能针对某一情境做出具体的决定，并能将其应用到有关的实际情境之中，其中，教师着重强调的是学生的问题解决行为和决策能力。	决定应用决策
2	学生要能表现出较强的思维能力，思维要具有严密的逻辑性、清晰性和连贯一致性。	思维
3	学生要能对问题情境做出有说服力的分析。	分析
4	学生要能识别并确定那些与案例紧密相关的基本要素和问题。	识别、确定
5	学生要能体现出运用定性与定量分析的愿望和能力。	运用
6	学生要能超越具体的问题情境，要具有更为广阔的视野和多种多样的能力。	超越视野
7	学生要能利用可用的资料对问题情境作相当具体、深入的分析，并且能够制订相当具体、完备的行动计划。	分析计划

从表 3-5 的关键词总结能够发现，案例教学的目标以高质量的分析活动为核心，涵盖识别问题、实际应用、思维和视野提升、决策形成和行动计划制订等一系列对学生的期待。围绕这些目标，教师通常会从整体到局部，对一个学期及各教学单元的目标进行分解，确定当前案例专题下必须学习与掌握的知识"主题"，即与国际中文教育相关的基本概念、基本原理、基本方法或基本过程，通过不同学习共同体层级的分析活动，帮助学生深入案例情境，不断强化上述能力，而这些目标同时也应该是学生在课堂上有意锻炼自己的方向。

3. 支持和引导学生

除了基于师生共同的工作准则及给予学生长久的支持，教师在案例课程实施前需要有针对性地了解和调控学生对案例的准备状态。就整体而言，授课班级的理论积累如果不足以应对案例分析，教师应该识别并指引需要提前补充的方向。从中间层面来说，在小组工作流程中教师也要做出一定的协调安排，特别是当学生无法顺利维持小组工作时，还是要由教师及时在课前处理问题，为实现成员间的积极互动和小组高水平运行提供相关的保障和指导。具体到单个学生，教师要充分预估案例教学的特殊性，善于发现学生个性与案例讨论、知识基础与课堂教学等方面的矛盾，跟进学生的心态、能力适应程度，随时给出相应的建议，让学生建立自己在课堂上的角色认知和行为方向。

在以上三方面之外，教师的准备还包括对自身角色和心态的调试，甚至包括启动每一次案例分析前的情绪准备，这既需要有在长期教学过程中的自我塑造，也需要短时条件下对教学活动要求的积极响应。

第三节 教学实施的一般程序

案例课堂虽然包含了一种开放的、不断生成的教学思路，但是就课堂教学实施的主要环节来讲，其还是保持了相对稳定性。在长期的教学实践中，以"哈佛流程"（见本章第二节）为基础，各个领域的专家形成了颇有共识的思路，一般课中会以呈现案例、课堂讨论、总结尾声三个环节作为课堂教学结构和流程。在这之中，虽然案例教学实施的中间环节可以容纳多种方式，如讨论、问答、辩论、角色扮演、模拟等，但比较成型和普遍的还是以讨论为主。而课堂讨论又分小组、班级两个层级，二者开展的时机和运行要求不尽相同。为此，下文将对案例教学的实施过程做出更细致的切分，分别就呈现案例、小组讨论、班级讨论、归纳延伸四个部分展开介绍。

一、呈现案例

呈现案例是整个教学实施过程真正的起点。虽然在课前阶段，教师会给学生分发准备好的案例材料，但进入课堂空间后，提示课程开始，为案例的再现设置一个正式的"登场"环节还是很必要的。而且案例的呈现模式和时机会使之与教学全过程形成不同的逻辑关系，从而影响和导引学生的分析思路。

（一）案例先导的隐含思路

从本质上看，教师作为案例课堂的引领者，其教学设计遵循的整体思路不外乎"演绎""归纳"两种，而由此得到的教学设计起点就与怎样呈现案例联系在了一起。

1. 演绎式案例教学

在国际中文教育专业实践中，我们常会发现，有些教师先提供概念、原理的框架，再来讨论案例。在这种思路中，教师借鉴"以教为中心"的教学设计，遵照"先行组织者"的策略，以交代课程学习目标和准备回应的问题为始，特别是交代案例出现之后会关联到的理念和主要问题，再布置与本次课程主题有关的案例。至于案例揭示出来哪些具体问题，与原理的一致适应性和尚存的未竟问题，学生可以借助演绎式的思维去推理、发现，并表达看法。

2. 归纳式案例教学

这种思路直接以案例为支撑提出疑问，落脚点在评估、决策或诊断的情境诉求上。学生通过投入的阅读、观看案例而得出个人化的不同意见。为分类呈现意见的总体面貌，教师再持续鼓励学生表达，把对意见的赞同或否定都概括成集群化的观点。师生再分析所得观点的性质和取向，寻找出符合国际中文教育基本规律和原理的要点，做出系统化概括、判断，将这类观点和规律存储为预测同类问题的线索。

那么，为了开启以上两种思路，不同的案例呈现模式就成了"钥匙"，"先理后案型""先案后理型"分别与"演绎""归纳"相结合，在案例与原理的出现时机上形成教学实施过程的不同路向。此外，教师也可以根据教育教学原理知识体系分阶段、分层次地解析案例，在一定的内容层面上将"演绎""归纳"的思路相结合。

（二）教师呈现案例的多种方式

呈现案例的价值在于创设与当前学习主题相关的、尽可能真实的情境，利用生动、直观的语言或形象有效地激发学生的注意和联想，唤醒记忆中有关的知识、经验或表象，从而使学生准备好利用既有认知结构中的相关知识和经验去赋予案例以意义，或者通过案例带来新知识的同化、顺应，对自己旧的认知结构进行改造升级。所以，进入案例课堂的学生经常会看到教师充分调动文字、影音、现场实境等多种方式去呈现案例。

1. 常态式

最普遍的案例呈现方式是文本的常态式呈现，包括文字呈现和口头呈现。具体做法是让学生重新回顾已经得到的案例文本，或者由学生简述案例内容。

2. 视听式

用图表、照片、音视频等手段形象地呈现案例，可以帮助学生从现场感、真实感中寻找解决问题的线索，进而激发讨论的热情。有些原本以文字手段记录下来的案例，教师也可将之转化为漫画、动画等形式，并充分发挥案例素材中留下的非文字资料的价值，将案例多维多态地引入课堂。至于以视频手段保存的案例，其表述方式最为直观，教师利用多媒体播放设备就可以将之呈现在课堂上，帮助学生具象还原。对于国际中文教师教育而言，视听式切入案例是提高课堂教学效果和增强互动性的重要手段。

3. 场景式

最具特色的案例呈现形式是在课堂上由学生将案例场景再现，利用情景模拟、角色扮演等形式，将案例中的人物、事件、情节、道具等复制过来，在教学过程启动前现场还原案例故事，教师再就此安排讨论。采用这种方式要确保上下文背景的原意被学生充分理解，避免场景与案例内容不符，导致错误引导。

4. 问题式

问题式呈现以直接聚焦问题的形式将案例核心呈现在课堂上，增加"问题驱动"的力量，调动学生参与思考问题的热情，使之进入分析问题、寻求答案的紧张感中。问题式呈现是一种对案例质量和教师要求较高的呈现方式，需要开篇即有明确的问题定位，但这种方式在案例教学过程中的效果也更直接和明显。

在实际的教学过程中，利用何种方式来呈现案例，教师应根据教学的具体因素来衡量，有时也会将不同的方式结合起来。一些大学的国际中文教育专业教师还会通过直接邀请当事人、受访者到教室，或通过即时通信工具等实现现场的讲解、讨论和交流，借助"课堂访问者"打造即时型案例呈现方式。从实践来看，一般教师精选的案例情境越丰富、越真实，学生对案例构成诸因素的感受就越充分，对案例进行学习研究的兴趣也越强。随着信息通信技术的发展，教师还可以继续发挥数字媒体技术的强大功能，把案例材料中所包含的各方面的教学信息在课堂上更全面、更逼真地呈现给学生。

二、小组讨论

课堂讨论是学生在教师的辅助、引导下，通过深度解读案例后进行交流、争论而形成明确意见、观点的必要过程。案例课堂的建设，从本质上来看就是基于讨论的教学计划的执行。无论是小组讨论还是班级讨论，有效课堂讨论的结构始终依靠三类主要因素：组织者、参与者、前提与条件。在最后一个因素中，动态化、具体化的讨论前提包括讨论的话题、讨论的目的（目标）、讨论的内容；条件包括讨论的环境条件、起止时间、技术支持、资源支持、分组情况、氛围创设等。此类因素在非确定性的案例课堂上是不断变化和难以尽述的，需要师生更多地做好现场控制。故此，以下暂不对案例讨论的前提与条件做宏观式的概括，仅就组织者、参与者的框架，从教师和学生的角度思考有效讨论的开展，简略地为案例课堂提供相应的建议。

（一）小组讨论的任务

案例讨论的参与者有必要对小组讨论这一环节的任务和工作程序形成明确的认识，并学以致用，付诸实践。

在个人分析的基础上，小组成员要集体对案例进行更深入、更细致的讨论，在对多种选择方案及各方利弊、各种后果的分析中，成员在理论认识、教学实务理解上切磋和交锋。讨论最后可能需要小组中有一位代表提供本组的口头分析结果或准备书面报告,将讨论的成果在组际平台之间汇总、权衡,汇入全班讨论。

设置分组式的案例讨论对于刚开始接受案例教学的学生特别重要。这一层级的讨论等于是全班讨论的"彩排",小组成员可以在演练中熟悉案例教学法,尝试在一个较为安全可控的环境中贡献自己的意见,借此期待个人观点的"深加工",并为在全班案例讨论时发表意见做出"预演"。但必须承认的是,学生不是天生的小组工作者,在团队中需要一面了解合作机制,一面进行相当程度的自我训练。研究指出,除了在人数和时间的基本条件上保证活化讨论(active discussion)和积极聆听(active listening)的效果,小组讨论还应有催化者(facilitator),方能掌握讨论的方向,催化者应接受如何鼓动发言、如何掌控时间,以及如何把持方向的训练,以避免肤浅的个人意见交流。而学习者应练习互动、表达和讨论的技巧,方能有成功的讨论。那么,除了教师可以重点培养小组中的催化者以把控和推进小组讨论外,学生作为称职的小组成员也可以在工作时参考以下指引:

(1)仔细倾听每位成员的想法;

(2)设法了解每位成员所说的话;

(3)尊重每位成员的想法;

(4)不要打断别人的发言;

(5)包容与你不同的意见和想法;

(6)不要保持沉默,明确地提出你自己的想法;

(7)当你不了解时应发问;

(8)不要制止他人的言论;

(9)讨论的焦点应保持在案例议题上;

(10)讨论时应该警觉性地避免过度概括、过度陈述、过于简化,以及形成没有资料支持的结论。

还要明确的是,小组讨论并非必不可少的环节,课前和课上省略小组分组讨论的程序,安排学生在阅读案例后就直接进入全班案例讨论也比较常见,比如在哈佛大学里的案例教学很多就没有预先分组讨论。而在国际中文教育专业的实践中,为了借助集体主义的文化取向,化解大群体讨论的难度,适应未来职业场景中的合作需求,小组工作制度一直普遍存在,在案例课堂中,借助小组平台开展讨论和其他活动也成了常态化或典型化的策略。

(二)小组的重点工作时机

讨论小组的工作时机一般包含多种可能,分别是课前准备阶段、课中全班讨论的前置阶段、课中全班讨论的后置阶段等,各种工作时机具有不同的优缺点,详见表3-6所列。我们还是按照案例课程的程序惯例,将课中环节视为小组讨论的"主阵地",特别是针对全班讨论的前置阶段来说明如何推进小组讨论。

表3-6　小组讨论的不同工作时机和特点

时间	性质	优点	缺点
课前	准备阶段	节约上课时间，合作自由	增加学生负担，教师难于指导
课中	全班讨论的前置阶段	洗练观点，形成共识，促进全班讨论的有效运作	可能使讨论层次增多，时间压力大
	全班讨论的后置阶段	针对特定议题做更深入的探讨	可讨论的空间不确定，不易延伸下去

在课中，小组讨论是联系个人准备与全班讨论的桥梁，绝不是简单地重复个人准备的过程，而是通过个人积极参与，将学习提升到一个更高水平的过程。学生已经经历了自我的内在协商，即和自身争辩到底哪一种观点是正确的，然后又进入了相互协商，即对当前案例讨论中的问题摆出各自的看法、论据及有关材料，并对别人的观点做出分析和评论。小组讨论是资源信息的分享交流阶段，实质上就是意义协商的进阶过程。在课中时间，教师虽然可以在各组间巡视、倾听、答疑，但只是非参与的观察者身份，这时的协作学习主动权在学生手中，需要小组成员"自治"。其中的讨论程序可以参照表3-7，并基于案例具体结构做出自主调整。

表3-7　小组讨论参考程序

	做法	焦点
1	回顾准备阶段的个人结论	校准小组成员对于问题的界定
2	表明分析过程及解决办法	合并相同意见，圈定结论可能性
3	评价、筛选方案	做出甄别，并为之规划行动计划
4	预演班级讨论中的问题	便于融入更大层级学习共同体的活动
5	分享分析流程和其他方面经历的困难	需要同伴帮助，做学习策略的训练和反思

并不是说每个小组的工作都一定会成功。除了随时识别和积极解决小组中出现的问题，成员们还需要在分组讨论完成后，规律性地做出认知与行为上的反思，并提供下一次讨论的改善建议和补救措施。教师也可能会推动小组总结以下问题：这次讨论的总体情形如何？成员间用了哪些方法确保讨论效率？讨论是否曾偏离主题？教师对这种反省检视过程应加以保护和鼓励，而不应以指责、责难、贬抑的话语直接干预。学生在全学期的小组讨论中，除得出实质性的思维成果外，在时间控制、无关学习任务排除、小组不和谐关系的处理等方面，也必须不断反思，积累经验，并将学生自律与教师他律相结合，为完成"学习共同体"前导组织的任务提供保障。国际中文教育专业在未来如果形成了如国外大学里成熟的课后小组运作和保障机制，那么案例课程的小组工作完全可以向不同时段、不同层次延伸，持续增益教学效果。

三、班级讨论

全班讨论是案例讨论的核心，也是案例课程实施的必备环节。它既要面向小组讨论阶段的成果和遗留的争议问题，又要解决为达到教学目标而着意规划的问题。与小组讨论不同，这一层级的讨论由教师指导，沿着一定单位时间内的教学设计和实施的思路前进，依赖全班所有同学的积极参与，以求逐步深化师生对案例的认识，推动更高质量的思维成果的产生。

（一）讨论围绕的问题

班级讨论并没有一个标准的模式可循，甚至哈佛大学的教授曾提出，好的案例讨论会以出人意料的方式展开，并改变业已编排好的教学计划。全班开始讨论的线索可能由小组讨论的要点陈述引申而来，也可能是在呈现案例之后马上由教师启动问答，主要包括对案例的理解、分析、判断、评估和决策，也会涉及解决问题的实施方案和步骤的说明，以及对方案实施效果的论证。班级讨论一般从确认案例的事实和议题开始，后续以连锁式的问答推进。提问者可以是教师，也可以是学生，而回答主要由学生完成。教师负责把握讨论进程，履行启发、引导、促进的责任，在正确的认识轨道上激励学生自主思考。讨论的总结是面向讨论成果的，而非追寻单一答案，师生最后通过罗列主要观点、提示思维盲区、发掘深度问题等方法来结束案例讨论。

课堂讨论这种较大范围的协作学习策略的运用，一方面利于学生的自主探索、自主发现，另一方面也利于教师主导作用的发挥。其过程设计基于事先已知的学习主题，主要由教师组织引导，讨论问题的提出也基本上围绕教师预备的"问题清单"。为此，研究者为案例教学中的师生大致总结出了问题的层级和例子，可供课上参考，详见表3-8所列。

表 3-8　班级讨论中的问题序列

层次	名称	用途	举例
第一	概述性问题	用于开场的开放性问题	案例中的关键议题是什么； 根据案例中的线索还可搜集哪些有关资料； 案例中所面临的两难是什么
第二	分析性问题	用于开始要求学生进行分析	对案例中的处理方式进行解析； 解释、评论案例中教师或学生的表现
第三	评估性问题	挑战学生的思考，让学生对案例中的处理方式进行评估	评估案例中教师的处理方式，是否还有其他建议； 预估这样的建议有什么潜在性影响
第三	总体性问题	延伸到较具整体性的关键议题	你在这个情境中的立场是什么，理由是什么，你的方法有什么优点； 要注意的缺失可能是什么

班级讨论可能以某一小组的陈述为标靶，或者由教师直接对案例材料中的内容发问，热身问题多是教师向学生呈现的案例的事实基础，如人物、地点和发生了什么。在此基础上，教师将从多个方向引导讨论进行下去，一般是按照事先拟定的课堂计划，将讨论分为几个部分，每个部分专注于一个特定主题，再由相关主题的特定问题组成师生、生生对话。其间，教师抛出的问题，除了表3-8中的实例之外，还可能具体包括以下维度：

（1）诊断性问题（diagnostic questions），比如，学生的发音怎么会如此呢？

（2）挑战性问题（challenging or testing questions），比如，王老师怎么办才好呢？

（3）行动性问题（action questions），比如，我将怎么回应家长的质疑呢？

（4）预测性问题（predictive questions），比如，我这样做后将会发生什么呢？

（5）假设性问题（hypothetical questions），比如，假如这样要求可能有更糟的结果吗？

（6）资讯搜寻问题（information-seeking questions），比如，方案背景中还涉及什么因素？

（7）优先顺序问题（questions on priority and sequence），比如，先完成这个步骤会有帮助吗？

（二）讨论中的师生任务

在讨论过程中，教师始终要考虑如何站在稍超前于学生最近发展区的边界上，通过提问来引导讨论，在思想观点的不断碰撞中带动学生认知、技能的跃升，并对学生在讨论过程中的表现适时做出恰如其分的评价。教师切忌代替学生思考，或直接告诉学生应该做什么，这样便消解了讨论的意义，直接回到了灌输式教学。另外，教师还应为营造自由、开放、安全的班级气氛付出努力，这取决于教师带领班级讨论的行为，以及其教学过程中的态度和认知。教师在引导案例讨论时，应表现出有利于讨论的行为（比如，倾听、注意与理解学生的陈述；渐进式选用有助于反省思考的反应），避免不利于讨论的行为（比如，等待时间不充分；奖赏过快；教师行为独断）。此外，教师在案例讨论过程中应保持中立，避免批评学生；教师要放弃"权威"角色，尊重学生，鼓励学生。

同样，学生在全班讨论这种要求较高层次认知能力的学习场合中，要充分利用围绕同一问题对多种不同观点进行观察、比较、分析、综合的机会，将之与对问题的深化理解、知识的掌握运用和能力的训练联系起来，同时也要注重自身讨论策略的形成与管理。除积极响应教师的引导方向外，学生也可以自觉比对表3-9，对自己课堂行为中的具体表现做出判断和修正。

表 3-9　有效参与和无效参与的情况举例

有效参与	无效参与
将案例中的事实与观点区分开来； 提供他人未谈到的问题解决方法； 尝试对案例进行批判性的定量分析； 确定案例所包含的合理假设； 引导主题、打破僵局或做有意义的小结	简单地复述案例事实； 重复他人的意见； 无理由的赞同，使用主观的分析方法； 不切实际的假定； 各种负面行为，如离题、垄断、游离

四、归纳延伸

在课堂中，全班讨论可谓案例教学的主轴和核心，而讨论的总结则往往连接着整个教学流程的结尾。教师回顾讨论过程和给予得体的总结，会促使学生对相关问题保持长期的关注和不断的思考。如果考虑了学生课后学习任务或与下一个教学时间单位的接续，案例教学课程的尾声也就带有了一定延伸拓展和再预备的意义。因此，这里所说的"归纳延伸"环节颇有承上启下的色彩，既向前顾及讨论的收束，也向后期待课内外新的教学任务的启动。作为案例课堂教学的最后一个环节，归纳延伸的主要目的是内化、提升学员对案例的认识，肯定学生分析问题、解决问题的进步，为后续的课堂教学做好准备。在这个阶段，教师可以让学生来尝试总结，也可以由自己来做总结，点明案例中的关键点及案例讨论当中存在的长处和不足。当然也可以不做总结或评论，而用后续分析报告的写作或延伸性学习活动的布置来代替，保持讨论进一步深化的空间和"余味"。

曾有学者向教师警示，案例讨论引向结束时的最大风险就是进行概括总结的方式可能会破坏讨论的前提。也就是说，在讨论活动的进程中，个性化的学习应居支配地位，而教师做总结和给出结论好似在为案例提供一个"官方的"或者"审定的"观点、一个"教条的解决方案"。许多学生将会非常自然地感觉到自己的时间被浪费掉了，感觉到教师始终操纵着课堂，操纵着讨论将会或者应当"得出什么结果"。这也是为什么大部分教师拒绝向学生提供个人对案例的解答的原因。一次精彩的讨论不是快速地找到案例材料中提出的问题的答案，而是让学生在讨论结束后仍津津有味地提起这个案例。

很多时候，教师会将全班讨论的总结环节等同于整体教学计划的终点，在布置好下一次的案例阅读任务后就宣布下课。所以，从教师方面来说，有效结束讨论的技巧将撑起整堂案例分析课收尾的"重头戏"。参考国外管理学领域的经验，案例课堂里的教师也能获得一些切实的指引，从而在一场高效的讨论后通过以下做法宣告课程的结束，详见表 3-10 所列。

表 3-10 形成"最终印象"的若干技巧

	做法	适用场景	目的
1	通过投票和举手的方式对主要问题或决策达成一致	案例要求在价值冲突情境中做出决定	甄别达成一致的程度，解决消除分歧的困难
2	总结在做出某个决策或行动之前必须解决的问题	与案例有关的实质性问题的分析和解决	回顾问题及分析方法
3	总结已有的见解或讨论中未被发现的新解决方案	案例提出的问题是发现新的、独创性或创造性的解决方案	强调课堂上新观点的价值和相关方案的效果
4	厘清"惊人的言论"或意料之外的成果	案例问题模糊不清，缺乏知识结构，或出现了超出意料的想法与建议	发现案例讨论中产生的意外收获
5	识别讨论中由学生和教师确定的"最佳思路"	案例的引出是为了寻找最佳思维方式或引用高超的分析技巧	集中体现在这种分析方式的优势上
6	回顾分析过程，反思原始分析框架	引出案例是为了就一系列复杂问题得出前后一致的有序思考	确认讨论的有效性，揭示讨论中所凭借框架的明显用途
7	以学生为中心进行回顾	教学计划旨在为一些问题寻求有序的方法	让学生详细叙述从案例讨论中得出的经验

当然，正如国际中文教育专业的案例是常用常新的那样，对应案例的总结方式、归纳思路也是始终随着教师的现场教学智慧、学生思考路线的发展不断生成的。我们在这里不可能自上而下地规定一些"标准动作"，只能期待那些自下而上由教学一线涌现的"高光时刻"能继续丰富我们的思路。

在保持案例课堂活力的同时，我们也应注意到，以上呈现案例、小组讨论、全班讨论、归纳延伸几个环节，无论是在教师个人经验层面，还是在学校团队探索层面，也都在持续衍生新的细节和设计。不断优化案例教学的流程并加以概括化的努力，使可供教师、学生借鉴的模式与策略也正变得越来越丰富。

第四节 案例教学的反思与评价

案例课堂的主体活动结束后，教师的教学任务还未全部完成，一般还要安排一些后续活动来帮助学生巩固和反思教学主题，比如，为学生补充阅读文献的书目，要求各个小组梳理讨论心得，仿照备择方案进行教学模拟等。在阅读和分析案例的数量积累到了适当阶段后，教师还会让学生根据自己的课堂观摩或教学实习经验，尝试开发、撰写案例。总之，在教学实施后续环节的多种路向中，有两种手段较为典型：第一，内化，指的是由学生做出个人和小组反思，教师也要完成教学实施后的反思和记录；第二，外显，指的是学生撰写案例分析报告，将思考成果固定下来。而连接师生的还有更为关键的第三项过程——教学评价，在此阶段，学生与教师会发生双向的评估，而在每个主体内部也有自我评估的要求。案例分析报告的写作方式会在下一章中专节论述，这里仅就师生反思、教学评价两方面稍做说明。

一、持续的反思

学生在案例准备和讨论的各阶段中，及时进行总结和反思，是案例学习成果得以内化的保证。学生可以在课后时间，面向自己、小组及全班在阅读案例、准备发言、案例讨论中取得的收获、解决的问题，以及留下的困惑，整理出"反思清单"，针对具体方面做出回顾、评价。例如，在案例内容方面，判断自己是否理解了案例的全部内容，更好地进行案例准备还要把握哪些学习资源，从这个案例中学习到了什么，忽视了案例中的哪些内容等；在个人行为方面，发言的准备和案例讨论的准备是否充分，在各层级讨论中做出了什么贡献，是否提出了一些独到的观点、想法，从解决问题的决策方面学到了什么，是否有过多的无效参与，案例教学有助于自己哪些方面能力的培养与提高等。

如果教师要求学生对个人的学习情况进行回顾、分析、整理，并按一定频率以书面作业形式将其固定下来，这就形成了反思日记或周记。有研究者通过长期跟踪国际中文教育案例分析课学生的课后作业，发现反思日记作用明显，写作的过程是回忆、复习的过程，可以增强学生对语言教学信念的反思，与此同时其写作能力也会有所提升，对于促进国际中文教师教学信念的显性化非常重要。

对于案例课的教师而言，教学反思也是教师完善教学流程、确保教学效果的必要环节，不断检视教学活动，善于总结自身更是提升教师专业理念和实践的重要途径。在案例教学结束后，面向教学准备的过程、讨论的情况，以及选用案例的适配性与代表性、案例分析思路和理论依据的有效性，教师都要进行重点回顾和记录，并在教案中做补充分析。

以上是关于内化式的案例教学课后环节的梳理，师生如果分别基于这种反思，带着更加明确的目的和意识进行自我评估，或按照教学单位提供的"自我评价表"进行实事求是的衡量，实际上就完成了对教学和学习效果的一部分评定。当然，教学评价主要还是来自师生主体相互之间的评价，这也是下文要继续讨论的。

二、教学效果的评价

实际上，教育学角度的教学评价本身就是一个复杂的系统，加上案例教学中"学习共同体"组织层级的丰富性，使得案例课堂中形成的评价维度非常多元，可能包括学生个人的自我评价、小组对个人的评价、教师对个人或小组的评价、小组之间的互评、学生对教师和课程的评价等。能采用的评价方式亦为多样，有问卷、访谈、测验、作业分析等。以下内容以教学活动中的师生两大主体为基点，分别讨论面向学生的和面向教师的评价方式。

（一）面向学生的评价

教师给予学生的评价，至少要考虑全局和细节两个层面，也就是学生通过案例教学，在认知、技能、态度方面的整体达标程度，以及在具体的成绩测试中要如何有效地向学生反馈他们的进步水平。

首先，针对案例教学的课堂活动，结合布鲁姆的"教育目标分类系统"，教师大体可以在以下三个方面分别评定学生长时段、总体化的表现。

1. 认知发展层面

关注学生思考的能力，评价学生在案例教学活动的过程中，思考方式及知识与技能的运作方式是否达到标准。例如，在多大程度上做到了了解案例的主要观念，清楚意见、假设和事实间的区别，对资料做出明确的解释，寻找到合适的例子支持想法，能容忍对立的资料。

2. 技能层面

评价学生在案例教学进行中，在表达意见、分析信息、问题解决，以及处理人际关系等方面的能力成长情况。例如，通过语言、文字将思考的本质表达出来，条理清晰地收集和组织信息，关注他人观点，协助、促进讨论等都达到了何种水平。

3. 态度层面

此层面的焦点在于学生个人的眼界、信念、价值感等态度表现。例如，对案例教学保持的正面看法，对讨论、思考中未明朗情况的容忍状态，对自我探索、自我评价的开放态度及此方面能力是否有所进步。

再者，对学生课程学习成果做出细节化的评定，教师一般会面临成绩考察的出发点、时机，评定覆盖面及其权重比例，以及如何设计测试等问题。而且正如前文所述，案例教学是以学为主的教学模式，传统的标准化考试的评价方式重点在于对事实知识的测量和学生学习结果的评价，对于案例课堂的后续评价环节有明显的不适配性。以学为主的评价重视对动态的、持续的、不断呈现的学习过程及学习者的进步的评价，而不是仅仅限于对结果的评价；具有多标准的、多形态评价的特点；主张较少使用强化和行为控制工具，而较多使用自我分析和原认知工具，形成以个体知识建构和经验建构为标准的评价。因此，针对案例教学的后续评价环节，在评价类型上，教师可以将形成性评价和总结性评价相结合；在评价方法上，可以将案例的开、闭卷考试及写作考察和现代的学习文件夹评价工具（portfolio assessment）相结合；在评价人员的构成上，不仅可以引入教师、专家的视角，也可以使学生成为评价小组的主要成员，由此体现评价主体的多元视角。

这里所说的学习文件夹评价方法又称"档案袋"评价，这个称呼形象地说明了此种方法的含义，即在案例课程中的学习文件夹可以由教师和学生搜集，主要用于存放反映学生学习过程和进步的各类成果，如案例分析报告、讨论记录和小结、反思日记，以及其他文章、作业、照片、调查记录、评语等。随着信息技术在课堂上的应用，电子学习档案袋正以其数字化存储形式和虚拟开放的特点，开始发挥学生"成就记录"的作用。在北京大学、北京外国语大学汉语国际教育专业的案例分析课程中，教师积累学生的反思日记、每章小结、论文已经体现出以学习文件夹储存、编录学生学业成就的努力。如果在案例分析课程中设计和应用学习文件夹，教师要明确其目的是用于评价学生的学习进步、学习过程，还是学习结果，抑或是要评价上述三个方面，然后再由师生协商文件夹的内容和模块，持续收集、积累相关素材。学生凭借一定时间单位中的成果，与其他同学分享、交流，而教师也将以此评定学生的成绩。

（二）面向教师的评价

和其他教学组织活动的规律一样，学生可以说是最有资格对案例教学教师进行评价的人，他们是案例课程的直接参与者，甚至是教学全过程的主角，对教师的授课情况最有发言权。学生对教师的评价除了涉及教师个人的师德水准、学识态度外，更多地会集中于案例课程中教师所表现出来的组织能力、对案例教学内容的遴选、教师个人的阅历和教学机智、教育理论修养，以及教师完成案例教学课程的效率、质量等层面。学生作为这项教学评价的参与主体，一般要借助教学评价量表和访谈问卷，对教师进行以下几个角度的评价。

1.教学能力方面

学生可以从讲述内容中判断教师的专业水平；从选用的案例上判断教师吸收、处理和传递知识的能力；从讲授的准确、严谨程度判断教师的逻辑思维能力；从讲解时能否随机应变判断教师对学生需求的敏感程度；从教学全过程的表现上判断教师是否接受过系统的案例教学训练等。

2.教学方法方面

学生要判断教师所选用的方法和策略是否符合自身的特点；能不能维持学生的注意和兴趣，能不能促进学生的专业知识、理念的发展，能给学生带来多大的满足感；是否有助于培养学生的逻辑思维和反思能力；能否有效地培养学生的创新精神和实践能力等。

3.教学内容方面

从案例材料体系与学生实际水平之间的差距弥合程度判断教师的设计是否符合教学目标；从教学内容是否吸收了本领域的新成果，判断教学过程是否反映了学科发展的最新动态；从授课过程判断教师是否精选了案例，判断案例是否符合学生的兴趣和课程的特点，是否对其未来职业生活有实用价值等。

4.教学计划方面

学生可以关注案例课程是否按照时间安排进行；出现了哪些原本未列入议程的项

目；所有问题和核心主题是否都已经得到了充分讨论；每一项议程中被点名和志愿参与的人数如何；教师的板书是否有足够的空间给出标准定义，是否写在了准确的地方等。

按照惯例来看，各院校选择案例教学评价的工具更倾向于使用系统编制过的教学效果量表，划定各级指标和评分项目，在期中或期末阶段交由学生填写。教师还会综合课堂总体情况反馈，了解同行教师的听课评价，获取教育管理者深入案例课堂后给出的意见等。可以说，对于案例教学教师而言，案例准备、案例讲授、课后评估是一个不断循环的过程。把课后评估当成习惯和必备环节，可以帮助教师成为自觉进步的强化者。

目前现有的教学效果评价指标体系多是为传统教学方式服务的，专门针对案例教学效果评价的指标很少。而案例教学在教学目的、教学载体、教学方式、知识生成渠道、师生教学互动关系等都具有自身的特点，所以与之适应的教学效果评价指标和方式就更需要进行深入的探索。以上内容仅是力图从学生学的表现和教师教的成效来厘清对教学评价的初步认识，在实际工作中，案例教学的评价系统可待开发、建设的角度远远不止这两个方面。

最后要说明的是，学生想在一门案例分析课程的测试与评估中有卓越的表现，掌握案例分析报告的写作技能是必不可少的，而教师向学生展示案例分析的思维路向并说明由口头到书面的成果固化方法，也是非常有必要的。从美国密歇根大学较早简单地将案例作业划分为"事实""问题""行动方案"三部分，到中外各学科研究者不断探索案例分析报告的科学体例，再到在国际中文教育专业研究设计和论文写作中专辟案例分析一类加以说明，如何在文字层面将思考、讨论中凝结的成果高效而有序地呈现出来，一直都是参与案例课程师生努力的方向。案例分析的常用思路和撰写要点需要结合实例加以演示说明，这正是我们在下一章将要接续的话题。

第四章　案例分析的路线

上一章对于案例教学的课堂中师生要如何一起行动，给出了分阶段的意见。我们在这章将努力向案例使用者提供一些内在的分析路径的支持，因为对一个案例学习者来说，进入小组和课堂前，预习性质的阅读将启动一次分析过程。在这个起点之后，案例分析的思维路向有了相当大的自主空间，但却不是无据可依。本章将依据实例，结合评估型、决策型、诊断型三类案例的情境，为需要尝试分析的思考者提供一些"导航"，并对案例分析报告的写作提出一些切实的建议。

第一节　三类案例分析的过程模型

当我们开始启动一次案例分析时，"分析"一词的含义——把事物或现象由整体分解成各个部分，理解其本质属性及彼此的内在联系，在这个时候确实显得特别有指引意义。因为有的学者就将案例中的信息比喻成一片片零散的拼图，必须以一定形式将其拼接起来才有意义。而我们所做的工作，可以说正是对材料中可能阐释主要问题的信息进行详细拆解，辨识其中的关联和特点，最终形成对问题的全面认识。

那么重新识别信息，得到充足的线索开始分析，在分析者回应案例核心问题的路程之中，除了进入班级化、小组化"组织学习"，个体学习者自身要怎样推进思路、找到方向呢？在目前国际中文教育案例的分析活动中，课堂环境中教师教育者、培训者组织讨论的交互性方式是主流，学界对此也为教学执行者提供了不少意见。但对参与课程和有自我发展诉求的职前、职中教师来说，满足个人独立学习需要，进行思维塑造、分析演练的内在支持性思路还不易获得。那么，从这个角度给出一些指导意见，希望由此发现基于案例的个体学习层面的必备策略，正是本节尝试的方向。

高效的分析一定是具有针对性且有章可循的，漫无目的的分析会导致对案例的碎片化理解，甚至分析无法推进。在这方面，已经有管理学领域的研究者提出了非常有参考价值的建议：首先就是识别案例的几种核心情境，再遵照差别化的分析路径展开思考，具体方法见表 4-1 所列。

表 4-1　如何分析不同情境的案例

要素	评估情境的案例	决策情境的案例	问题诊断情境的案例	关键做法
1	识别评估对象	确定所需决策	识别诊断问题	提出问题
2	选取评估标准	寻找可选方案	分析因果关系	分析问题（基于标准或因果链条）
3	基于标准分析	选取决策标准	进行整体诊断	
4	提出评估意见	基于标准分析		
5	识别突发事件	推荐决策方案		
6	提出行动计划	提出行动计划	提出行动计划	解决问题

　　在第一章中我们已经介绍过基于场景的案例分类，并"预告"针对每一种情境的案例都可能有特定的分析思路。但在这里，也能发现三种思路本质上可以简化为提出问题、分析问题、解决问题。首先，从上表中总结出的细节化分析思路中不难发现，有共性特点的开端就是阅读案例时面对的首要工作，分析者要识别、定义其中要表达的关键问题：评估的对象是个人、团体、课程？是需要主人公做出一个决策吗？案例中最大的不确定性或症结是什么？接下来，虽然分析的中间过程对不同类型的案例而言有着不同的思考路线，但是实质上都是获取分析工具或标准，在参照中识别问题和现象，再给出总结性意见。最后，当案例中的问题基本明朗后，对于教育案例而言，提出一个行动计划是必要的，也是解决问题最实际的思路。这部分可以作为决策、评估的进一步延伸，或者用于切实修正被发现的问题。所以，总的看来，尽管三类案例分析过程中的主体思路不尽相同，但首先发现和说明问题，再基于标准或因果联系分析问题，最后实现问题的解决，这朴素的"三部曲"完全可以概括常用的案例分析步骤，并作为我们分析大部分案例的方法导航。

　　在案例分析的课堂中，师生讨论中包含的具体要素和思路也许要比这"三部曲"更丰富，每位教师都有自己推动案例分析的方式。但在案例课堂的组织学习方式之外，学习者如果想寻求一种简便有效的指引，不妨适当参照这里给出的思路。经过无数实践验证的提出问题、分析问题、解决问题的操作路线，同样将会在个体学习者探索案例的过程中发挥作用，不论是自主阅读还是准备讨论。

　　为了具体说明每种案例情境下的分析方式，本节将以第七章前三节提供的条目式案例为例，分别说明评估型、决策型、诊断型案例的分析过程。至于下文分析所得出的若干具体结论，只能代表一种个别化的认识，毕竟不同的分析者切入案例、萃取经验与理论的视角总会有不同。这里重要的是思路演示，而非结果判定。

一、评估型案例的分析

　　在国际中文教育案例中涉及评估的对象范围很广，包含个人、团队、教学产品、教学活动、计划，乃至政策、服务等，这类案例要求我们获得对于评估对象状态、价值、效率等方面的认知，包括对其相关后果的认识与估计。进入评估型案例，分析者首先要明确自己面对的目标事物是什么。

（一）定义问题

通过阅读第七章第一节的案例《如何在同步直播课程中加强互动》，我们能发现文中描述了一次线上写作课多维互动的尝试，完整地呈现了白老师负责的一个课程单元。主人公的既有决策和已然的行动完成了从设计到实施的教学过程，这就要求我们对课程的若干环节进行审视和评价。而正如案例题目显示的，面对这个评估对象，非现场授课条件下的互动及其达成状态就成了我们思考的焦点。

（二）方案与标准的对照

案例已按时间线索将白老师的教学实践呈现出来，从中收集课前到课后的实施方案、具体做法等信息，可以大致得到相应的线索，见表4-2所列。接下来我们就需要选取适当的指标和标准，在案例证据中发现互动这个层面教师的完成情况，提出评估意见。

表4-2　白老师日记写作教学的主要内容

	学生→教师	学生→学生	教师→学生	产出成果
课前	本周日记		《航海日记》1.0版　写作批改	
课中	观后讨论	合作扩写	讲解日记写法	《航海日记》2.0版
课后		批改日记	再次修改	《航海日记》3.0版

1. 选取评估标准

该案例是在一个较新的主题背景下出现的，时间线索指向刚刚转入线上阶段的"应急式"汉语教学，我们一面要回到当时的事件情境中去，体会班上师生的心理状态和学习需求，一面也要从外部教学条件改变的事实出发，为新的教学活动的出现寻找适配的评价标准。实际上，从上表勾勒的内容线索中就可以看出，学习者与教师、学习者与学习者之间的互动体现得很明显。另外，依照早期远程教学交互理论，学习者与学习内容这个维度的互动也很重要。所以，目前我们的分析框架已经比较明确，借此观察案例中的教学设计和实施情况也是完全可行的。

2. 基于标准分析案例

接下来的分析要关注与每个标准相关的案例证据，总体上给出对评估对象的正负面评价，或认识二者兼而有之的面貌。这个作为样例的案例不是以量化数据来记录的，所以我们要在其中记叙的事实、对话、教师的陈述中寻找质性证据，针对上文所述的三个维度，逐一评价，再形成对案例的整体评估。

（1）第一个维度：学习者与学习内容

就Moore的互动框架而言，起点是学习者与学习内容的互动。对应来看案例中白老师的做法，他的教学活动始终是围绕新开发的素材做文章的，关于这份素材最初的功能，案例也做了陈述。

由当事人身份出发，虚构了"我的一日"，写成了一百多字的《航海日记》。主要用意是简明地呈现中文日记格式，标记出备忘式日记的特点，用三个句子分别关联不同的写作方法，为学生提供写作练习的底本。当然，新闻内容本身还提供了一个课堂讨论的适用话题，以此作为"钥匙"或许能帮学生打开心门，一起直面疫情带给生活的影响。

而且事实证明，随后白老师新开发的教学内容不仅成了观后讨论、扩写练习的底本，也确实带来了师生、学生之间情感互动的机会。《航海日记》能经师生之手不断"增容"，被升级到几倍的字数，容纳纪实、议论、抒情三种写法，在学习者与学习内容互动维度上的实际价值还是很积极的。

（2）第二个维度：学习者与教师

教室环境下的师生互动一直都是课堂评价的重点，对于转为线上的写作教学而言，不仅原有课型对师生互动有限制，而且在线教室平台的可用手段也是对师生的考验。从案例中看，高级班学生课前通过 Classin 平台提交作业，收到了教师的批改提示和学习材料；课上讲写作知识，教师提供作为写作背景的视频新闻，安排学生用在线小黑板分组写作并随时给予反馈、纠错。非但没有受限于在线课堂，反而借助人机交互平台，拓展了师生之间的互动边际，所以就这个维度上看，他的做法也是值得肯定的。

（3）第三个维度：学习者与学习者之间

案例中这个维度的互动主要涉及两个时段：一是课上交换对视频的观感，再进入各自的扩写小组，成为合作伙伴；二是在课后习作修改和反馈阶段，调动了学习者持续交流、协作的可能。而以上两个时段的互动又是在学习者个体之间、小组之间展开的，延展到两个互动层级。据教师自述，课上阶段"每组的三个人之间既有分工也可合作"，组际互动效果也不错。

两组之间的内容既包含共性又各具想法，对比来看亮点不同，写作过程中的你追我赶也带来了竞争的乐趣。

不过，课后互评互改环节，教师明显有设计失误的地方，他自己也注意到了结果并不理想。这主要是因为教师基于学生已经熟知写作内容的假设，过高估计了小组工作能力，没有为小组中的三个人明确分工或者给出作文评改的参考标准。

3. 提出评估意见

总的来看，在学习者与学习内容、学习者与教师两个维度上得出的结论表明，对白老师加强线上互动的努力，我们应持积极的正面肯定态度，这也是评估结论的主流。而学习者与学习者之间这第三个维度上，我们看到了教学计划实施后带来的一定的缺憾，要留下一部分负面评价。

另外，在交互发生范围这个层面上，学习者与学习资料之间的个别化交互也不应被忽视，这和人与人之间的社会性交互同样重要。因之，白老师课上时段的"练各式写法"就额外值得注意，写作活动始终需要个人独立的学习时间，在两课时100分钟内，算来学生自主写作的时长在30分钟左右，这个比例可能是为了配合新的教学设计，但看起来并不合理。这次的日记写作教学在建立新的平衡的同时，也蕴含着又一次内部失衡的危险。不过整体上来讲，课后生生互动问题所导致的消极局面、个人自主学习时间的压缩，与多维度互动在课堂上发挥的积极作用相比，后者还是主体，分析后得出的结论倾向于正面评估结果。

（三）行动计划

评估活动的重要延伸是开发后续行动计划，而计划的目标则是改善评估对象的情况。提出行动计划一般可以分解步骤来陈述，对教学活动来说，还可以将其分为短期和长期、局部和整体计划。对于白老师的案例，我们建议的行动包括以下两个角度。

1. 局部计划

针对前文提到的集中在课后的负面情况，借助主人公提供的信息，我们能推测到作文评改环节看来是第一次完全交给学生动手。为了弥补当时教学设计的漏洞，可以考虑以后有此类活动的话，为小组中的人员明确分工，给出评价的参考标准和样例，或者教师在作业里圈定一些需要修改的地方，以便提供有效的"支架"，让学生离最终的成果更近一些。

2. 整体计划

既然白老师着意加强线上写作互动，并取得了大部分的成功，那么，保留学习者与学习内容、学习者与教师、学习者与学习者的框架，应用于未来的教学便是我们最大的认识成果。另外，教师还要注意避免简单以互动的量度、时长来衡量教学效果，避免表面化、低质化的互动行为。可以结合在线课程平台记录的学习行为数据，或者配合面向学生的问卷调查，通过回归教学对象，持续研究互动行为的深度指标，把握在线互动的特点及其如何影响学生的课程满意度。最后，长期的线上写作教学还必须平衡个体与群体的矛盾，教师对于希望独立写作、自主性强的学习者，要考虑如何满足他们的个体需要。

二、决策型案例的分析

决策型案例在教育学科中是颇为常见的，案例呈现的情境中很多时候都需要主人公和读者拿主意、做决定。我们经常能看到案例撰写者留在文中的最后一句话就是"某老师面对这种情况该怎么办呢""如果你负责这个班，接下来要怎么做呢"。好的决策型案例不是被一眼看穿的，它的情境是复杂的，既包含开放多元的机会，又带着模棱两可的可能。进入讨论后，小组的结论可能大相径庭，而任何一项决策都有本身的利弊得失。本书第七章第二节收录的《让汉语和友谊在"文化市集"里流通》就给出了典型的决策情境，接下来我们就以这篇案例为例，介绍分析这一类型案例的参考路径。

（一）定义问题

在阅读《让汉语和友谊在"文化市集"里流通》的开头、结尾时，我们都能找到对于安老师所需做出决策的陈述：

> 今年的新年文化活动肯定不能"历史重演"，客观来说，那些通行的技艺类项目在现在的中级班里不好重复进行；主观来讲，安老师也想有所突破，在文化活动中融入更多语言实践。可是，新的活动方案在哪呢……但必须在这周五前向教研室主任汇报想法啊，除非打算放弃"文化市集"！除了讲明自己的理念以外，她还要拿出活动的细节规划，这可比上课"烧脑"多了。

从案例开篇，主人公的目标就是规划一项结合了中级班学习基础，又融入更多语言实践的文化活动。在有了大致的计划后，安老师将之命名为"文化市集"，并依据教师对活动的可控性形成了三个方案。这就推动了读者去帮主人公衡量、抉择做与不做、怎么做、做到什么程度的问题。而问题的根本就是定位到一个在案例条件下宜于付诸实践的方案，这个过程如果按照国际中文教师教育的角度来看，本质上也是帮助教师对自主设计的文化活动建立起评判的模型和策划的维度。

（二）方案与标准的匹配

当发现了决策型案例所要解决的问题后，案例分析者需要获得问题的参照物，再进行一系列的思考。一边是存在于案例中的可供选择的三个方案，另一边则是从专业知识、教师实践经验框架中提取出的决策标准，这二者的"对话"将决定得出的结论能支持何种方案。

1. 可供选择的方案

在第七章第二节的案例例文中，已经有了三个可供选择的方案。在其他案例中，方案可能是二元的，即是与否，执行与放弃；也可能是多元的，方案之间有对立或关联，比如全部延续旧办法，部分延续或采用新办法；还可能是主人公很茫然的一句"怎么办"。有时案例正文中方案的具体情况也许不如例文那么清晰，读者就需先行明确个人认为最具逻辑可能性的方案，并由此起步。这时不要试图一次给出多个方案建议，超过三个方案一般会让人的思路在来回切换中变得混乱。

对于例文中安老师的可选方案，这里简单概括为三种，见表 4-3 所列。主人公面临的最主要的不确定性在于每个方案的筹备任务和实际作用。读者也许要反复阅读案例以便获得更多信息，但为了防止大量的碎片化信息充斥脑海，阻碍清晰的思考，我们不妨提取案例最后一部分内容，整理出表格中的几列。有了这种比较简明而宏观的视角，分析者便可以站在高于文本陈述的平台上，更有效地梳理案例线索，再结合教学业务场景的推理，在案例之外找到某些适配的"参照系"。

表 4-3 安老师的备选方案

	"文化市集"的类型	学生任务	教师活动
方案一	现场学生自主	预备实物，邀请人员参与，买卖和赠予物品	协助购买，现场维护
方案二	教室模拟的	预备实物，写作物品介绍，角色扮演，讨论	组织讨论，检查书面表达
方案三	复习和整理式的	复习词汇，练习表明心愿	预备图片、实物，提问

2. 选取决策的标准

面对安老师的问题和方案，回想可能学习过的对选取分析标准有用的文化教学、教学设计的原理，以及来自教育活动客观规律的一些基本常识，我们陆续会得到四个要点：学生的特点和需求、已有教学内容、活动的语言目标、教师的工作成本，见图 4-1 所示。具体来说，首先，案例情境中提到了部分学习者的需求，特别是对文化活动短期的需求，而实施哪个方案主要是依据学习者的基础、状态而定。其次，"文化市集"这项方案的理念跟此前教学内容是存在关联的，活动目标上教师也有明确的加强语

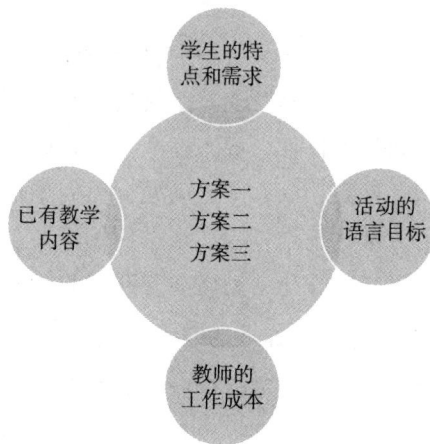

图 4-1 三项可选方案与一套决策标准

言实践的要求，所以内容和目标这两项要点也有助于遴选方案。最后，我们还应考虑到活动组织者的工作成本和压力程度这项细节的标准。

3. 基于标准分析案例

当我们获得了一套可行的标准，那么接下来就是试着用标准中的每一个"光源"去"照亮"各个方案的各个侧面，找到案例陈述中提供的证据，看到它们的不同可能性。

（1）第一项标准：学生特点和需求

案例对安老师中级班学生的情况有一些说明，如引言中介绍："她今年秋季开始负责的 21 个留学生里，有不少是由初级班升上来，一直'追随'她到中级班的。而更多学生信息则显示在'中级班的背景介绍'里。"根据以上内容，我们能大体知道这个班学生的国别构成、学习状态、班级氛围，而且他们中一些人有结业归国、告别老师同学的社交需求，一些人对前一年的文化活动印象较好，因而心理上期待的是人际关联

更强、任务更真实的文化活动形式。从这些证据来判断，学生自主的现场"文化市集"，也就是第一种方案是可以获得一项证据支持的。

（2）第二项标准：已有的教学内容

在这个班的教学内容上，教师为学生做过语言和文化的前期准备，如依据某些学习主题进行文化专题的策划，再如，安老师先后利用实物、图片和视频资料介绍过一些具象的中国文化符号，包括福字、对联、剪纸、京剧脸谱、陶瓷、刺绣、餐具、折扇等。看来，她一直有文化因素教学的经验，也完成过文化专题、实践活动等，包括留下了稍显"失败"的经验，这点在"安老师常用的文化教学方式"中有比较集中的信息。可以说，中级班教学内容上已有的良好基础可以支持安老师在三个方案中任选一个，而她的活动也正是从学生的积累中"因班制宜"规划出来的。

（3）第三项标准：活动的语言目标

案例中提到安老师力图在文化活动中实现语言运用的目标，并没有特别说明具体是怎样的，她开始只是模糊地意识到前一年的文化活动中学生很难发挥出自己的汉语交际能力。而到她自己拟定了三项方案，并思考细节时，由第二种办法设计出的语言实践活动已经包括了口头的、书面的不同维度。所以，借助表4-3的总结，我们基本能明确"文化市集"活动的语言目标是把安老师此前讲到的内容做一次丰富的呈现，让学生在自主度不同的现场，用语言推动交际，完成真实的或模拟的买卖、赠予物品的任务，进行语言功能项目和言语交际技能的训练。如果从互动性、体验性、任务丰富性的角度综合来看，方案一和方案二大致相当，方案三则显得"弱势"；如果考虑刺激学生不同认知水平的记忆、理解、应用，还是分析、评价、创造，大致的结论也是方案三会"落选"。

（4）第四项标准：教师的工作成本

如果就缩短工作流程，降低教师付出的成本而言，第三个方案明显有优势，但是牺牲的可能是学生对文化活动的兴趣和检验教师活动策划能力的机会。第一个方案仅就活动前的准备、活动中的现场管理而言，估计是需要教师最多时间和精力的。第二个折中方案确实将教师工作量保持在比较合适的程度，而且学生在说和写的练习上也有充分的构想。

4. 推荐决策方案

对安老师案例中的三个可选方案进行评定后，我们可以尝试先关注两个差异相对较大的，也就是方案一和方案三。它们在交由学生主导和教师"纸上谈兵"之间形成了对比，经过此前的分析，后者已经可以被淘汰下来了。那么，方案一和方案二必有一个会"胜出"吗？可能在实际的案例讨论课堂中，支持二者的意见会同时出现。如果在这里推荐学生主动性发挥空间最大的方案一，那么就必须意识到，这也是目前在安老师那里最具模糊性的方案，因此也意味着接下来一个清晰的"文化市集"活动计划必须被设计出来，提供保障。

（三）行动计划

对于分析完成后推荐的决策，应该为之提供一个优质的行动计划以确保它的成功。假设依据方案一的思路为安老师设计活动计划，需要让各处细节贴合文化活动、语言学习的规律，帮助师生实现复现旧知，强化交际，沟通感情的功能，还具备高效落实的条件保证。

案例中的信息一直显示出教师比较重视活动前的准备、活动中的实施，借助这条文化活动设计的时序性线索，我们完全可以继续优化方案一。

首先，在活动的准备环节，相较于正常教学任务，安老师需要付出指引学生购物、清点物品、场地预约、现场布置等努力，而在此之中其实也蕴含着与学生进行一对一互动的良好契机，完全可以布置诸如复述购物过程的交际练习。也可以移用方案二的思路，要求学生为所准备的物品写一段书面介绍，并写好货品的名牌和价签。

其次，一旦进入活动开展的过程中，教师就要掌握好时间，观察参与者状态和反应，适当调动现场的节奏和氛围，尽量灵活应对，努力收获最佳成效。还可以用视频方式记录下和学生"商家"讨价还价，询问商品信息等场景，以便关注真实场景中用汉语实现交际目标的情况。

最后，为了完善活动设计的时序性线索，教师完全可以在活动结束后，再带领学生回到语言运用的反思上，设定一定的回顾时间，将前述两个环节积累的各项成果加以总结，引领学生在一些完成度不高的语言实践上做出修正、提升。这也可以帮助教师切实地完成她在文化活动中锻炼学生汉语交际能力的目标。

总之，一个主题化、细节化的文化活动方案，对于整体目标、流程、时空条件、覆盖人员范围、成果产出期待，乃至可能产生的人力、财力成本等都要有清晰的设计和充分的预估。教师需要在多次的活动设计和执行中实现自己的运行模式，提炼出相对稳固的操作守则，避免每次都"一事一议"。

三、诊断型案例的分析

（一）定义问题

对问题诊断型案例而言，识别出分析时要细察的问题是关键，而"问题可能出现在完全成功到完全失败间的任何一点"。通过了解案例主人公要做什么及案例的主要不确定性可以发现要诊断的问题，对第七章第三节案例中的蔡老师来说，她希望在成语故事教学中落实"立德树人"的新思路，但实际授课中感觉学生在语言学习上却顾此失彼了。我们已经注意到问题的"题面"，和案例中的角色一样，都想弄清她为什么没能平衡好，一项不错的教学设计遇到了什么制约因素。

（二）分析与诊断

一般案例中问题的出现有果必有因，分析者的诊断要提供答案，追寻造成问题的主要原因。这可以被看成是一种"逆向思考"，即从问题推理到原因。抓住问题的线索去溯源，如同摸着石头过河，那么分析工具就是此时可依靠的"石头"。

1. 获取诊断工具

有时我们能较快判断问题诊断型案例应该用什么分析工具，但有时案例可能不具备完善的线索，指向具有最大解释力的概念、框架或理论，像蔡老师的案例就是如此。她的故事核心情境就是将一个正在探索中的教育理念与汉语综合课成语故事教学的常规主题结合，这本身是带有创新性和探索性的，从既有的教学理论、概念里很难找到完全适配的标准来分析。那么，这时不妨回到一些基础的逻辑框架中去看待其中的问题，比如内因与外因、教学设计与需求、教学目的与手段、教师主导与学生中心、教学内容容量和时间容量等。

2. 从结果到原因

通过案例所观察而来的结果，是到了课程收尾阶段，蔡老师看到学生口头、书面输出的情况，意识到语言内容理解的"地基"没有打好，她力图传达的历史人物精神面貌在学生那里也存在多元理解。而其他因素也可能导致案例中语言学习和德育两条思路没能"双赢"，不过她也还在寻找答案。意识到课程设计和实施出了问题，但具体问题是什么，可能导致问题的原因在哪里，首先就需要我们大致帮她规划一些待检验的项目。毕竟案例反映的是教育教学现实面貌，而现实一般都是非条理化的原始状态，除了借助那些案例作者提供的相对经过萃取的信息，我们还是要持续加工信息，以便条理化地逐一贯通"因果链"。接下来，随着这些项目一一被"诊断"，纠缠在一起的表象和原因也将得以分析地呈现。表4-4中已经按照时序，总结和显示出检验项目，并做出了初步的判断。

表4-4　提取与解释待检验的项目

	理想状态	现实状态	分析工具	归因
1	学生掌握成语故事基本内容，并深入到文化内涵、人生价值的层面去理解	故事的记忆、复述在新课学习、小结两个阶段都不理想，对历史人物有多元理解	教学设计与需求；时间容量	教师计划内容过多，在语言学习层面着力变少，限定教学时间无法都实现计划
2	学生通过更多关联例证理解蔺相如的使命感、责任感	其他楷模人物的特点分散了对核心人物的核心定义	教师主导与学生中心	教师的主观性、预设的单一向度
3	选定影片三个场景之一，由学生配音	对学生有难度，要克服语速、词汇等	教学目的与手段	教学手段新颖但不合适

	理想状态	现实状态	分析工具	归因
4	书面作业是根据对蔺相如特征的理解，介绍一位有共同品质的人物	学生以跨文化视角思考人物的精神特质，教师注意到文化多样和个性表达	教师主导与学生中心	教师从自己的文化本位出发
5	学生讨论归纳出所有榜样共通的责任感、使命感，再思考自身	教师直接鼓励学生未来作为专业人士承担中文教师的使命，学生接受	教学的情感目标	学生在短时间内还无法从接受一个古代故事走向价值内化

这里不能简单以正负面来对应案例中教师期待的理想状态与的课堂里的现实状态，毕竟蔡老师在出现问题时依靠专业素养、教学机智还是化解了若干困境的，例如在书面作业的反馈中尊重学生的多元理解，由外在的提示向学生明确"师者"的责任和追求。可以说，她的大部分实际工作以及这些调节手段使课堂保持着积极的状态。至此，我们从蔡老师的课堂中定位到了若干期待的状况和现实之间的落差，教学目标、教学理念、教学设计与需求等一系列理论支点可以帮助我们推导到问题的源头，并形成整体的诊断。

3. 整体诊断

这时，我们就好像拿到了医学化验单，上面那些标准参考区间对应着患者的实际检验数值，医生的工作是要解释二者产生差距的原因，我们的分析也大体如此。第一，从蔡老师的案例来看，她的"语言文化＋立德树人"的双线融合教学的设计，关系到情感目标的设定，而情感领域的教学目标根据价值内化的程度是有不同层级的，学习者将所学得的知识观念统一为自己的价值观必然需要一个长期的过程。第二，在教学原则的体现上，教师在真正实现以学生为中心的教学设计上还有距离，其教学思路的主观性，预设的单一向度，以及自我文化本位的定势都有一定程度的表现。虽然在长期的专业实践中，蔡老师已经对国际中文教育教学的特性有所把握，但还是很难避免这些问题。第三，在学习需求的角度上，汉语国际教育本科班大一的留学生对语言形式、文化内容的理解还是重点，抓住语言根基帮助学生把握课文内容也应该是教师的重心。第四，教学限定时间与课程容量的内在矛盾性是天然的，如果在原有课程内容中加入新的主线，必然要考虑"加法"与"减法"的辩证关系。德育思想的分量提升后，语言文化学习的一部分内容就需要在规定教学时间之外再做补充深化。此外，案例中一些次要问题还在于教师没能充分平衡教学手段的创新性和适配性。

（三）行动计划

为诊断型案例准备的行动计划犹如医生的治疗方案，但不同的是，国际中文教育案例一般记叙的是已经变为"过去时"的典型事例，我们的行动计划虽然对当时的教学问题不能发生直接作用，但对于案例使用者和分析者形成此类代表性问题的解决思路，为未来的教学设计找到尝试方向都会带来颇多助益。案例中的教学计划已经执行完毕，但是以下两个层面的规划和建议可能会将蔡老师的教学设计理念引向更为成熟的境地。

1. 短期计划

蔡老师可以通过练习和测验评估目前的教学效果，检验学生在语言学习层面的目标达成度，帮他们巩固词汇、课文、结构和功能角度的学习成果，必要时集中或分散地弥补这一课留下的漏洞。如果与学生有单独会面的机会，还可以详细听取学生对成语故事、历史人物，以及责任与使命的看法，在文化平等意识的基础上与他们沟通自己作为中国人对相同问题的理解。当然，全部教学过程结束后，蔡老师还需完成课后必备的反思环节，注意真正获得学生积极反馈的部分，梳理其中思路的科学性、有效性，并正视诊断出的问题。

2. 长期计划

引领学生对未来的中文教师职责有所认识，传递使命感、责任感意识需要整体规划和长期努力。蔡老师一方面可以通过研读"立德树人"类的政策指导文件，接受学生德育工作的相关培训，向探索相同教学理念的教师请教，率先塑造执教者的全面理解；另一方面也可以面向学生形成长期的追踪和访谈机制，从国际学生的实际出发，获得切实的需求调查、学情统计信息，据此重新系统地设计体现"立德树人"理念的课程内容、教学活动。跨课程和专业内的合作也会有助于推广蔡老师的育人思路，在其所在教学单位的范围内形成整体的学生德育的关注方向。实际上，在语言教学的过程中，蔡老师付出的努力已经通过自己的"身教"示范，向她的学生传递了国际中文教师的信念与责任感，而这也正是一项长期和宝贵的教育资源。

第二节 从阅读到案例报告的写作

案例分析的书面形式有时也称案例分析报告、案例报告。从课堂学习需要出发，案例分析报告的写作按照时机来划分，大致有三种情况，见图4-2所示。一是个人报告，在阅读准备阶段用于记录个人的初步分析；二是小组报告，小组讨论后用于书面化本组的讨论成果，以便向全班汇报；三是总结报告，在全班案例讨论后用于归纳和整理案例学习过程中的全部成果。这三者的关系可以是分立的，也可以是叠加的，教师可能单独布置某一阶段的报告撰写，也可能会让学生累积思路、从个人分析开始修订，直到完成集合了班级讨论意见的案例报告终稿。

从课程任务目标向外延伸来看，在专业学位基本要求中，体例规范、正式写作的案例分析是学位论文的五种形式之一，被认为是对于国际中文教育实践中真实发生的典型性事件，记录其发生过程，分析其中蕴含的问题和疑难情境，或反映某一汉语国际教育基本原理而形成的书面材料。本节所讨论的案例分析的撰写是以课堂教学和自主学习为依托的，其结构和思路适用于个人分析、小组讨论后的书面记录、作业，形成的文字形式也可以作为案例文本的附属部分。虽然以下不是基于正式的学位论文写作给出的建议，但如果实践者由此磨炼案例分析成果记录的方法，开展更为深入、系统的研究，还是可以将初步的案例分析转化成论文成果的。

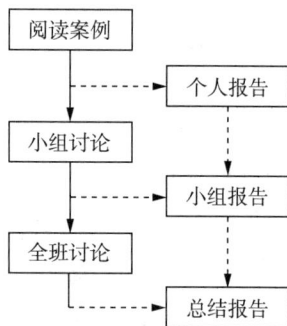

图 4-2　案例报告的写作时机

一、以多种阅读方式凝练思路

案例报告动笔之前，甚至包括分析的思维活动都是始于阅读的。在上一章讨论案例教学前的准备时，对于从学生的角度如何自主阅读案例，通过提问成为阅读的思考者，已经提供了简单的意见。不过，案例阅读要打破面向教科书式的阅读方式，在不同层级和功能的阅读中凝练出分析思路，并服务于即将开始的书面表达，就特别需要一些方法上的明确指引。对此，管理学领域的教师们面向案例阅读，总结出了一些可遵循的程序，其中的"短周期过程"和"长周期过程"也能配合国际中文教师教育的需要。具体来说，前者指的是可以用 15 分钟左右（不论案例长短）迅速地进入案例，除了判断案例的难度和是否需要额外的帮助，主要是为随后的详细阅读和分析提供焦点、方向，在最短时间内进入事件情境。所需阅读的起点在于案例的首尾段落，还要获取对正文标题的第一印象，然后再梳理各个二级标题，快速略读案例正文。如果有文本上和教师提供的给定问题，也要阅读，以便确定特定的思考方向。后者指的是仔细地、深思熟虑的阅读方式，案例使用者可以随时形成想法记下笔记，用以总结观点、问题，列出概念、描述观察的结果。此时是按照案例结构（详见第五章第三节）分配时间，顺序阅读，从引言和背景中了解组织信息和案例主人公，把握案例关注的特定领域问题定向，放慢速度审视需要评估的事件、待决策的问题和非理想的状态，最后在结尾处再次领会案例作者重申的分析任务。对于正文之后所附图表资料，也应仔细阅读，了解其用意。

对于上面提到的两种阅读方式，我们不妨换个角度，将之宽泛地概括为略读与细读。如果回顾上一节讨论过的各类型案例分析的思路，会发现阅读中还特别需要一种能力和方式——查读，与"短周期""长周期"过程相关联，这也可以对应地被定义为"重点项过程"。因为在本书讨论的三种主要情境的案例中，不论是开展评估、进行决策，还是诊断问题，在展开分析时必然包括一些框架、标准、因果链条和案例信息之间的对话，分析者的工作类似于手执一套参照物去搜集案例证据，这时查读就可以持续发现与思维进程有关的内容，重点寻找分析所需的元素。分析过程还要不断检验每个与标准相关的证据，深入查读案例才能参照选定的标准要点，找到各个标准与对应证据的匹配关系，校准用于回应每一套方案的信息。而且，准备动笔写作案例分析之前，学习者可能还要有一段外在于案例的资料搜集、理论检索或调研的工作，我们同样将之理解为类似于查证式的阅读和学习，这也是形成思路时非常必要的一部分。

对案例读者而言，不同过程的准备，不同层级的阅读其实都是有难度的要求，因为我们已经太习惯阅读像课本那样以逻辑性的内容、形式排列的文本了。但由于学习材料本身特性的差异，在面对国际中文教育案例时，就要转变阅读和思考方式，训练自身如何将不同部分的事实拼合、组装成现实的原貌，以求把握案例的主要问题。基于标准化写作的案例轮廓和样式而提出的这三种阅读方式，对于分析者独立自主地形成思路、付诸写作，以及转变思维或将有所助益。

二、案例分析报告的写作要点

在富有成效的阅读活动和一些初步的笔记形成之后，我们就可以考虑开始正式写作案例分析了。按照国际中文教师案例的使用需要，结合管理学、教育学领域学者的实践，为了将案例分析和个人自主学习中的思维路向固定下来，我们建议一份相对完善的分析文稿应包含问题的陈述、分析的展开、方案的提出、原则的归纳四部分。这大致相当于分析者面对案例逐一回应"是什么""为什么"，以及此时和未来"如何做"的问题，具体来说以下内容可以提供相应的参考。

（一）问题的陈述

正如案例分析思路的起点始于定义问题，写作者动笔最初的工作是对案例中涉及的问题提出清晰的、概括的表述，明确要分析的对象和目标"是什么"。正如名言所说，"提出正确的问题等于解决了问题的大半"，我们应明白简要地写出案例的主角所面对的关键点、问题、决定、挑战或者机会，也就是点明案例情境中问题发生的焦点所在。这部分要尽量避免摘抄案例中现成语句，应用自己的语言将案例中引发问题的关键性事实，按照内容顺序，逐条列举出来，也可加以细述，以段落式分列。

这部分的写作，在思路上要注意辨明案例中的当前问题和本质问题，例如一位在欧洲工作的教师很难抉择中文课上要不要以英语辅助讲解中文，这是案例中明确的问题，属于当前问题。而它的本质问题则是如何认识和把握教学中的媒介语，以及媒介语与教学环境的关系。我们梳理当前问题的目的，不是仅限于描摹一番，而是要抓住和写出其背后的本质问题，即属性上更深刻、更普遍的问题。另外，案例中遇有多个问题时，我们的陈述还需在紧急性和重要性的框架下确定其优先解决顺序。一个案例若包含了多个国际中文教育情境中的疑难问题，它们对教学单位的重要性或者破坏性，对当前教学工作影响的缓急程度需要被快速评估，分析结果中那个重要且紧急的问题应该是被最先关注和说明的。

（二）分析的展开

在进一步分析案例时，就要求撰写者进入主体部分，恰当地使用相关的概念、工具，将已经定义的问题或症结阐发出来，这需要依照不同的案例类型，分别面向提供决策，评估评价，诊断问题的可能情境。可以说，分析者在问题表述之后能呈现的内容非常广泛和自由，即便有三种案例分析的参考性思路，也还是可以在以下三类逻辑关系中深入加工分析内容，回应"为什么"。

第一，最普遍的是去解决案例中的原因和结果，抓住事件的因果链条。当从结果中分离出原因，向后反推越多，找到根本原因时，解决案例问题的机会就可能越大，也能帮助分析者判明事件之间的其他关系。例如关于学生在中文课上表现的案例，如果外在现象是学生经常迟到，那么至少要借助学习者分析的各个维度描述原因，考虑学生在其他课上的表现，甚至追因到入学早期的心理。第二，还要识别限制条件与机会。影响案例最终结果的限制条件、机会可能隐含在案例的上下文中，也是需要依靠专业眼光去判断的资源、契机或掣肘因素，它们至少在正反两方面作用于关键事件，有时正反两面又不是绝对的，二者是可以转化的，分析者也要就此展开论述。例如出现教学突发状况的案例中，学生的表现可能影响到原有计划的实现，但教师如何利用这一时机，发挥教学机智，也是值得分析的。第三，在技术手段上展开定性与定量分析。虽然国际中文教育案例中需要定性分析的比例更高，但在一些以量化数据为依托的案例中，分析工作要对数字进行推算，或由计算机辅助完成定量分析，这时我们不能以偏好做取舍，回避定量分析。

整体看来，虽然对不同类型的案例而言，中间部分的分析过程有着不同的思考路线，但是本质上都是获取分析工具或标准，在参照中识别问题和现象，再给出总结性意见。也就是说，不论案例是何种类型，分析中比较关键的都是辅助评估、决策和诊断的参照物和准绳。它们可能是在教科书中的概念，或是现成的理论，但又不仅限于是这些。标准的选取不能盲目、贪多，跟案例主题、案例证据不相关的则可能把分析引向歧路。分析者打开思路的同时，对于标准指向的贴合度和数量都需要慎重衡量，找到有最大解释力的框架往往会使得问题的说明更深入。相反地，当分析者脑海里没有任何标准时，就像失去了路标，可能思绪浮沉，无处落脚。

那么，标准在哪里？宏观地看，我们所依凭的概念和工具蕴含在汉语国际教育专业的本科和研究生课程中，以及职前、职中教师结合实践获得的整体知识框架；从中观来讲，基于某些课程开辟的案例分析环节，那么该课程对应的知识和理论框架一般会成为分析时的支架；更微观地说，教师启用某一案例时，也会为学生激活课程主要涉及的理论和分析方法。正因为持有并能逐步运用这些"工具"，职前和职中教师在国际中文教育的专业道路上，才有机会变为熟手、专家，也才有能力正确应对案例和现实中的形势、机会、挑战以及与课程相关的重点议题。借助强大"工具"的透视效果，在案例分析中有条理、有层次地将每个标准或原因连接到与之相关的证据，一步步地用事实导向论点和阶段性的结论，这部分的写作即可大致完成。

(三) 方案的提出

对问题现象的描述，以及评估、决策、诊断等不是戛然而止的，国际中文教育案例来源于实践也服务于实践，案例分析的尾声应形成一个承接前述思路，又可落地的行动计划，至少帮助案例主人公回应此时"如何做"。不过，这部分也是目前的写作中经常被忽视的，不少人完成的案例分析是缺少方案的提出以及后续部分的。因为分析者从定义问题，到定位标准，再到展开分析，最后还要给出一个备选方案，常常就会"力有未逮"。而且扎根细节、有理有据地提出一个好的计划本身确实很有难度。

在构思行动方案的态度上，分析者要慎重认真，并设身处地将自己比拟成案例中的当事人，具有当事人的身份、责任、情绪和约束，才能提出合情、合理的行动方案。在方法上，最基本的做法还是回到规划何人需要在何时、何地，何种条件下做什么，做到怎样此类元素。当面临多重问题、多个目标和多个标准参照时，对一个案例而言，很少只有一个可行的行动方案。分析者可以列出单个方案的优点和缺点清单，衡量每个备选方案可能带来的后果，有条理、有逻辑地解释推荐所选方案的理由，包括具体地解说配套的行动计划，提供明显的可资遵循的步骤，使人见之即可按部就班，逐项实施。在内容上，计划可以是短期和长期、局部和整体、总目标和分目标的结合，制定时必须充分估计其可行性，并让日程表和时间进度明晰且可操作。有时案例情境还需要我们对可能影响结果的随机事件进行概率估计，这个容易忽略的部分也应纳入计划中。方案的形成可能千差万别，但分析者这部分写作中的工作始终是为方案的出台铺平道路。

(四) 原则的归纳

案例学习中除了面向问题情境的"入乎其内"的分析，对于案例使用者而言，前述几番思考写作过程中的心得和感想，从具体事件中抽象出来的策略理念，以及对国际中文教育原理、原则的"出乎其外"的归纳也是有必要的记录。这可以让"如何做"的思路转换到自身，为日后处理相似问题建立"案例索引"，帮助分析者为未来的"现场"做好准备。而且根据建构主义学者乔纳森的建构性学习环境模型（CLE）[1] 来看，隐性的认知过程建模就是要对学习活动中的思考过程进行记录、整理和分析，以便从中提炼出学习者加深对问题理解的推理结构。案例中规则的深化、整合、应用、迁移，其实也依赖这最后一部分的反思和写作。

所谓原则归纳既是理性的又是自由的，分析者在此次案例学习中完成"历练"而获得的经验、感受，对自己思路的回顾与审视，在操作方法上收获的策略、新知都可以记下来。在梳理、撰写这部分时，在内容和形式上还需把握以下几点：

---

[1] 建构主义学习的"建模策略"包括显性的行为建模、隐性的认知建模。

1. 原则归纳应与此前分析内容和行动方案的基本立场一致，不要出现前后矛盾，改弦更张的局面。

2. 将案例得到的经验加以普遍化，尽量抽象出有概括力的要点来，不再停留于具体化的某一特殊人物或事件上。

3. 可以逐条列举，简明清晰，以便记忆，较长的段落式叙述反而可能消弭记忆点。

4. 基于切实的感受用自己理解的语言写出，避免故作高深和穿凿附会，也不必追求教科书或论文式的语言。

按照问题的陈述、分析的展开、方案的提出、原则的归纳四项内容写作完成案例报告后，撰写者还可以重复阅读，根据以下标准进行自我评估和后续修改：问题界定的清晰程度，分析的合理性和准确性，方案的范围、可行性性，建议的适当性和具体性，逻辑的一致性和书面表达的规范性等。如果每一份案例的学习历程结束时，分析者都能保存下或多或少的书面总结和报告形式，在个人专业发展道路上便会不断添补涓滴之力。

最后要说明的是，案例文本后面的附录中普遍会附上研究问题（或讨论问题），以供使用者研讨之用。但在教学的过程中，每位教师所设定的教学目标不同，再考虑到学生的群体或个别差异，因此被选择出来引导讨论的研究问题并不是原封搬用的。加上有些问题还会是学生自发提出的，讨论的内容总有生成性、差异性，所以，把写作案例分析的方法想象成按照简答题作答的思路一一回应问题，不仅过分简单化了，而且未必适用。另外，当我们从一种独立的书面写作形式去关注案例分析报告时，又会发现其思路和框架随着教学单位的要求、教师的教学设计目标和案例本身类型的不同而，很难有一个通用标准。在这种情况下，本章仅是结合管理学、教育学领域学者的建议，配合国际中文教育案例分析的需要，演示了三种分析思路，并拟定出分析报告的四项写作要点。这些努力虽有必要，但仍属初阶，相信每个积极自主的学习者在走上案例铺就的专业成长阶梯时，还会摸索到更为宽广的思考与表达方向。

第五章　案例开发的策略

　　从案例教学的目的出发，源自对课程计划和教学内容的需求，教师教育者常常将开发新案例作为教学工作的起点，而推动国际中文职前、职中教师在经验与反思中成长，参与案例开发也是一种极为重要的方式。本章主要基于文本型案例的产出模式，按照整体与细节、动态与静态相结合的思路，先介绍案例开发的准备与过程，再讨论案例文本应具备的体例结构，聚焦其中内容主体的写作方法和技巧，最后对未来可能持续发展的案例开发内容和产品形态做出预期。当越来越多的案例读者、教师、研究者踏入案例开发和写作的行列，我们的身份也会逐渐从他人案例的用户，转变为自身专业知识乃至学科发展的内在塑造者。

第一节　案例开发的准备与过程

　　案例开发是以案例撰写为主体，由教师教育者、教育理论研究人员或职前、职中教师创制案例的过程，包含问题界定、资料获取、案例写作与应用等环节，其目的是服务于案例教学、表征教学知识和促进教师反思等。这里需要明确的是，案例的写作过程虽然是案例开发必不可少的重要环节，或者说案例开发是源于案例写作的，但写作不能代表开发的全部，我们需要以更宏观的视角和系统化的思维审视一个案例从萌生到应用的全过程。参考中国公共管理案例中心（清华大学公共管理学院）公布的案例开发与写作流程，就能发现，服务于管理学案例教学的开发活动包含若干个环节，见图 5-1 所示，其前端准备包括案例创意、匹配教学目标、确定选题、资料搜集、组建作者团队；中端的案例写作还伴随着同步的教学说明的撰写；后端的应用需经过企业确认、案例课堂检验或修订。国际中文教育专业目前的案例开发工作，在所涉规模和复杂、精细程度上尚不可与之相比，但在十余年的案例开发实践中，还是不断在经验总结和认识提升中摸索着自己的路线。我们至少可以由开发的缘起与准备、一般化操作程序上入手，规划和制作国际中文教育案例。

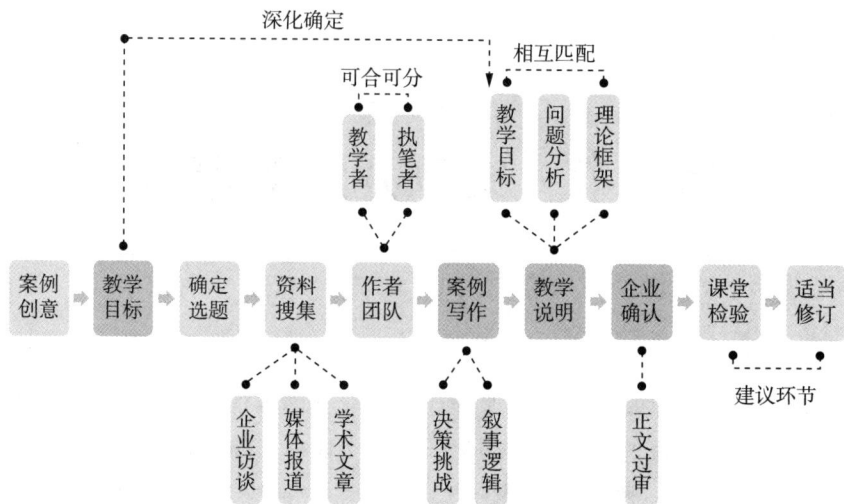

图 5-1　工商案例开发写作流程说明

一、缘起——三个维度

就教育学领域的实践来看，案例开发的目的不同，案例作者和团队的出发点和着重点就不尽相同。有学者按常用频率将案例的开发概括为指向于案例教学、指向于教学知识基础、指向于教师反思三种情况。而在国际中文教育专业的案例开发活动中，大体也能看到案例作者们沿着不同层级的目标指向，分别基于教师个人反思、案例教学课程和教学知识表征开发案例。这三个起点由微观到中观，再到宏观，建构了案例开发者工作的不同维度，也酝酿出不同功能的案例集群。

1. 基于教师个人反思的案例开发

在这个维度上，主要是经历教育实践的教师用自己的亲身经历来写作案例，可能会有教育研究人员的辅助，但开发活动的主体还是职前或职中教师。教师开发案例的过程就是一个对自身经验进行反思的过程，是澄清自己行为背后的信念的过程，也是理解、解释自己经验的过程，还是一个意义建构的过程。借助教师团体中的研讨、交流和适当的发表渠道，这些案例作为教师研究活动的成果，可以从个人反思走向知识共享，在较为微观的角度上作用于教师教育。在本书第七章中辑录的案例，有不少就是以案例开发过程为教师专业发展服务而得来的产物，如《课堂也有"市场经济"——我的班级管理契约》《我在"抖音"上的教学资源开发之路》等。

2. 基于案例教学任务的案例开发

教育领域中案例开发的最初动力来源于教师教育中案例教学的应用，简单地说，就是为避免案例教学成为无米之炊，必须先准备可用的案例。不像法律教育、医学教育中可以调用现成的判例、病例，国际中文教育学科必须坚持和强化记录专业实践的惯例，才能保存教师教育所需的案例教学的材料，进而为职前教育课程、职中培训项目开发出专门的案例。

从这个维度开发的案例指向支持课程任务、服务教与学的方向，产出的大量成果就是教学用途的案例。最明显的例子就是近年由教师教育者和案例编写者汇编的各式案例集，它们被投放到案例教学的实践中，对持续发展的教师教育是有益的重要资源。

3. 基于教学知识表征的案例开发

虽然在教学案例中包含大量学术定向——关注知识的传递，用以表征理论的案例，但是随着知识观的演进，专业的教育理论研究人员在传统的教师知识基础认识之上，更关注客观性知识以外新的知识来源和表征方式，比如本书前文所提到的实践性知识、案例知识（见第二章第一节）。把这些知识搜集出来加以编码，并从分析、研究中找到其中隐含的原理性内容，就形成了扩充学科知识含量的宏观层面的案例开发。这种开发活动直接得出的产品一般是教科书的改进形式，例如在国际中文教师资格证书考试中使用的案例，它们不是用以考察抽象语言陈述的原理规则，而是负责构建情境，检测应试者对叙事形式中教学知识的认知，根本上内部指向的是国际中文教育教学的知识基础。编制这类案例往往需要教育理论研究者、教师资格认定的权威机构。

从上述三个维度开发得来的案例，也可简单地概括为反思用途、教学用途、学科用途，其路向分别代表着案例开发者不同的初衷，也会最终影响到案例内外部的关键元素和特征。以最为常见的教学用途案例和反思用途案例来比较，前者不仅要包含案例本身，为了课程需要一般还附有案例说明和教学建议书（teaching notes），以便服务于从事案例教学的教师，而后者则不必考虑教学活动中的需求，外在形式上相对简单；在内容层面上，前者正文是较为纯粹的叙事，虽然不排斥分析概括，但毕竟要留给案例讨论生发的空间，后者为自我反思而写，叙事的同时经常伴随相当比例的分析、概括，不同表达方式并无鲜明界限。从二者的比较也可以看出，反思用途的案例近乎教学用途案例的"半成品"，经过教师教育者的加工，由个人化维度出发而写作的案例也可在转化后用于案例教学和教师教育。

二、准备——两项基础

国际中文教育实践本身就是具有高度复杂性的系统，而力图反映这种实践的案例开发也同样是一种极有挑战性的活动，需要实践者具有相当的知识储备和研究意识，特别是对未来产出成果的充分认识。和任何一种写作、创造活动一样，案例开发前期的工作是一个复杂的准备过程，未动笔之前就要在长期、短期两方面打下基础。

长期来看，能够动笔开发案例并不是一蹴而就的，在长期的专业学习、实践及对国际中文教育规律与现象的思考中，一个案例的使用者才更有可能转变为开发者、撰写者。我们要逐渐积累从事国际中文教育所需的教育知识、语言学知识、中华文化与中国国情知识、第二语言习得知识，积极尝试中文要素教学、技能教学，并具备应用教育信息技术模式与工具的能力，能够在制订课堂教学计划、选择与利用教学资源、组织教学、管理课堂、评估学习者并提供反馈、进行教学反思等角度理解教师业务的关键要点和任务，形成自己的岗位认知和学习地图，持续在其中发现值得案例化的典型场景和创新命题。国际中文教师和教师教育者还需要积极适应教育科研走向以学校为基础、走向课堂观察和行动、走向以问题为本的客观趋势，成为有思想的实践者，让案例的记录和开发成为教师日常专业生活的一部分。

短期来看，案例开发者可以从熟悉案例、熟悉案例教学开始准备。对案例这种文体形式及其特征有深入的认识和理解，才能保证自己的创造活动产出一个合格的"产品"。通过主动考察正式出版、入库的案例，进行大量分析性、拆解性阅读，可以对案例的代表性类型、结构、成分形成深入的认识，达到"不能作诗也能吟"。另外，要成为一个成功的案例作者，必须能够站在教师的角度或从使用者的需要出发，明确这些案例的产出目的是为教师和学生服务，是达成某一具体学习目标的重要工具和手段，而积极参与案例课堂或培训就能获得这种"身历其境"的感悟。为课堂、为同行提供高质量的案例，作者也是肩负一定的责任和使命的，要避免、减少因撰写原则和技术路线不明而形成的案例缺陷，当然这就需要进一步地对案例写作知识和技能的精细掌握。

三、一般程序——"五部曲"

中外各领域学者针对如何开发、写作案例提出了丰富的过程论、方法论，使我们得以从中逐渐抽取出既有代表性，又能关联到专业适用性的一般程序。为了高效而简便地勾勒出一套可操作的案例开发流程，这里将之粗略概括为规划主题、处理素材、查实资料、构思撰写、检验修改。如果选择一个形象化的说法来记忆，我们不妨称之为"五部曲"。

（一）规划主题

案例开发的前期一般需要有扎实的准备和周密的计划，对作者而言，一旦案例主题确立，就会在这个漫长的过程中得到"拨云见日"的感觉。因为给整个案例开发的计划确立重心，"写什么"的问题通常远远比"怎么写"更难，定位到合适的主题，写作者也就有资格、有力量站到"起跑线"上了。对职前、职中教师和国际中文教育的研究者而言，案例选题来源大致可能有以下两种情况。

1. 故事驱动

汉语课堂教学和国际中文的日常教育活动是案例主题和材料的源泉，教师参与过的很多有意义的事件都会在职业生涯中保有印记，这些经历并不是必然会成为案例，但也是案例的潜在材料。往往是那些印象深刻的故事才能引起叙述的"冲动"和愿望，那么沿着这条故事先行的开放写作路线，即便是不太熟悉案例写作的实践者也能很快找到属于自己的案例"雏形"。比如课堂管理、师生关系、跨文化沟通中的那个事件对你有情感、心灵冲击吗，是你第一次经历这种进退两难的境地吗，你克服这种困境的做法是否令自己满意，你成功或失败的解决方法如何影响了事件的走向，你的经验是否对他人的相同困境会有帮助？在回应和反思这一系列问题时，对于这一事件是否具备案例化的价值，未来的作者便会形成判断。

实践证明，先有故事，再从中寻找主题，是教师开发案例的最普遍的模式，但故事的选择和进一步构思就涉及关于主题的思考了。"雏形"中的主题往往是不甚明确的，通过教师团体的合作研讨，接受研究者的具体指导，在自由记叙的过程中接近、挖掘其中的焦点，或者在叙事完成之后的分析、反思中提炼出要点，都会帮助作者将原本模糊的故事主题揭示出来，撑起这个案例。当然，这个过程也会最终留下那些无法形成主题的故事碎片，作者需要意识到这种可能的存在，并允许这些暂时形成不了主题的故事以教学日志或其他状态继续存在，它们是教师在职业生涯中撷取案例的必要"成本"。

2. 命题驱动

案例主题确定的时机如果是前置的或给定的，对案例开发者来说就类似领到了"命题作文"的任务，他们必须依照主题方向，再去检索自己记忆中的故事，定位、匹配相应的素材，为这一主题"定制"出某个案例。实际上，大多数服务于案例教学的案例开发过程正需要依靠主题先行的方式。在国际中文教育专业中，教师教育的一些基本的常见情形和关键议题是可预估的，比如学习者动机、教学评估、非言语交际等，解决这些问题的方案和经验已存在于广大教师的实践智慧中了，如果以案例的形式记录和转写出来，将成为教师专业发展的极佳养料。特别是十余年来国际中文教师教育实践中，以"国际汉语课堂教学案例分析"为代表，一些课程已经形成全案例教学或者高配比案例教学模式，依据这些课程所涵盖的重要概念、工具、技巧，以及学生运用课程内容时可能遇到的问题和挑战，采编、制作相应案例已然成了教师教育者的新课题、新任务。他们因此有计划地发动同行、学生、研究人员参与案例开发，不只是靠偶得式、随机式的产出形式，往往是要借助科学的命题规划的。

统观现已出版的案例集，它们结合国际中文教育专业硕士培养的课程计划，面向国际中文教育领域的实践，已经证明了很多课程知识点都是可以作为案例生成的基本点的。本章第四节还将继续列举部分命题，依照核心课程指南和教师专业能力标准搭建案例知识的输出蓝图。不过，必须承认的是，界定好的案例主题对开发者而言，既能带来指引也会带来限制，而且可能不是所有进入主题规划的知识要点都宜于转化为案例。

（二）处理素材

在确定主题之后，为了支持作者构思的实现，需要挖掘案例事实，选择和确定素材。教师在现实处境、职业历程中感受到的、搜集到的原始材料，以未经整理加工的、感性的、分散的形式存在，这些材料并不能都写入案例之中。作为案例开发者应该借助由内及外的方向，筛选、检视进入自己视野的素材。

首先，作者自身实地教育教学活动生成的经历、感受和资源往往是案例诞生的内核，挖掘记忆中事件的细节，寻找相关的事件记录，可以更多地开掘素材。但作者不能过分沉浸其中，要从"当局者"身份抽离出来的，以旁观者的视角重新审视事件。其次，在上述内核之外，再扩展出去是作者从其他事件参与者哪里获得的信息，包括他们的背景、行为动机、在事件中的反应、情绪等。案例开发不可能只以自我为中心组织素材，来自他人的信息还可以从观察、访谈和深度调查中获取，这也可参考社会科学研究方法中的访谈设计和其他思路加以规划、收集。最后，更加外围的资料是事件可能涉及的书籍、报纸、杂志、报告、会议记录和其他文字记录等，相应的图像、视频、音频等也承载了大量信息，为再现案例之需，要由作者广泛搜集。从核心到外围，这是勾画事件边沿，触碰作者当时未知视角及事实全貌的必然过程。

经过三个层次的搜寻，一般能保证素材的充足，但收集所得却通常要比写案例所需的材料多得多，案例开发者因之要面对一个取舍问题。这里并没有一个普遍适用的标准，判断所有信息的相关性，重点在于作者构思中要一直有确定的主题，把握着问题的范围，以此来框定案例的内容。例如，作者面对一些想来当时颇为有趣但却与主题无甚关联的信息，其作用可能使读者从学习的经验或核心的情节中分心，那么是不应给这样的素材入选的机会的。确定素材，重要的不是选择行为本身，而是选择的依据。教师力图将自己过去的经历重现出来时，更需要形成审视这种经历的眼光，这种眼光的大致取决于两个方面：一是对自己或他人实践的深刻理解；二是对专业文献中相关问题的感知。这就关系到更外围但更关键地对专业资料的引证、查实。

（三）查实资料

将案例开发视为研究活动，并肯定其价值，学界经历了一个的认识过程，在此过程又会存在一种误解，即以为案例写作只需要实践经历，与文献无关。实际上，支撑案例产出的材料不仅局限于事件本身，相关的研究文献也应被视作必要的部分。很可能作者心动的那个故事已在某个课题中成了正式研究对象，或者其内容已经出现在一些报告或者正式出版物中，甚至当事人视作成功经验的部分在实证研究中已被宣告失败。所以，来自个人或同行经历的案例为了不陷于井蛙之见，为了澄清与情境相关的各种事实、其相互之间的关系和可能产生的影响等，作者考察相关的学术和专业文献就是有效的途径。对相关研究文献的考察能够使作者明晰个人化认识的理论和现实价值，并通过类型化的角度重新认识想写的情境或事件，把所得素材放到教育规律的基本逻辑架构下来观察，接受核心的教育理念或原则的检视。因此，教师的案例开发非但不排斥文献研究，还应以深入的文献查证、研读为高质量案例开发指引方向。

到这个阶段，经由作者剪裁和加工的材料既囊括了案例故事中源于现实的素材，也容纳了作者通过接触当事人得来的访谈资料、查找的文献、数字资源等。它们为某一案例所用之前，还要通过进一步的检验。检验条件最基本的是材料的真实性，作者应多方查证信息，务求正确真实。如果材料可能被质疑不真实或夸张，则应该舍弃不用。所取材料的逻辑性也是核实的方向，一旦确定进入案例的相关材料，就要保证材料之间不存在矛盾、冲突的因素，不会因此消解掉案例的可成立性。最后，还应考虑到信息的全面性、事实链条的完整、视角的多维度补充，这才能保证为文本中的故事打开足够的可分析空间。

（四）构思撰写

伴随确认各项素材，梳理资料的过程，案例开发者的思路在主题的统领下会逐渐明晰，在推动全部构思形成的过程中，至少可以参照以下思路，分别从内部成分的几个元素和外部形态的若干模块来组建案例产品的主干与周边。

1. 内部的叙事元素

案例正文主要是以记叙笔法来写作的，作者需要调动类似记叙文中必备的那些要素，来组织故事，这似乎使案例写作回到了一个比较容易的起点上。写事离不开时间、地点、人物、事件，案例也不例外。其中事件是案例绝对的主体。虽然陈述事件的历时性线索，会指引人们从起因说到经过，再讲结果，但案例因其用于讨论和反思，则较少需要对原因进行深入的记述，一般是交代与原因相关的背景及行为的动机即可。至于事件的经过和结果，依然是案例故事要全面和重点呈现的。除此之外，案例的内容要素还需要特别叙述事件中所产生的问题，比如教师现实处境中的具体难题、学生心理上的困境焦点、教学机构面对的危机情形等。只是问题作为要素之一，不是单独抽离出来，分割描述的，而是要融合在事件当中，由作者打造为隐含内核，再交由读者去提炼。

2. 外部的模块结构

从外部结构上来讲，很多时候我们理解为是一份案例的内容仅仅是案例的正文，它虽然是案例开发的产品"内核"，但远远不是全部。案例"周边"的配套文本至少包括前面的说明，后面的附录，如果是发表教学用途的案例，作者还应考虑为之配备教学建议书。因此，案例开发需要具备模块化和系统化思维，在说明、正文、附录三个部分间形成关联构想。不过，并不是说案例起草时内容的呈现必须按三部分出现的顺序，依次进行。比如正文之前的说明有标记、概括主体内容的作用，完全可以在正文完成后再去集中加工。而在案例还处于草稿形式时就着手规划其他部分或教学建议，也可以是同时对整体质量进行控制、检查和内部调整的机会。

从元素到模块，从主干到外围，以上两部分仅是从结构性内容的角度说明案例构思的要件，本章后续第二节、第三节还将就案例全文和主体的内容、写作步骤做详细介绍。

（五）检验修改

修改加工属于案例的定型阶段，但还不是案例开发的终点。对于接近成品的案例，首先需要案例开发者成为一个客观的、批判性的阅读者，对文本进行重读。这最好不要"趁热打铁"，而是应该让作者在初稿完成后过一段时间，拉开与案例的距离时再重新进入。其他的办法还有交由他人或专家审读，作者接受反馈信息等。当修改意见带给作者新的启示后，全方位的耐心的修订过程就要开始了。

具体来说，作者可以参照英文案例写作编辑阶段的"9C 清单"，审视案例内容、表达、形式三方面。这 9 个以字母"C"开头的检验标准是一致性（congruence）、完整性（completeness）、连续性（consistency）、正确性（correctness）、简洁性（conciseness）、清晰性（clarity）、控制（control）、连贯性（coherence）和惯例（convention）。它们对中文作者也是比较适用的，其中前三个要点是关于案例的内容，包括案例故事与其来源的真实情况是否一致，人物和事件是否讲述充分了，在情节线索上是否存在断裂和疏漏，案例中信息的陈述是否符合逻辑；还有五个要点是指向案例文本的表达的，包括检查语言书写规范，表达和形式是否精炼高效，清晰易懂，小标题、段落、结尾等的组织是否精准，词语、句子的连接是否流畅；最后一个要点是关于案例的外在形式，如封面页编排、参考资料来源等细节。依照这套严密的标准，案例经过再次的打磨和润色，就基本完成了面向读者"出场"的准备。

此外，正式应用前，教学用途案例在接下来的环节还要投入小范围课堂测试，经由师生之手检验新案例陈述质量，与特定教学目标的契合程度等等。当然，影响案例教学效果的必然是多重因素，案例本身只是其中之一。当我们将案例产品视为教学内容的一部分，也可以依照教学材料的评估准则进一步确认，以确保其课堂应用的质量和成效。

第二节　文本型案例的结构形态

案例开发的主题界定、资料获取、案例写作等环节组成了一个复杂的智慧产品生产过程，如果借助产品开发的思维来看待案例的研拟，那么，除了前述对过程导向的关注，我们还必须以结果导向来规划最终的产品样态。普遍来讲，良好案例的内容特征主要体现在真实性、叙述性、典型性、启发性等方面（见第一章第二节），这也是对任何一个案例相对固定的本质描述。而在外部形态上，我们收获的结果或曰产品应该具备哪些重要的形态特征？哪些"零件"才能组成一件合格的产品？对这些问题的思考将为我们明确开发产出的预期成果，给漫长的工作过程树立目标和方向。

以下将针对目前适用性强、复杂度高的教学用途案例，结合专业开发的既有成果，梳理案例必备的模块结构，以期帮助案例教学的参与者和国际中文教育领域的案例作者厘清和熟悉案例配置的全貌。

目前，在国际中文教育领域有代表性的案例集和案例库中，作者和研究者对于正文前后的"周边"产品有着不同的设计思路。从十余本案例教材的出版情况来看，编写者、研究者和教学实践者都在不断探索和完善案例的基本格式，推动案例开发向规范化、科学化发展。虽然在中外教育领域的案例写作中，追求绝对的范本、标准的模板是不可能的，也没有必要，但通过分析目前面世的代表性案例集及案例库，还是能发现所谓的"格式"实则反映着采编者对案例使用的内在思路。仅以《国际汉语教学案例与分析（修订版）》（朱勇，2013，以下简称《分析》）、《国际汉语教学案例分析与点评》（叶军，2015，以下简称《点评》）、《跨文化交际案例与分析》（朱勇，2010，以下简称《跨文化》）、《国际汉语师资教育中的案例教学及案例库构建研究》（央青，2012，以下简称《研究》）中使用的案例作为样本，借助"说明""正文""附录"三个模块来标记单篇案例，我们得以总结出其中各部分的配置情况，具体见表5-1所列。

表5-1 国际中文教育案例编写模块一览表

	《分析》	《点评》	《跨文化》	《研究》
说明模块	教学地点 教学对象	地区、汉语水平、课型、对象、作者、整理者、点评人、导读	每章引言	案例编号 关键词 撰写人及指导者 【教学主题】
正文模块	含标题、背景、事件等主要元素			
附录模块	分析 思考 阅读（书目） 【图表照片】	思考题 点评 延伸阅读	理论聚焦 案例分析 延伸阅读 每章思考题	案例分析 教学提示 思考讨论题 【附说明资料等】

注：非固定栏目用【 】标记。

具体来说，国际中文教育类案例外在形态上呈现的主流特征包括：（1）正文前的说明文字除包含作者信息外，还会关联案例文中情境信息的提取；（2）案例正文以详细的背景信息、事件经过为主体，也常配有类似引言、结语、问题提示功能的文字；（3）正文后的附录文字必备案例分析的内容和思考、讨论的题目，参考书目也是常见的补充资源。也就是说，考虑到案例教学设计和实际需要，一份配套完整的案例除了作为主体的正文，必有相当的增量信息来使之"活化"，为之赋能。所以对于正文之外的前后附属部分，各案例集编者既有共识，亦各有新意。有的案例集关注理论导向，有的则意在适应教学需要。编者还考虑到有些内容是适于教师的把握的，而有些内容则应是服务于学生的。即便专门考虑到学生阅读，有些内容上也要衡量适宜出现在正文之前还是之后。至于，印刷出版的案例集和线上检索的案例库对案例的标记要求也有很大不同。

总结来看，结构比较完善的案例，既包括作为主体的案例正文，也还应配有前后的说明引导和附录补充模块。至于其中内容的具体条目，将是下文分别讨论的重点。

一、案例前的说明

参照中国专业学位案例中心①汉语国际教育专业学位案例库的标准来看，案例需用入库编号加以标记，每篇标题之下，正文之前要标明专业学位类别、专业领域/方向、作者及单位、关键词、适用课程、摘要、教学目的与用途、案例知识点，如此详细的条目是对案例较为完备和概括的介绍，能为教师选择和师生使用案例指引方向。一般来讲，集群化的案例库为适应信息检索的需要，对每一份案例的标注方法更为严格，上述标记入库和预先说明的内容可以在案例编制加工的环节再由作者或他人补充。

对作为个体案例开发者的教师来说，如果写作整体过程可以先从说明模块入手，不失为一段非常有益的预写作（prewriting）准备。目前，国际中文教育案例在一般教材出版和课堂应用的环节中，正文之前的说明部分相对简单，写作者可以"因正文制宜"，提炼加工。最低限度是提取三到五个关键词，编订出长度适当的内容概要。至于按照案例编辑入库的标准，各建设单位则有更具体的标记要求，作者可以逐一填写，在此不复赘述。

二、案例的正文

一直以来，好的案例从结构上讲，总是多种多样、创意纷呈的。但在比较成熟的案例写作规范中，案例正文的结构常被比作新闻写作中著名的倒金字塔结构，例如商业教育案例就是以首段透视出案例的大概情形，然后介绍某公司的基本背景，再关注决策者要面对的特殊领域，接下来集中到关键问题或挑战，给出备选方案或暂时留白，最后是结论。这比较能代表英文写作的表达习惯，相对模式化，也许不符合汉语写作对风格和文采的追求。但是它的好处也正在于相对稳定有序，便于在学习写作的初始阶段把握一些规律和结构线索。仿照倒金字塔结构，案例写作者还是可以获得一套有记忆点、可参考、易操作的基本流程的。以下结合商业教育和国际中文教育案例的需要，对案例正文提出粗略的线性安排，并将之总结为标题、引言、背景、事件、结语五个结构要点。为保证本节观察案例体例的整体性视角，正文这部分的写作思路和方法将在下一节展开介绍。

（一）标题

标题要反映事件的主题或基本样貌，向读者提供案例的基本信息。有时作者会选用主标题和副标题搭配的形式，以前者构建吸引人的场景、事件、疑问，再用后者透露案例主题。一个好的标题最基本的是标记出案例的题旨或内涵，进而引起读者的兴

---

① 中国专业学位教学案例中心（China Professional-degree Case Center，简称案例中心/CPCC）成立于 2012 年。案例中心的建设工作由国务院学位委员会办公室和教育部指导，教育部学位与研究生教育发展中心牵头，相关专业教育指导委员会共同参与。

趣，也可以采用一些文学化的技巧。

（二）引言

引言类似于新闻消息的导语，主要是从当事人或主要角色视角对事件进行简要而清楚的说明。好的案例常常以简单的几句话开始，就能引出要介绍的事件或期望引起注意的问题。写作中也可以把它看成小说中的"引子"或日常沟通中的"开场白"，在情绪上起到激发阅读兴趣的效果，而感知上则能引导思考方向，为下面的内容提供参照点。

（三）背景

案例描述事件，而事件总是发生在特定的背景中的，背景也限定或规定了事件的发展、结局。背景提供"来龙去脉"的角度可以比较宏观，如涉及当地教育文化的源流，也可以比较具体，如只讲某个学生个体情况。背景部分对于读者非常重要，良好的背景介绍有助于对事件的理解，而作者控制笔墨，做到剪裁得当，恰到好处却比较难。

（四）事件

事件是案例的核心部分，这一部分也可以看成案例正文真正的展开。人物、情境虽是用来组织故事的，但也要意识到一个案例的事件其实就是作者的问题表征方式，只是这种问题表述隐含在事件中，需要读者随着故事去同步建构。这就在一般的记叙写作上增添了挑战，涉及概念转化、结构安排、材料处理、重点的把握及技巧的运用等问题。

（五）结语

案例结尾有时会安排简短的结束语，用一两句话来提出问题，申明疑难，如果此前的部分已经表达充分了，这里的结语便不是必需之物。

最后，对于案例正文中是否加入反思、讨论或分析的部分，这里还要加以说明。至少对于指向课堂讨论的教学用途案例，这一部分是要努力避免混杂于行文中的。案例学习者在开展自己的分析之前，如果已经从作者那里读到"夫子自道"，其实对他们的思路是很大的限制，也会破坏案例讨论的开放性。对于国际中文教师教育中指向反思用途、学科用途的案例，因其功能的综合性和形式的简缩性，主笔者和分析者的反思、讨论则应当是一个必要组成部分，甚至是事件写作完成后的"点睛之笔"和提升认识的重要节点。所以存于文末或另行编排两种方式，可视具体的编写刊发需求而定。

三、案例后的附录

从表5-1中可以发现，目前国际中文教育专业案例集和案例库的编写样式中，案例正文之后的补充部分已经发展成了体例必备的一部分。各案例集里形成的栏目名称有"理论聚焦""案例分析""延伸阅读"（参考书目）等，这部分还可能包含单独放在文末的附加说明，有助于理解但不便排版的数据、图表、照片等，是为了维持正文中结构合理性和叙述流畅性。虽然案例作者在正文结束后，力图从不同角度为读者提供增量信息，但目前来看案例分析或点评的部分还是重点。对于这部分是否需要在附录中出现，其实不同的专业教育中有不同的主张。甚至在管理学案例开发中，案例分析的部分完全不建议出现在学生视野中，而仅做教师参考。具体到国际中文教师教育领域，附加分析的作用是值得肯定的。但也应注意，对于同一个案例，来自专家、资深教师、新手教师、家长、校长、行政人员乃至学生的观点肯定是不一样的，某一观点并不代表解决问题的标准答案或正确答案。分析和点评的作用可能仅在于让案例学习者了解到其中一个角度，为多元视角的讨论打开思路而不是造成禁闭。至于在案例课堂中分析、点评如何发挥作用，那则是教师教学策略的问题，要视教学目标、教学对象的具体情况而定。如果为了对学生的自主学习和自我训练形成稍强的控制，则可以考虑将分析的参考内容置于案例集附录、余编或配套的教学说明中，而仅在单个案例附录模块中留下思考问题和参考书目。

另外，就细节而言，国际中文教育案例中也会出现随文脚注和图表、照片，对正文中某些技术问题、必要情况进行注释和形象化说明，这些附于相关内容的合适位置，按顺序编号，也属于案例的"助读系统"，会对使用者理解案例发挥一定的作用，我们也不能忽视其规范和价值。

四、同步的教学建议

参照管理学案例建设的经验，可以发现，如果是教学用途的案例，还需再由作者或专业研究人员另配教学建议书。为案例课程教师准备的教学建议，又称教学说明、教学笔记、教学提示、教学指南计划，类似于案例课的"教师用书"。它是一个"教师-教师"沟通的基本形式，在他人使用案例时，教学笔记是必不可少的一部分。目前国内国际中文教育专业的案例建设还是本着为职前、职中教师提供学习素材的角度，几乎无暇顾及为教师教育者开发辅助性的教学资源。但较新出版的《国际汉语教学案例（一）》已经在每篇附录中加入"案例使用说明"，从适用范围、教学目的、相关要点、教学建议几个方面开始为案例课程教师规划使用策略，这也代表了一种新的案例编写方向。

教学建议书的质量随指导者的不同而存在很大的差异，通常又是根据某一门特定课程的内容来设计的，一旦某个案例转换到其他教学环境，教学建议书往往不具备完全的可复制性、可通约性。未来比较理想的状态，应该是案例开发的附属产品容纳由案例撰写者和专业研究者合作拟定的教学建议，教师根据所授课程再进行调试。当然也可以仅提供预制框架，主讲教师在备课环节自行补充，再付诸应用。表5-2是管理学领域的案例教学指南的可行性框架，国际中文教育专业的案例教学建议书可以从中得到借鉴，然后对可能的内容条目稍加规划。

表 5-2　案例教学指南的可行性框架

	条目	说明
1	案例概述	整体描述案例所述内容，300 字左右为宜。
2	教学目标	包含教学用途、授课对象及适用课程等。
3	启发思考题	根据教学目标和案例内容提出有针对性的课堂讨论问题，3～5 题为宜。
4	理论分析思路与依据	展示案例分析的逻辑结构，体现案例问题、相关知识点和理论内在的逻辑关系。基于启发思考题，选取适宜的理论、分析方法和工具对案例进行分析。
5	课堂计划与板书	包括建议时间安排、教学形式与环节设计等，必要时可附有板书计划。
6	要点汇总	梳理案例涉及的主要教学知识点、总结和淬炼隐含的案例启示等。
7	其他说明	包括推荐阅读的相关资料、辅助教学材料、案例后续进展等。

以上七个部分与案例的说明、附录有一定程度重合，例如案例概述、启发思考题，这些可以视为师生对同一案例认知的共同出发点。而教学目标、理论分析思路与依据、课堂计划与板书、要点汇总、其他说明等内容则是倾向于为授课教师服务的，供案例分析的指导者自行转化或带入课堂。这也提示我们，在编制案例时，每个案例"配件"的主体定位不能一以概之，不同使用人群得到的产品角度可以是不同的。更为细致的商业教育领域的教学建议书还包括潜在的课堂讨论问题、建议的学生作业，乃至详细的案例教学计划等，该领域专家还提出没有教学建议书，出版商很难卖出案例书。不过，这种高度的规范化、定制化模式更像工业化时代的产品服务方式，反而可能阻碍案例课程教师的主观创造性、能动性，考虑到中国高等教育的实际情况，并不适合完全借鉴。

总之，作为案例教学的重要工具、教师发展的成果形态，国际中文教育学科中凝结出的案例作品结构纷繁多样，案例类型和作者风格也无法统一，这种差异性和我们所经历的现实情境的杂多性一样，完全是可以接受的。而为了帮助师生应用和提升案例知识，着手解决目前案例文本各部分安排存在的一些问题，让案例作者和编制者有所依凭，在学科发展的内容建设上形成共识和导向，我们至少要在案例外在形式上做出适当的规范，并充分考虑到产品"周边"的建设。所以，在不考虑教学建议书的情况下，对于单篇案例，作者可以采用以下三个模块的组织形态，规划自己的案例写作，见图 5-2 所示。

以上勾画的结构线索仅仅是为案例开发提供一种带有相对确定性的参考，为了便

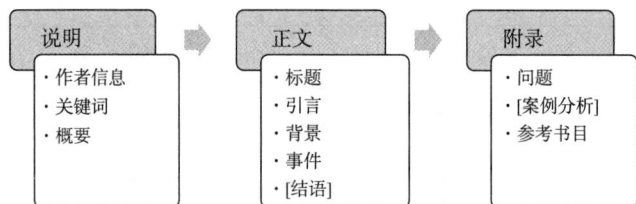

图 5-2　案例文本的模块结构①

于有志写作者起笔时稍做参照，推动思路。不过，写作实践中案例的产出毕竟不是依照固定的操作模式，从"流水线"上获得高度一致化的制成品，而是作者灵活地组合案例的结构成分，对于模块中要点的布局施以匠心，前后勾连，巧加安排，给读者自主阅读和教师授课都留下自由把握、智慧对话的余地。至于案例写作中的具体问题，比如对某些要点出现的前后顺序如何考量，案例情境信息的提取密度如何把控，适于教师阅读的教学建议书与提供给学生的内容能否糅合等，我们还可以逐步探索。只有获得某种稳定的写作方向，才能去拥抱更多创意，期待高质量、经典性案例的产生。未来的案例开发者不妨将前述说明、正文、附录、建议书四部分视作暂可借力的框架，以便纲举目张，从中找到构思、完善自己作品的可能。

第三节　案例正文的写作方法

借助产品开发的思维审视新案例的生成，本章前两节相当于分别从动态化、结构化角度介绍了案例的生产流程和产品样态，而案例正文的写作无疑是这项产品的"核心工艺"。本节将结合此前对正文体例的描述，重点对案例标题、引言、背景、事件、结语的写作方法和技巧展开介绍。

一、标题

标题是对故事主题或基本样貌的概括表达，它的一般功能是揭示案例的核心内容，而对于案例的叙事性而言，能传达出讲故事的趣味则是标题的更高追求。也正因如此，案例的标题要区别于学术论文标题，避免使用术语、专词等过分学术化的表述，应更加"亲民化"和日常化，并适当考虑如何带动读者阅读的渴望。具体来说，案例标题可以通过多种方式确定，以下仅列举两种：一是选取案例的关键事件，直奔主题，比

————————————

① 如前所述，单篇案例中结语和案例分析不是绝对必要成分，结语可省略，案例分析可在书后集中编辑，或进入教学建议部分，仅供授课教师参考。

如"吵闹的中文课堂——如何摆脱无效率的课堂活动",向读者提供的信息是中文课的现象——吵闹,而影响因素可能在于课堂活动,对于如何摆脱这种无效混乱的局面,案例中应该会呈现困境或追问方法的故事。再如"线上写作,如何互动"也用了提问形式,规定了案例发生的情境是线上的写作教学,而问题关键就在于如此条件下教师实现互动的办法。二是不直接点明案例的具体内容,而将事件的某些特征抽取出来做模糊化处理。作者仅为读者呈现案例的基本主题,等着他们开展阅读时自己探索方向,并将案例与作者规划的更大一级问题类别联系起来。例如,"我要一个新的中文名字""捏出来的汉字",虽然简短,也没有副标题,但引语形式和修饰成分有一定的技巧性,能引发读者的兴趣,也依然关联着常见的师生交往和教法问题。但像"故事二则"这样的标题则过度概括化,不适合作案例题目。

对于标题,每位作者都有自己的原则和方法,有的人倾向于以标题定位好写作的要点,也有的是等案例草稿基本拟定时再勾画题目。除了尝试上面所提的两种路径,标题还要避免做个人化的价值判断,或是暗示案例分析的答案,并考虑到长度和信息量对读者的友好程度。

二、引言

引言实际是正文的开头,但也是介于题目和正文之间的部分,这不仅是从结构上来讲,从概括的程度来看,亦是如此。因为正文主体要对案例事件做比较详细的描述,而标题只提供某些关键信息或方向,标题之下的首段应及早为读者提供故事"导航",对正文内容加以预告,勾勒出事件的概貌,并搭建阅读感受的过渡"桥梁"。国外商学院给出的案例课程个人准备指南中,提出"短周期过程"的阅读第一步只读案例文本第一段或最多三段,就是出于了解引言的考虑。

有时候一个案例可能有比较长的篇幅,如果没有引言,读者需要详细阅读故事后才能对案例事件有一个整体的把握,才能明确案例的主题。即使是篇幅比较简短的案例,同样需要一个引言,用一个开场白、一两段话来描述一下事件的大致情况,反映事件可能涉及的主题。在目前出版的国际中文教育案例集中,有的作品前面编制了"导读"板块,从第三人称的角度点明主题或提出问题,吸引并引导读者进入正文。例如《受威胁的老师》这则案例,正文之前有一百多字的引子:

如果有一位学生由于某些原因向你(作为老师)提出成绩、分数方面的不当要求,甚至进行骚扰或威胁……你会怎么做?是体谅学生的"难处"随了学生的要求;是心烦于这些骚扰,害怕威胁、麻烦,答应学生;还是坚持原则,根据确定的评分标准进行打分?我们来看看陈老师遇到这样的问题时是如何处理的。

读来就能将读者带入当事人的焦灼甚至危险处境,让人惊讶、好奇或者揪心。这样的段落在专业的案例作者那里被称作"钩"(hook/grabber),一个用心设计或者带些戏剧性的"钩",无疑能抓住读者的注意力,调动阅读兴趣,让他们在这个海量信息的时代能愿意跟着案例作者进入故事，一同去经历和思考。

如果在案例引言和新闻消息的导语之间建立类比关系，那么案例的引言也有"软""硬"两种写法。硬者可以用标准的何人、何事、何地、何时、为何、如何，在要素的归纳叙述中尽快让读者置身于情境中；软者则不必那么写实凝练、开门见山，可以用描写、反问、悬念、隐喻等方式制造如临其境的现场感。同时，在另一个角度的关联和对比上，案例作者还应注意不要把引言写成学术论文摘要，如"本案例首先描述了……继而讨论……"或者"以下将考察……"。这种方式除了语体风格上不适合叙事，在定位上还体现着撰写者对案例的单向概括，可能在主观的思路中限定了读者。

三、背景

国际中文教育教学活动总是发生在一定的时空框架下的，背景因素和事件动态、因果逻辑必然地联系在一起，只有将案例事件放在背景中加以交代，才能接近和还原教师实践经历的本质。而且，专业案例中的人物常＝常置身于二语教学和跨文化交往环境，故事的"来龙去脉"往往不是按日常情境去理解的，尤其需要案例作者给出足够的背景信息。这些信息可以是宏观的，比如事件发生的社会背景和教育阶段；也可以是微观的，比如学校、班级、教师自身、某个学生个体的情况。背景因素可以是直接的，比如某地学校扩大中文项目带来了教师压力；也可以是间接的，比如整个学区外语教师的受重视程度是引发教师压力的"合力"因素。当然，作者切入角度、读者的立场也会让上述背景的切分不那么分明。实际上，在一些复杂度不高的案例中，背景和事件本身就是糅合在一起的，或者因为审视案例事件的角度不同，同样的一部分内容从这个角度看是背景，但从另一角度看，又可能会成为事件本身。

在本书第七章第四节的案例中，作者就以"'高手'班级的语音难题"为题，简略介绍了实施正音教学的班级的背景信息，并以列表形式展示了每位学生的语音状况：

2021年秋季学期，学院为高级班的6位同学组织了正音小班课，学生分别来自巴西、尼日利亚、韩国、德国、日本和越南，汉语都通过了HSK六级，能够自如地应对汉语学习。学生学历水平都较高，有一位已经博士毕业，两位有硕士学历，其他几位也是本科毕业。他们在中国生活的时间至少三年以上，其中有两位更是达到了十年。

写作案例时抛开背景，直奔事件，本质上就会割断案例事件与其所发生的特定情境的联系，将事件孤立起来，换句话说，就带来了事件的"去情境化"写法，这必然导致读者在分析和理解上的障碍。不过，对背景的交代并非一定要固定在开头进行，也可以穿插在案例之中。无论如何安排，国际中文教育案例都至少应将事件发生的地点交代清楚，这个因素往往会影响问题的走向，毕竟我们的教育活动是从国内跨越到世界的，空间条件可能让事之应然变为谬误。至于背景材料的使用，还是要有节制、剪裁的，太多的呈现容易头重脚轻，详略不当。

四、事件

案例正文真正的展开就是对事件的描述，这极像讲故事，但毕竟又和故事的讲法有差别。有的作者觉得这部分写作会相对容易，因为基本要求不过是提供一个流畅的故事，然而正如我们所知，讲好一个故事，要融入技巧，展现节奏，有吸引力或戏剧性，这绝非易事。特别是案例正文需要明线的故事和暗线的问题交织，构思的内核是基于作者要表达的问题的，再用事件作为问题表征的叙事化形态，让读者随着阅读、思考去同步建构。所以，在案例正文中，作者特别要在安排人物角色、故事结构时做更多考虑。

（一）人物角色

案例的故事里必然要出现若干人物角色，有些初次撰写案例的人只针对故事情节做一系列的叙述，却未对案例中的人物和对话进行深刻的描述，如此静默的策略反而减少了案例的力量。目前常见的国际中文教育案例，大部分的人物构架都是只能看到"我"或一位老师，学生群体都面目模糊，一笔带过，偶尔有负责构建师生矛盾的学生个体形象登场，只能说还处于"重情节，轻人物"的一般化思路中。试想一个好故事，不太可能是靠作者的叙述硬生生架起来的，而是由鲜活的人物及行为展示出来的，包括"主角"和"配角"。

1. 作为故事主角的"我"

安排角色时一个极为重要的方面就是确定案例作者、故事中的教师，也就是"我"扮演的角色。在教师以自己的亲身经历为素材写作的案例中，教师是当然的角色之一，而且几乎是必然的主人公。在案例故事中怎么恰当地安排"我"的角色，对于作者是一个极大的挑战，因为"我"不仅介入到案例事件之中，是被描述的对象，而且要提供对案例事件的理解、解释，所以作为对象的"我"和作为叙事主体的"我"是同时存在。作者如果意识不到这点，常把两个"我"混杂、叠合在一起，造成故事的混乱。如果担心这种情况的发生，建议案例采用第三人称视角，用"某老师"这样的角色身份去写作，以之审视故事里"我"的行为，并为读者提供相对客观的外部信息，这也是从管理学专业案例写作中吸取的经验。

2. 作为配角的其他人物

有了主角之后，以之为核心安排其他角色，要充分考虑他们在案例故事中的必要性。可能故事的"天然"面貌中本来就涉及比较多的角色，那么写作时不应执着于"秉笔实录"，需要衡量一些角色在案例事件中起的作用，是否不可或缺，是否影响故事完整性等。只有在必要情况下，才保留这些次要角色的"戏份"，以免读者在人物群像中迷失了主题。篇幅允许的条件下，在这些人物的背景、行为、语言、情感的描写上施以笔墨，给予读者了解这些人物个性的通道。还要为配角们提供展现个体动机、价值信念、文化立场的机会，让读者能走入故事的深层内涵，看到可供反思、探索、分析的维度。但切记要让人物角色自己来"说话"，避免作者的过度加工或观念植入，否则案例故事就可能朝向拙劣的"剧本化"去发展了。

（二）故事结构

前文讨论案例文本的组织形式时，已经尽力提供了一套相对确定的结构，如果说作者在正文的引言、背景部分还有章法可循，那么进入事件情节的写作时则必须把握极其多样的选择，尝试自己的思路和风格。因为故事不可能相同，写法自然很难统一。作者可以选择用多种写作逻辑来加以组织，比如加入其他事件和片段组成平行结构，采用插叙、倒叙等手法展现故事。而原本确定的素材在进入情节前，也要生成自己的排列组合方式，有的适合作为"支撑性"材料充当故事主干，有的可能不可或缺，但却只能出现在附录中。

1. 关于情节

案例研究专家舒尔曼归纳了案例的组织元素，包括意图或期待（intension or anticipation）、变化或意外（vicissitude or chance）、判断（judgment），以及分析或反省（analysis or reflection）。他认为每个案例的情节都应如此展开：一个没有能按预期实施的计划，一个未达成的意图，一个阻碍了预期过程的意外，并且要求教师再次检验、再次计划和修订，或者以某种方式反思他们最初的计划并修订这些计划。在国际中文教育案例中，这一系列情节元素正是非常典型的教室内外的故事"原型"，比如某位初入课堂的新手教师带着对学生群体的某种预设，精心制订了教学计划，怎知上课发现全非所愿，要么学生不适应、不配合，要么自己的知识技能应对不了，要么可能教学主管提出了新要求。具体来说，写作中我们可以适当参考舒尔曼提供的"仿三幕剧"写法，见表 5-3 所列。

表 5-3　案例情节的三个段落

	功能	内容	节点
第一幕	通过布置课堂和学生的情境来设置场景	描述本单元或本门课程教学的意图、希望及计划，或充分检视所要教授的内容	以对教学和学习目标及对预期的教学过程的高期望而结束
第二幕	展示实际发生的事情	呈现意料之外的问题和困难，必须详细说明课堂对话和互动的细节	在一种紧张、不确定的状态及未解决的冲突中结束
第三幕	解决、妥协与反思的过程	在某种程度上缓解了紧张的气氛，要么描述克服困难所采取的行动，要么通过显著的洞察力破解了问题的原因	读者开始洞察教师目前对这个问题的理解，以及这种解决方法（或是因缺乏解决方法而做的妥协）是如何打破了教师原有层次的认知

表 5-3 中的模式比较适合以教学场景为基础的案例，其中意料之外的"第二幕"

情节是关键，作者要让不受掌控的差池和意外出现，阻碍主人公原本的意图或期待，而人物不能达到预期的目标，也同时为学习案例的人创造了反省和思考的机会以及对新的行动策略和途径的选择。在国际中文教育领域更广泛的跨文化交际、中文项目运营、社区与学校等主题下，撰写案例的思路依然可以参照文学叙事作品开端、发展、高潮、结局的线索，较长篇幅的案例可以适当以小标题作为情节分割点。

2.关于问题

案例区别于一般的故事的最大特点就在于案例中有需要解决的问题，案例故事就是围绕着某一问题展开的。在案例正文中，所叙述的事件要么就是问题，要么是问题加上问题的解决过程。无论是决策型案例，还是评价型案例，问题都是案例的核心部分。本书第一章基于案例核心场景，提到了决策型案例和评价型案例，这里以二者为例，先说明不同类型的选择对案例内容、情节和容量产生的影响。决策型案例主要让学生代入主人公视角，把案例问题定位出来，理顺原因，寻找解决问题或困境的方案；评价型案例的主要应用目的在于让学生对案例中已有的决策或实现的行动进行评价，指出长处或点明不足，并且陈述理由，因之也就形成了经验示范和问题诊断。由于场景、目的不同，这两种案例的内容组织明显有不同。相对来讲，决策型案例只需负责呈现未能解决的问题，笔墨上无须涉及参与者所做出的决定。写作这种案例，作者通常要适当"留白"，文中留下空间让学生策划备选方案、行动计划。评价型案例的内容更丰富，除了呈现事件，也包含其中关键人物所做的各种决策，在这种案例中，作者给出既有决策和已然行动的信息就特别必要。

尽管内容结束点不同，但在各种类型中，问题的表达始终是情节中的"暗线"，它是整个故事要推进和指向的核心，在作者构思阶段就应以比较明确的姿态统领故事。但在撰写过程中，当作者将各种不同的材料组织在一起时，往往会衍生出不同层级的新问题或次生问题。在这种情况下，对问题的澄清或重构就非常必要，作者要对明确表达的重点问题保持控制力，而如果想加入新的有价值的问题，则必须斟酌数量以及对重点问题的影响。

打造好问题"内核"后，案例中事件原因和可评估的状态，也是用故事情节去呈现的，而不是用作者分析性的语言加以划定、解说，这种理性声音实际上只隐含在作者的思路之中。至于问题的解决过程，则需要加以详尽的描述，特别是问题解决过程中所出现的反复、转折。国际中文教育案例中常常能看到故事中的教师规划好问题解决步骤，照此执行便一步完成。这种描述偏离了教育专业生活的真实，代表了比较普遍的简单化倾向，主人公多番尝试，差强人意、另寻他法、重蹈覆辙等经历恐怕才是真实的教育问题解决的过程，正是这些使得案例更有现实和思辨价值，也更富戏剧性。

五、结语

故事的结局一般就是案例的结尾，这个结局可能是"现场"遗留下来的问题，可能是待评价的未完全解决状态，不代表事件的完结，却反而预示着读者要从此处"接手"成为决策人和诊断、评估"专家"了。有时作者会让故事戛然而止，把矛盾处境悬置在读者心头，比如"对于这样一个影响课堂进度、不尊重教师的学生，考虑到她的年龄、性格和理解力，我从一直强忍着，但是没想到今天会发生这么大的冲突"；有时案例也可以展望未来，比如"学生学得吃力，我讲得也费劲，真让人有挫败感。还有半个学期的时间，我只能亡羊补牢了"；有时安排简短的结束语，用一两个问题呼唤读者，形成对话，比如"可是我又担心，明天忽然宣布调换座位，他们能意识到我的用意吗？而且开学已经这么久了，现在再通过换座位表现出'一视同仁'，是不是有点儿晚了？"

如果此前正文的部分已经将故事表达得很充分了，这里的结语完全可以省略。但是无论是否有意写出，考虑以案例作为课堂互动讨论的工具，那么结尾都应保持一定的开放性、对话性，避免总结性、论断性的话语，比如，"师生交往的本质是……，我们应……""能……是老师教学成功的重要因素""今后我还要在继续改进，希望……"等。这意味着案例课堂的教师接收过来的材料已经有了相当的封闭性，而作者的定论是否成立，师生的讨论中如何再打开话题，都必然产生一定程度新的困难。不过，对于个人专业发展角度的反思用途的案例写作，教师不必单独开列分析、反思和总结的部分，为自己提炼出思考的要点，收束整个案例则是完全可行的。

六、附录部分

案例正文的未竟部分有可能会进入附录，而二者也始终有密切的关系，因此，以下针对案例有必要配备附录的情况，梳理其中涉及的几个方面，并提出一些基本的写作建议。

（一）补充的材料

这部分实际就是狭义上理解的"附录"，如果案例涉及众多复杂事实，或前文有一些必须交代的信息，但放在案例中间可能会妨碍案例故事展开的流畅性，那么附于此处就比较合适。这些补充性、说明性材料可以是案例事件中的"副产品"，如学生作业、部分教案等，也可以是由事件其他当事人提供的片段材料。它们帮助读者更接近案例情境，在多元视角中转换，围绕事件核心形成更多共鸣。

（二）思考问题

目前出版的国际中文教育案例集都会在正文之后附上思考问题或研究问题，至于这些题目的研拟，则有着不同的主体和用途。具体来说，首先就是问题由谁提出，案例作者还是编制案例的研究人员、教师教育者。如果案例作者负责问题设计，可以从引发读者讨论争鸣的角度，按照概念性、分析性、评估性、总体性（详见第三章第三节）等层次，安排3～5个问题。再者，问题提出的定位是指向可能的案例讨论的，还是根据案例内容引申出去，供读者思考的。指向不同用途时，问题的潜在对话性、理论关联程度等需依据案例斟酌。作者和编者注意在提问时，问题表述的语言要保持题意明确具体，避免太具引导性，语气措辞体现鼓励性。

（三）分析和评论

对于案例文本应否包含分析和评论，不同专业领域是有各自的看法的。目前出版的国际中文教育案例教材中，分析的部分都是附于正文之后，大致形成了一种典型的编辑思路。不过，在教师教育方面，也有学者提出案例可以谨慎地包括评论。至于如何编制这部分，出于避免先行阅读，影响独立思考的目的，有一种建议是可以分开不同章节印制，或将分析单独成册。分析和评论置于何处，关键是案例使用者摆正对这部分的定位即可。不要将之视为揭晓标准答案，公布案例分析报告，要明确这段文字的功能一是提供多元视角和观点，由不同身份的分析者加入不同的信息，拓展思路；二是可以把案例与理论维度联系起来，点明处理案例问题并进入深度研究的可能；三是可以提出变通的行动策略，解决案例的未竟问题，帮助案例的使用者找到更灵活的还原问题的途径。这些对于自主学习案例的职前、职中教师还是很重要的，案例作者和编者需要独立完成评析时，这三方面也正是可以参照的方向。当然，邀请有关专家或其他教师一起完成，为每篇案例叙述附上两个评论"点睛"。

七、其他注意事项

总体来讲，案例自标题开始，到引言、背景信息，展开事件记叙，最后完成结语，整体的表述基本应达到客观中立、精炼准确，内容也要条理清晰、情节紧凑。为了得到一份相对完善的案例，作者在以下三个方面中还应注意一些细节。

（一）基于选材的角度

在目前一些国际中文教育案例写作中，作者倾向于以自己成功的经历作为案例故事的素材。如果教师所写的成功案例是要提供一个范例，告诉他人凡是碰到这种情况就用这种解决方案，那么这类案例也是有价值的。但教育现象本身极为复杂多变，这样的范例可复制性微乎其微，而且成功带来的往往只是庆祝和艳羡，读者很难确定需要进一步分析和思考的问题，甚至就放弃了思考。那些过往的失败，如今的困境进入案例，虽然作者写来可能不甚欢愉，但带给自己和他人的是从失败中学习的机会，也许更为有益。

另外，教师可能还会选取平淡生活中的独特事件，认为这才值得写，这似乎更符合文学作品选材的规律。但独一无二的国际中文教育案例，依靠罕见情境的特定因素成立，几乎不会在现实中再次出现，而且案例问题的归属也很难进入更大的类别中，提供概括化的意义。所以它们也许是一个难忘的记忆点，但谈不上构成一个案例。

（二）基于真实性的考虑

虽然事实是案例的基础，真实性是案例的灵魂，但这并不是说案例编制不可以进行适当加工。只要不违背常情，确实合乎逻辑，在案例的情节处理上，是可以对故事做增删、调整、再创造的。例如，将不同场合、不同时间发生的事情，压缩到一个场合与时间上去，或者让一个角色的功能分散到两个人物形象上去，出于行文安排需要，不影响读者对案例的信赖即可。

案例的作者和编制者经过收集整理，掌握了关于描写对象的大量信息，在考虑如何保证案例真实性和可信度的同时，基于学术道德、学术伦理，应获得描写对象必要的授权，并对敏感信息做掩饰处理。特别是国际中文教育涉及未成年人和其他国家地区的隐私保护机制，使用任教机构、学生群体和个人的名称、记录、肖像等时至少要从合法、正当、必要的原则出发，不能一味追求真实而侵犯他人权益。

另外，虽然案例讲究客观描述，但不代表作者要把案例中涉及的信息和盘托出，作者反而要从关键问题、案例的决策者、局外人的角度去衡量哪些信息必须提供，而对哪些相关信息要适当分散、隐藏，故意半掩半露，暗藏伏线，让读者去辨识、探索、推导甚至经历一番调查再触及。这更符合现实的教育实践，因为很多决策信息本就不是一览无余摆上台面的，案例作者有时也是经过多方调查研究和分析判断，才获得了必要的信息，那么进入案例情境的读者也应下这番功夫，而不是直接"接手"一个尽收眼底的故事。

（三）基于作者的姿态

案例作者在为读者提供特定个人经历过的故事时，要懂得如何"拒绝"显示个人智慧，对于写作完成的案例，要"谦卑"地回头再去检视，剔除过于主观和"强大"的表达。否则，作者动笔时那种自带确定性的姿态，就会拉低案例的产出质量。通常一个低质案例中可能包含以下某方面问题：其一是在叙事部分夹杂分析，附加结论。由于作者在写作构思阶段已经有了明确的主题，并且会对案例事件形成自己的解释，因此不经意间就会在叙事中提出某些问题，并自己回答。其二是自己出面发表意见，混淆事实和观点。将个人化的、非客观的判断呈现在案例中，也许显示了来自作者的权威陈述，但也包含着个人偏见的可能，有歪曲叙事的危险。某个学生在中文课上很少发言，这是陈述事实，但缺乏自信导致学生很少发言则是作者的观点，未必是事实。其三是体现作者对内容的强控制，倾向性过于明显。笔墨上虽然没有留下前两种那么明显的痕迹，但作者若是带着强烈而明确的结果意识，在叙述过程中排斥可能妨碍这一结论得出的素材，试图将读者的思考引到一个确定的方向上，最终只会打造一个让人一目了然的案例。不需要太多的思考就能够得出结论，没有他人寻找其他视角的机会，案例本身就成了作者的"标准答案"，那它对读者还有什么意义呢？

总之，案例写作可以参照的原则、策略是不可穷尽的，每个实践者也都会有自己的"独家配方"。随着对案例开发过程、成果的认识深入，我们也应该意识到，将案例写作视为讲故事，那实际是对案例形态的局部、浅层理解，而看不到案例开发的学术含量、实用价值也是短见的和片面的。案例的故事中理论的嵌合、技巧的支撑，乃至启发性、典型性的达成，蕴含着多重智慧，需要实践者反复磨炼。本节仅从案例文本的标题到附录，给出了一些基础性建议，希望至少能帮助未来的案例作者把握住一种可供操作的技术模型。

第四节　案例开发与应用的前景

以上几节主要基于文本型案例的产出模式，按照整体与细节、动态与静态相结合的思路，介绍了案例开发的准备与过程，勾勒出案例文本应具备的体例结构，聚焦了其中案例正文的写作方法和技巧。立足于这些思考和尝试，我们对未来可持续发展的案例开发内容和产品应用形态，也可以做出一定预估。

一、案例开发的主题规划

获得了一定的认识论和方法论支撑后，如何在案例开发活动中开掘更多有价值的主题？由哪些方向构思的案例可以真正为国际中文教师专业发展服务？这些问题的答案决定着一个案例开发者未来的方向，可能对国际中文教育案例的发展前景也是一种积极的回应。为此，我们需要借助案例生成到应用的整体思维，特别是回到"需求侧"，去思考与"供给侧"的结合。这里可以把案例开发理解成是一种自上而下的表达模式，那么理论和问题就指引着形成概念、进行陈述的方向。那么，案例分析则是一种自下而上的推理模式，需要使用者从案例故事中去归纳其间蕴含的理论、原理和概念。当案例文本进入教师教育的课堂，写作和分析活动实际是在理论主轴上得以对接、贯通，而讨论活动只是促进二者接合并生发更多情境知识的手段。基于这种理解，可以说在未来的案例开发中，进行案例主题规划，定位和提炼更多新开发元素，其基本出发点还是在于理论来源。而追寻理论来源开发案例，这一方面是要回到国际中文教育专业学位研究生的学习内容中去，一方面也可以在国际中文教师所具应备的态度、知识、技能框架中寻找方向。

（一）核心课程提供的思路

从基本的教学需要出发，《汉语国际教育硕士专业学位研究生核心课程指南》（以下简称《指南》）中提供了对"国际汉语教学案例"这门课程的具体说明，同时对"汉语作为第二语言教学法""第二语言习得""中国文化与传播""跨文化交际"四门课程的内容框架进行了梳理，可以极大地帮助我们确定细化的案例主题，广泛开发与课程理论学习适配的案例。按照《指南》规定的课程内容，我们将开发起点划定在学位核心课程之一——"国际汉语教学案例"这个层面上，就可以衍生出以下若干内容角度，具体见表 5-4 所列。

表 5 - 4   "国际汉语教学案例"课程的开发角度

	内容角度	内容举例
1	汉语作为第二语言教学法案例	语音教学案例、词汇教学案例、语法教学案例、汉字教学案例等。
2	二语习得案例	语音偏误分析案例、词汇偏误分析案例、语法偏误分析案例、篇章衔接偏误分析案例、汉字偏误分析案例。
3	中华文化与传播案例	中华历史案例、中国哲学思想案例、文学艺术案例、民俗国情案例、文化传播案例等。
4	跨文化交际案例	文化适应案例、多元文化意识培养案例、跨文化沟通技巧案例、敏感问题处理案例、突发或紧急情况应对案例等。
5	教师综合素质案例	教师师德及着装礼仪案例、教师专业知识案例、教师组织管理能力案例、教师个性心理品质案例等。
6	海外教学案例	海外中小学课堂案例、海外大学课堂案例、海外社会成人培训课堂案例等。

同时,其他四门课程与这门课程之间也可以建立案例共享或内容细化、深化机制,至少在学位核心课程的集群中形成案例开发的"蓝图"。为此我们依据《指南》,列出了"汉语作为第二语言教学法""第二语言习得""中国文化与传播""跨文化交际"可供拓展案例思路的理论要点,具体见本章附录,作为对以上讨论的补充。

(二)教师标准开辟的框架

2022 年发布的《国际中文教师专业能力标准》(以下简称《标准》)具有国际中文教师知识地图、岗位学习地图的意义。通过对《标准》具体指标的解读、分析,可以帮助我们从中探寻更具科学性、前瞻性的案例开发路径和生成要素。

世界汉语教学学会发布的《标准》是对国际中文教师的基本要求,是引领国际中文教师专业发展的基本准则,将为教师培养、培训、能力评价和认定、专业发展提供依据。其中提出师德为先、素养为基、学习者为本、具备跨文化交际能力、注重合作、终身学习六大基本理念,从专业理念、专业知识、专业技能、专业实践、专业发展 5 个一级指标,以及 16 个二级指标和 73 项基本要求厘定了国际中文教师的能力结构,并对初级、中级、高级三个等级水平进行了详细描述。《标准》规定了专业发展的知识坐标、能力坐标,那么从案例开发实践的角度来理解,也可以说是获得了一套知识表征的"顶层设计"和宏观框架。通过初步剖析《指南》,透视其中出现的案例开发关键点,我们得以规划出 76 项可待研制的案例元素,具体见表 5 - 5 所列。

表 5-5　由《标准》析出的潜在案例开发线索

一级指标	二级指标	相关案例枚举
专业理念类（8项）	职业道德案例	1. 国际中文教师职业道德案例。 2. 任教国家、地区和学区的语言教育政策和法规案例。 3. 任教学校及相关教育机构的规章制度案例。 4. 教师对待学习者权益的案例。
	专业信念案例	1. 体现国际中文教育的独特性和专业性的案例。 2. 教师把握学习者发展规律和中文学习规律的案例。 3. 教师应对任教国家和地区的文化传统与社会现实的案例。 4. 体现团队协作精神，与同事、家长、社区及相关人员合作的案例。
专业知识类（17项）	教育知识案例	1. 教育学、教育心理学基本理论和基础知识的案例。 2. 反映认知科学、学习科学相关理论的案例。 3. 教师把握学习者认知特点和心理发展的案例。 4. 运用教育教学相关知识，分析、解决国际中文教育问题的案例。
	中文和语言学知识案例	1. 教师运用中文语音、词汇、语法基础知识和特点的案例。 2. 教师运用汉字基础知识和解释方法分析字形的案例。 3. 反映中文语用、语篇基础知识和特点的案例。 4. 体现语言学基础知识和中文特殊性，进行语言对比的案例。 5. 综合运用中文和语言学知识分析语言现象，解决教学问题的案例。
	中华文化与中国国情知识案例	1. 教学中涉及历史、哲学、文学、艺术、民俗等中华文化知识的案例。 2. 如何介绍中国社会、政治、经济、教育、科技、生态等国情知识的案例。 3. 教师分析常见社会和文化现象的案例。
	第二语言习得知识案例	1. 反映第二语言习得基本理论及中文作为第二语言习得主要特点的案例。 2. 体现第二语言习得和母语习得异同的案例。 3. 反映学习者个体差异对第二语言习得影响的案例。 4. 代表同年龄阶段和不同群体学习者中文学习特点的案例。 5. 教师运用第二语言习得知识解决教学和学习者学习中问题的案例。
专业技能类（24项）	中文要素教学案例	1. 反映语音教学常用方法和技巧、培养学习者听辨和发音能力的案例。 2. 反映词汇教学常用方法和技巧，培养学习者词汇学习策略和运用能力的案例。 3. 如何运用语法教学常用方法和技巧，帮助学习者掌握常用语法点结构与功能的案例。 4. 如何运用汉字教学的常用方法和技巧，帮助学习者掌握汉字形音义知识，培养学习者汉字认读、书写和电子输入能力的案例。 5. 教师把握语言与文化的关系，处理语言要素中的文化因素的案例。 6. 体现教师判断、分析、处理偏误的基本原则与方法的案例。 7. 如何处理学习者在语音、词汇、语法、汉字等方面偏误的案例。

一级指标	二级指标	相关案例枚举
专业技能类（24项）	中文技能教学案例	1. 反映中文听力教学目标与内容，帮助学习者掌握听力理解的技巧的案例。 2. 体现中文口语教学的目标与内容，帮助学习者掌握交际策略的案例。 3. 代表中文阅读教学的目标与内容，帮助学习者掌握阅读技巧的案例。 4. 反映中文写作教学的目标与内容，帮助学习者掌握写作技巧的案例。 5. 关联中文翻译教学的目标与内容，帮助学习者掌握基本的翻译方法和技巧的案例。 6. 运用第二语言主要教学法进行中文技能教学的案例。
	跨文化交际案例	1. 教师理解世界文化的多样性，培养学习者文化平等意识和文化理解能力的案例。 2. 反映了任教地区人群思维方式、价值观念、交际规约、行为方式等方面主要特点的案例。 3. 如何联系跨文化交际的基本理论，运用不同策略解决教学中跨文化交际问题的案例。
	教育技术应用案例	1. 如何理解教育技术在中文教学中的本质作用的案例。 2. 教师将信息技术与中文教学过程深度融合的案例。 3. 如何根据教学目标、内容和学习者特点选择信息化教学手段的案例。 4. 使用信息化教学设施、技术，设计、制作课件等教学资源的案例。 5. 如何检索、采集、选择网络教学资源，或在教学中运用资源库的案例。 6. 如何利用网络平台开展线上及线上线下相结合的中文教学与管理的案例。 7. 本土化、职业化资源建设与应用的案例。 8. 体现教师基本信息伦理，如保护知识产权、尊重他人信息、重视信息安全等的案例。
专业实践类（21项）	课堂教学计划案例	1. 如何把握教学标准和教学大纲，体现教学计划撰写原则与方法的案例。 2. 依据学习者年龄、文化背景、中文水平、兴趣爱好、认知特点、学习需求等因素制定教学目标的案例。 3. 如何确定中文教学内容，设计与教学目标相适应的教学活动，或培养学习者自主学习与合作学习能力的案例。 4. 如何根据教学目标与教学资源，选择教学方法，安排教学环节，设计练习与测试的案例。 5. 如何设计板书，准备课件、教具等辅助材料的案例。 6. 教师具有跨学科意识，将中文课程与其他科目、课内学习与课外学习相关联的案例。

一级指标	二级指标	相关案例枚举
专业实践类（21项）	教学资源选择与利用的案例	1. 根据中文教学实际需要选择教学资源的案例。 2. 根据学习者中文水平和需求灵活使用和改编教材的案例。 3. 开发新的中文教学资源的案例。
	课堂组织与管理案例	1. 如何运用教学语言，促进学习者理解学习内容和任务的案例。 2. 如何采用恰当教学手段和策略激发学习者学习兴趣的案例。 3. 如何组织教学活动，提高学习者参与积极性的案例。 4. 如何安排教学环节和步骤，帮助学习者完成学习任务的案例。 5. 教师有效管理时间，注重课堂互动与反馈的案例。 6. 教师制定课堂管理规则，营造健康、安全、平等学习环境的案例。 7. 如何及时、公正地解决课堂管理问题的案例。 8. 教师组织课外活动，拓展课外学习的案例。
	学习评估与反馈案例	1. 如何运用多元评估方式，评估学习者中文学习成效的案例。 2. 如何指导学习者自我评估，帮助学习者反思，完善学习计划的案例。 3. 评估结果分析、学习者需求诊断的案例。 4. 如何与学习者及相关人员交流学习者的中文学习情况，提出反馈与建议的案例。
专业发展类（6项）	教学反思案例	1. 体现教师反思意识的案例。 2. 教师如何通过分析学习者学习成效、同行观摩交流、撰写反思日志等途径，进行反思与自我评估的案例。 3. 教师将反思结果运用于实践，改进教学的案例。
	专业发展规划案例	1. 体现教师自我发展意识和终身学习理念，制定不同阶段专业发展目标的案例。 2. 教师加深对国际中文教育理解、提高教育教学能力的案例。 3. 教师利用教育教学研究基本方法，体现基本的教育行动研究能力的案例。

　　结合表5-5与《指南》的课程学习要求，我们发现，首先《标准》中的专业知识、专业技能、专业实践三部分与国际中文教育专业研究生应具备理论与实践能力有很大程度的叠合，也就是说这三部分对正在获得职前身份的研究生和执教中的实践者来说都是必备的，那么意味着案例开发的重点也正在于此。同时，《标准》中的专业理念、专业发展两部分在专业研究生阶段虽然主要不是通过课程学习来获得的，但对国际中

文教师的职业生活意义重大并持久，我们未来的案例开发也可以从这两方面寻找新的增长点。因此，联系《指南》与《标准》中的案例提炼的理论线索，我们认为未来的案例开发的若干方面可以借助图5-3加以表示。

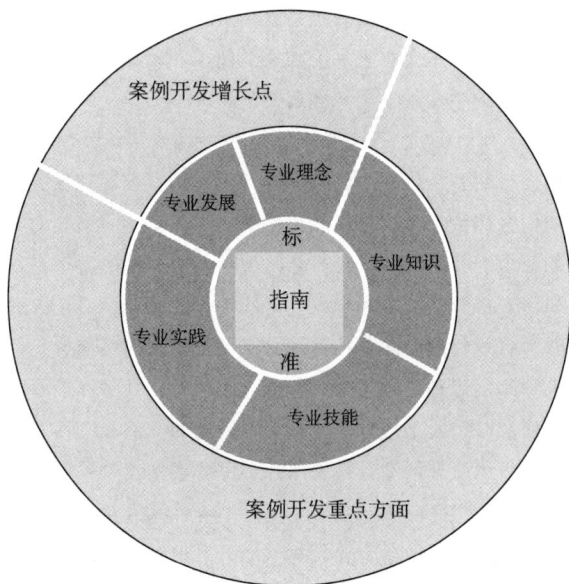

图5-3 《指南》与《标准》中的案例生成侧面

如果说《标准》对于科学有效地指导国际中文教师的教育教学活动有突出的价值，教师专业能力认定与评估、国际中文教育培训、中外各类学校、教育机构和企事业单位，不同层次的国际中文教育课程设置、教育实践都可以从中确立依据和规范，那么案例学习和教学作为其中的一部分，也将获得更有力的支撑，教师教育案例的开发路线和主题也相应地有了更清晰的"工作地图"和框架。未来我们也可以参照《标准》衍生的《国际中文教师专业能力分级认定规范》，面向初级、中级、高级三个能力等级的教师，研制更具针对性的、体现能力侧重要求的案例，使案例难度匹配新手教师、成熟型教师和研究型、专家型教师的不同发展要求。

二、案例应用的前景展望

（一）促进案例教学的良好发展

在具备大量与课程内容、培养方案接轨的案例时，就意味着国际中文教育专业研究生培养单位可以根据培养目标，继续提高案例教学质量，明确案例教学的具体要求和程序，强化案例教学的效果。以优质案例为平台，也有利于加强授课教师与学生的双向交流，引导学生独立思考、主动参与、团队合作，建立以学生为中心的教学模式，从一个角度推动国际中文职前教师内在地确立专业成长的支点与动力。

我们还注意到，在修订指导性培养方案的过程中，已经有专家提出专业学位的课程本身就应该更多地采用案例化的内容取向和教学模式，案例分析应该与相关课程的知识教学结合起来才能取得最佳效果。不论是否取消单独的案例分析课，在相关课程中普遍加上案例分析的要求，那么所需的案例数量和覆盖角度都会有更大的要求。尽管我们不认为案例教学或任何一种教学方式能通盘应对人才培养环节的所有需求，但结合中外教师教育百年的案例实践，继续借助案例教学的开放性特点，由此培养具有探究、反思、批判性思维能力的创新型人才，对教师教育者来说还是充满了可能和机会。

另外，在职中教师的培训、教育实践和职业规划里，丰富的案例一直是校本科研和教师团体发展的养分。如果能探索案例开发的标准化管理和对案例成果的认证利用机制，那么教师经验的沉淀和转化，知识的传播和分享也将会有更丰厚的收获。

（二）支持案例资源的协同建设

汇集案例资源的方式有发布案例集、运行案例库、举办案例赛事等。十年间，世界范围内的国际汉语教学案例类教材从无到有，缓解了各院校专业课程资源短缺的问题，也积累下了编制、集成案例资源的丰富经验。与此同时，一批案例库把我们的学习场所拓展到互联网上，各培养院校不断完善案例库建设、管理和使用办法，提高案例使用效率，也在着手整合案例资源，探索案例库共享机制。随着教育部鼓励不同专业学位类别之间、培养单位之间积极开展案例研究、开发和使用等方面的交流与合作，从服务于校本教师教育，到一同支持建设"国家级专业学位案例库和教学案例推广中心"，有条件的机构、组织和培养单位都充分运用网络媒介和信息化手段，搭建案例研究、开发、使用和共享的公共平台。"互联网＋"的思维也将案例输送到了各种移动智能终端上，客户端、手机软件等新媒体、自媒体平台不断提升案例传播的影响力和吸引力，一些微信公众号也会开设国际中文教育案例的推送与展示频道。不过，正如有专家指出的，现阶段国际汉语教师案例库的主要问题是数量不足，需要补充。但是从长远来看，案例的质量比数量更为重要。只有持续提炼案例开发的成功经验，推动案例资源建设的高质量发展，才能让散布于线上线下的案例真正成为国际中文教师成长的基石。

（三）重述教师知识的表征体系

故事、叙事等一直以来就是表征教育知识的工具。对教师个人而言，案例开发也是教师对自己的知识重新编码的过程，从发现自己的隐性知识，到建构教师群体内部的知识成果，原本教科书式的理论、概念体系在写作和反思中得到重述。而且，写作和分析时，教师对自己头脑中经验本质的澄清和深入考察，相当于将曾经的实践视为客体加以审视，他们获得了与自身知识与经验再次对话的机会，这也会以一种观念灌输无法做到的方式改变着教师。

就国际中文教师群体而言，海内外不同工作环境中，不同职业发展阶段的教师数量巨大，他们所需具备的态度、知识、技能等虽然在《标准》中有了系统的描述，但如何在学习和实践中依照专业发展方向形成真正的能力，这需要教师教育者、教育机构和教师自身付出卓越的努力。而且近年国际上汉语学习者的情况已经发生了重要转变，中小学学生成为汉语学习的主体，加上"后疫情"时代的持续，数字技术还在重新定义语言学习，国际中文教师更需要具有"探索世界、分辨视角、沟通思想、采取行动"的全球胜任力。除了行之有效的理论学习，我们也必须注意到，案例中可以产出知识，萃取经验，联系实践，可以通过共享案例知识把握教育场景和对象的变化，促进学科发展和人才培养。在任何一个专业领域，负责人类知识高效传递的教科书不会被取代，而其他有益的知识表征形式也值得被吸纳进来，国际中文教育领域的案例也应当作如是观。

本章附录

《指南》中案例开发的理论要点

一、汉语作为第二语言教学类（七方面）

案例的理论线索	具体角度
（一）第二语言教学基本理论	1. 第二语言学习与第一语言（母语）学习的异同 2. 当今国际主流的第二语言教学法及其教学理念 3. 汉语作为第二语言教学与其他第二语言教学的异同 4. 第二语言教学及汉语作为第二语言教学的性质与特点 5. 当今主流教学法和教学标准或框架及教学理念在汉语作为第二语言教学中的吸收和应用
（二）汉语作为第二语言教学的基本理论	1. 汉语作为第二语言教学的特殊性 2. 基于汉语、汉字特点的汉语作为第二语言教学的基本理论与教学原则 3. 汉语、汉字的教学路径与教学模式 4. 汉语、汉字独特的教学理论与方法
（三）汉语作为第二语言教学的课程设置	1. 汉语作为第二语言教学的常规教学目标和教学内容 2. 专门用途汉语的课程设置 3. 课程的类型与不同课型的教学目标、教学内容及教学方法 4. 现代教育技术在不同课程和课型中的应用 5. 汉语教学模式与课程设置的关系 6. 基于不同学习需求的课程设计

（续表）

案例的理论线索	具体角度
（四）汉语教材编写与使用	1. 教材编写的针对性、科学性、实用性和趣味性等基本原则 2. 教材编写的基本程序和评估原则 3. 教材编写的新思路与新模式、新理念 4. 教材编写多元化、国别化、语别化、当地化的理论与实践
（四）汉语教学方法和评估测试	1. 适合汉语教学的评估原则和方法 2. 适合汉语汉字特点的测试原则与方法 3. 第二语言测试的基本类别及测试质量评估的基本原则
（五）汉语语言要素教学的基本方法	1. 提高汉语语言要素教学质量的策略和方法，包括汉语语音、词汇、语法及汉字的特点、教学原则与方法 2. 解决语言要素教学重点和难点的策略与方法 3. 现代教育技术在汉语语言要素教学中的应用方法和技巧 4. 备课及教案编写的意义和作用、范围和方法
（六）教师专业发展	1. 对于国际汉语教学和传播的专业信心 2. 提高教师专业素养和专业发展能力的方法 3. 普遍的和个性化的专业知识和专业能力的发展取向

二、第二语言习得类（四方面）

案例的理论线索	具体角度
（一）第二语言习得学科的发展脉络	1. 第二语言习得的基本概念，如第一语言、第二语言、中介语、习得、迁移、石化等 2. 对比分析假说、偏误分析假说、早期儿童一语习得研究 3. 与第二语言习得相关的语言学、心理学、教育学等学科和第一语言习得、社会文化理论知识
（二）第二语言习得的不同研究视角和领域	1. 形式语言学、功能语言学、社会文化理论、中介语加工等研究视角 2. 语言要素（特别是语音、词汇和句法）习得、课堂教学、第二语言学习语境、学习者因素等 3. 输入假说、互动假说、输出假说等理论
（三）汉语作为第二语言习得的理论	1. 汉语作为第二语言习得的历史发展和研究成果 2. 汉语语音、词汇、句法等语言要素习得的规律和特点 3. 第二语言习得学科与汉语作为第二语言习得研究的联系
（四）第二语言习得研究与汉语教学的关系	1. 第二语言习得研究的定位以及与语言教学的关系 2. 基于第二语言习得研究成果的语言教学原则及其在汉语教学中的应用

三、中华文化与传播类（四方面）

案例的理论线索	具体角度
（一）中华文化的思想内涵与表现形式	1. 中华文化的整体概貌、发展历程、哲学思想、经典著作、艺术传统、生活方式、风俗习惯当代成就等方面的内容。 2. 中华文化的主要特点和核心价值，对中华文化的思想精髓、传统与现代的关联、重要的文化表现形式等方面内容的深入理解与认知，对于文化现象及思想观念的思考、理解
（二）中华文化海外传播	1. 文化传播的重要理论观点、中华文化海外传播的相关理论、研究成果、具体内容、适宜方法 2. 中华文化在不同地域文化传播的历史和现状等，在海外传播中华文化的各种可行方案
（三）国际中文教育里的中华文化教学	1. 文化教学的一般理论和原则，汉语国际教育中的中华文化教学的目标、原则、内容、方法、评估评价等方面的内容。 2. 当前汉语国际教育中的中华文化教学的正反两方面经验，具有传播价值和可行性的内容与有效方法． 1. 自主设计、实施文化教学的方案。
（四）中华文化传播活动与项目设计	1. 中华文化传播活动及各国文化传播活动 2. 中华文化传播活动的类别目的、原则、内容、评价方式 3. 设计、实施、评估、反思、改进文化活动的过程

四、跨文化交际类（八方面）

案例的理论线索	具体角度
（一）跨文化交际概述	1. 跨文化交际研究的必要性和意义 2. 基本概念的定义、特征或模式
（二）文化的深层结构对交际的影响	1. 家庭教育、民族特征及宗教信仰对交际的影响 2. 某地区的具体做法，如习俗、禁忌、礼仪等。
（三）文化价值观念对交际的影响	1. 不同文化价值观念对交际的影响 2. 世界上主要价值观模式的差异和分布情况，如集体主义文化与个体主义文化、高权力距离文化与低权力距离文化、阳性文化与阴性文化、不确定性规避程度不同的文化差异等 3. 不同时间取向、社会关系取向的文化差异，高语境与低语境的文化差异、"面子"的不同观念等

案例的理论线索	具体角度
（四）文化身份及角色关系对交际的影响	1. 各种文化身份及角色关系对交际的影响，如不同文化中上下级关系、同事关系、师生关系、华裔身份、特殊教育、教师与家长的关系等。 2. 与文化身份相关的刻板印象、偏见和种族中心主义对交际的负面影响
（五）言语交际	1. 不同文化对于言语交际的态度，不同性别角色进行言语交际时的差异 2. 中外词语中的文化含义及交际中的语用规则差异等，
（六）非言语交际	不同文化非言语交际的差异，包括外表行为差异、体态行为差异、副语言行为差异、时空行为差异等
（七）跨文化适应能力	1. 跨文化交际能力构成的基本要素 2. 提高跨文化交际能力的技巧 3. 跨文化适应过程中常见的问题 4. 跨文化适应的不同阶段
（八）教育领域中的跨文化交际	教育领域中跨文化交际的特点，如教学理念和教学方式、课堂行为和管理、学习动机和方法等方面的文化差异

第六章 案例研究的尝试

近年来，案例研究与案例教学分别在科研、教学领域中受到越来越多的关注。在基于案例的各种学习活动中，案例研究是更具学术挑战性的内容，也是很多国际中文教育专业论文正在运用的研究设计模式。了解如何在广泛的教育现实中提取有价值的案例，加以深入系统的分析，再借助科学的研究路线完成结构化的论述，这将帮助国际中文教师在研究之路上获得更广阔的专业成长空间，取得更长远的进步。本章将对案例研究的概念、类型、专业价值，以及工作程序和成果形态展开介绍。

第一节 案例研究的含义与价值

在第五章的内容中，我们已将案例开发视作国际中文教师适用的研究方法之一，如果借助教师工作场景和研究对象的第一手资料，一方面确认和描述教育现象，一方面促进对理论的认识与发展，拓展教师对经验世界的认识，完成更加系统化、学理化的研究，我们便会在众多社会科学研究方法中更进一步地走向案例研究（个案研究）。在近年国际中文教育专业论文的研究设计，以及教师专业发展的学术活动中，案例研究受重视的趋势日渐明显，掌握这项研究方法的基本概念与程序，尝试写作案例研究报告也正在成为职前、职中教师的必备技能之一。

一、案例研究的概念与属性

当着力界定什么是案例研究时，学术界先后提供了诸多不同的意见和解释。在中外学者十余种未被穷尽的定义中，我们还是能够梳理出对案例研究概念的几种理解趋向：研究方法论（methodology）、研究方法（method）和研究设计（research design）。这三个角度分别代表了不同的学者对案例研究不同层级的定位，而对照来看，国际中文教育的案例研究更适合从较为宏观的角度来理解，它是以单个的个体或者是更大的系统或组织为研究对象，对其进行详尽、系统的描述和研究，以期帮助人们发现和解决问题，或者促进现存理论的进一步发展的一种社会科学研究方法体系。当研究者在自然情境中，需要选择少量样本的一个或几个场景，在理论指导下通过多种方式系统地收集数据和资料，了解正在发生的某一教育教学现象在实际工作环境下的原因和状态时，这种方法就比较合适。其中，"案例"是有一定时空边界的一个单位，它可以是某个人、某个人群、某个组织、某个事件或某些行动。

作为一种社会科学研究方法，案例研究属于经验性研究方法的一种，与实地研究（field research）、实验研究（laboratory experimentation）、调查研究（survey）等并列，一般通过搜集事物的客观资料，并用归纳或解释的方式得出结论。在有的学科中，案例研究也被视为实地研究的一个分支或与其基本同质的研究方法，但又有自身的若干特点，详见表6-1所列。

表6-1 案例研究和其他形式研究的比较

	案例研究	实验研究	问卷调查
调查样本数	一个或少量个案	相当数量的个案	相当数量的个案
研究目的	寻求变量之间的关系和事物发展过程	寻求因果联系	寻求一般性结论
研究内容	选择自然情境下的个案，研究者不控制变量	研究者控制个案中重要的变量	选择自然情境下的个案，以最大限度提高样本的代表性
使用的方法	多种方法和数据来源	一种方法	一种方法
数据收集和分析	每一个案大量特征	每一个案少量特征	每一个案少量特征
数据的量化	不是优先事项	是优先事项	是优先事项

结合不同学科的情况，我们还能看到研究者分别基于实证主义和解释主义的不同哲学科学基础来应用案例研究，这会指导实践者产出不同取向的研究成果。实际上，对于案例研究本身的性质，研究者倾向于将之归属为完全或主要是定性的，但也有学者证明了采用定量数据和方法进行案例研究是可行的，可接受的。这些年来兴起的案例调查（case survey）作为案例研究与调查研究结合的典型的混合方法研究，就将调查研究中确定变量间具体关系的定量方法，尤其是统计分析方法带入了案例研究层面。伴随着研究工具、方法的交融，案例研究的应用范围正逐步突破"定性的""经验型的""小样本""实地研究"等属性标签。案例研究的优势——易于与其他实证或非实证方法混合使用，带给这种研究方法更多融合的空间。学界原本在案例研究的性质、研究对象，作用及其可用的方法等问题上的分歧正在日益模糊，使得案例研究有可能让操作者试炼多种研究方法，提升研究结果的综合性或降低研究成本。

考虑到国际中文教育专业案例研究的实际情况和需要，本章主要从定性研究的角度出发，介绍案例研究的概述性和操作性知识，也期待有志尝试这类研究的实践者能从一种方法走向另一种方法，或者在定性与定量的混合研究中发现思路。

正如任何一种研究方法都不是万能的，伴随着案例研究的性质而来的，既有它的强项，也有它的弱点。我们在走向方法应用、发挥其现实价值之前，需要对案例研究的优势与局限有客观了解。这种方法的二重性体现在国际中文教育领域，大体来说包括三个方面，具体见表6-2所列。

表6-2　案例研究的两面性可能

	优势	局限
研究角度	对教育教学现象进行深入细致的观察分析，保留了现象本身的整体性、意义性和动态性。 能帮助人们全面地、有深度地理解复杂的问题或事物，不断拓展和加深研究者对教育教学活动的理解程度。	研究情境的自然性导致了案例研究往往缺乏精确的科学性，研究结果容易带有片面性和偶然性。 可控性相对较差，主观性较强，其研究对象的随机性不够，导致研究结论反映实际情况的全面性、可推论性不够强。
操作方式	能够提升研究者解决实际问题的能力，可对某一问题进行长时间追踪研究，调动多样化资料收集策略。	研究手段的描述性和思维方法的归纳性，会产生一定的随意性和主观性。缺乏标准化的数据分析方法，证据的提出和数据的解释带有可选择性。
主体作用	研究者一般要深入实地，获得一手经验，带动了研究者和被研究者的相互作用，拉近了研究者与"事实"的距离，体现了人文精神。	可信度和有效性取决于研究者自身的能力，包括选择研究主题、设计研究过程、收集资料和数据处理能力、运用已有的理论知识和适当的分析方法得出正确的研究结论的能力等，依赖性高。

客观地讲，一些研究方法是建立在实证主义的基础之上的，比如实验法是操纵变量以确定它们之间的因果关系，调查法是选择具有代表性的大样本，然后提出标准化的问题。这些研究期望得到的是一般的，具有普适性、确定性的结果，本身必须要借助简化式取向的思维方式，将情境性、时间性、偶然性等因素排除在外，因此很多时候正是要放弃观照个体、情景或者复杂性，特异性的。而案例研究作为偏质性的研究方法，其哲学基础是人文主义的，它的强项和上述研究方法的弱点又是互为辩证的。当研究者需要对个体进行整体的深入分析研究，获得事物的丰富图景，从中得到分析性的见解，案例研究还是比较理想的方法。所以，我们就不能以前述实验、调查的方法和成果来要求案例研究，去苛责它的力有未逮之处。国际中文教育专业的案例研究工作，正是面向教育的独特性、情境性，鼓励职前教师或职中教师走入现实情境后，面对实地发现的问题，通过对师生个体、教学事件、决策行为、机构和其他典型进行切实的描述和系统的理解，对动态的相互作用过程与所处的情境脉络加以掌握，综合多种研究数据，采用多种分析手段来获得一些全面、整体的观点。在这个过程中，注

意发挥案例研究的优势，克服其局限性或者寻找其他弥补的方法也是研究者应有的意识和准备。

二、案例研究的学科价值

借助案例研究方法在学科科研中的多重优势，以之为专业发展的"利器""重器"，这可以为国际中文教师带来哪些方面的价值呢？

第一，有利于国际中文教师把握复杂的教育教学现象和问题。案例研究在认识复杂问题上的优势首先来源于对情境、过程和关系的关注。案例研究有利于揭示"怎么样""为什么"一类的问题，就是在于这种方法本身关心案例与其所处情境之间的互动。比如新的教学模式运用到某些教师的课堂中，为何有的班进展顺利，成果喜人，而在其他班里可能举步维艰？在对教师、班级、学校所处的具体情境进行观察、描述、分析时，案例研究探索现象背后的原因，会打开事件起因、经过和结果的"黑匣子"。而且对案例发生过程的分析，关系到事件背后的机制或原理，研究者要揭示促成不同现象的关键因素及相互关系、内隐逻辑。

另外，案例研究在资料收集方法上是充分综合化的，其来源包括但不限于静态的档案、文件，动态的访谈、观察。而且多个渠道获得的信息还可以互相验证，用于勾勒同一事件的不同角度，这使它在认识复杂问题上有更全面、更多维的优势。

第二，有利于丰富和深化国际中文教育的理论建构。案例研究本质是一种归纳式研究，相较于演绎式研究，其逻辑基础更适于发展和构建理论。它的起点是丰富生动的现象，研究者通过对案例本身的细致观察和分析，进而从复杂的现象中抽取、提炼和凝结出理论命题，这是个由繁到简、由特殊到一般的归纳过程。这种逻辑决定了案例研究非常擅长建立根植于丰富实证资料的新理论，且这种理论往往是坚实的、可验证的。对于国际中文教育这个新兴学科、交叉学科而言，具有学术价值、对实践有强大指导作用的理论一直在生成中。案例研究不仅仅停留在一些具体问题的层次上，通常还包括对某一类问题和现象的具有解释力的观点，记录下了我们对国际中文教育现实和变化的内在逻辑的认识，持续填补、扩充和完善着学科理论。

为此，开展案例研究就要求教师具有一定的研究意识和研究水平，如敏锐的现实观察力，处理问题的主动性和创造性，案例选择、分析的能力，以及沟通协调能力。开展案例研究的过程需要研究主体不断提升国际中文教育的理论知识，更新教育观、学生观，完善教师知识结构，提升教育教学能力和科研创新能力及专业化水平。投身到一项案例研究中，对职前教师而言，是消化、活化专业学习某个侧面的积极过程。而职中教师在专业发展的道路上，也能获得更多透视和洞察复杂教育问题的机会，并不断在认识上升华自身经验知识。

第三，有利于深刻显示国际中文教育领域的现实面貌。中文教育在国内和海外的多元、动态面貌一直有着极大的复杂性，模糊性，而当中外教育机构里的志愿者、专兼职教师、教育管理者等从现实中提炼有价值的情境加以"案例化",再借助科学的技术路线、相当的理论参考完成研究,就能够完成一次又一次呈现事件关键脉络和丰富细节的"深描",使研究者层层深入,逐渐接近研究问题的本质。同时,一个个进入研究内容的案例不断在微观上组建起了庞大系统的各个侧面,使我们时刻感知到国际中文教育的诸多端倪和若干趋向,加深了对教育教学事件或现象中核心问题的认识。尽管这一进程永远保持着"进行时",不可能停止于所谓全貌的显现,但却为国际中文教师提供了如福柯所说的"可理解的多面体",映照出行业、专业、学科的面貌。

在这个领域,我们还会经常面对一些数量有限但比较特殊、稀缺的研究对象,比如海外某校独有的中文教学发展情况。这时量化统计的方法就显得无用武之地,而外派的中文教师又有便利接触这样的研究对象,那么将之利用起来,才不会造成资源浪费。在这种情况下,案例研究就更适合用于发掘研究对象所呈现的丰富多样的信息,全面而深刻地揭示案例的特殊价值。而且案例研究面对的是有限的对象,又要求研究者对案例的深度介入,对于个体研究者而言,带来的是较低的研究成本和较强的主客体关联,而这些分散的研究工作反而使全领域获取认识的辐射面和持久性得到积累,进而在把握国际中文教育总体面貌上显示出优势。

三、案例研究的类型

为了理解和应用案例研究,管理学和教育学界已经从多个侧面划分出案例研究的类型,其中的标准从宏观到具体,主要在于研究目的、案例的数量和分析单位的数量等。

截至目前,得到更多认同的分类方法来自罗伯特。他按照研究的目的,较早将案例研究划分为描述型、解释型和探索型三种类型。其中,描述型案例研究侧重于描述事例,它们的任务是"带着问题讲故事"或绘制事例图景,通常表现为对某一现象或问题的详细报告;解释型案例研究侧重于理论检验(theory-testing)旨在对事物或现象的因果关系和机制做出解释;探索型案例研究侧重于提出假设,任务是寻找新的理论(theory-seeking),可能是以上二者的"前奏"。当然,这三种研究目的并非严格分立,所以许多研究也是兼跨两重或三重目的的。其实,这种类型划分的依据也可以用案例研究实现的任务来理解:理论的生成、拓展还是检验,也就是说其产出目标在现有理论框架解释范围之内抑或之外。例如,探索性案例研究在没有任何假设的前提下进行案例调研,然后通过分析,对该案例现象进行解释,并依此探索建立一种新的理论。相比之下,解释性案例研究事先从现有相关理论中演绎建立研究假设,然后使用多案例数据来证实或证伪。

根据实际研究中运用案例数量的差别,案例研究可以分为单一案例(single case)研究和多案例(multiple cases)研究。前者在面对具有一定普遍性的现象时比较适用,也可以用作分析一个极端的、独特的教育情境,以及证实或证伪已有理论假设的某一个方面的问题。后者首先要将每一个案例及其主题作为相对独立的整体进行研究，完成案例内分析，再依托于同一研究主旨，对所有案例进行归纳、总结，实现跨案例分析，从而得出概括化的研究结论。虽然案例数量看似一个外在参数，但本质上会影响到案例研究的写作结构。因此，本章第三节讨论写作规范时，为求简便清晰，见微知著，只能暂以单一案例研究为出发点。

具体到一个案例内部，根据分析单位的数量，案例研究还可以被划分为整体性案例研究和嵌入性案例研究。这里的分析单位是指资料收集和分析的单元，整体性案例研究只有一个分析单位，就是案例本身；嵌入性案例研究是指在案例内部有不止一个更加细分的分析单位。

除了上述比较常见的类型划分，还有学者根据研究焦点的选择过程提出了局部知识案例、关键案例、异常案例的研究类型。简单来说，选择案例时，常用的第一条路线是进入研究者熟悉的领域，比如一位中文志愿者教师在任教机构中观察到中文课程与其他科目关联的跨学科教学方式，获得了进行案例研究的现成优势，想在个人工作经历中发现更多有价值的东西，那么接下来所开展的研究就走向了个人局部知识的案例研究。选取案例的第二条路线则是研究者来到个人本不熟悉的领域，这时可供作为研究选择的事物要么能提供示范性、典型性的意义，要么有明显不同于常态的特殊性、差异性。对研究者而言，被前者吸引则可能启动一番关键案例研究，追寻后者也许就踏上了异常案例研究的冒险之旅。

四、在案例教学与案例研究之间

案例教学与案例研究的差别，表面看来也许是工作环节中面对的客体是教学用途案例，还是研究用途案例。但是，在基于案例的学习方式中，它们对国际中文教师的专业发展分别起到不同的作用，无论是教师教育者，还是职前、职中教师，都需要结合二者的特性，有区别地加以理解和利用，找到发挥其价值的恰切途径。案例教学与案例研究的区别和联系见表6-3所列。

表6-3 案例教学与案例研究的区别和联系

	案例教学	案例研究
主体方面	以案例材料作为课堂教学内容，完成教学。	以案例研究作为科学分析方法，完成学术研究。
	师生具备总结归纳、知识迁移和统筹分析能力。	要求研究主体具备洞察力和逻辑分析能力。
	依照教学设计的思路，将案例贯穿于课堂授课计划中，将案例与知识点、培养目标、课程计划等整体融合。	依照学术研究的基本思路，即在研究草案和研究规划实施过程中，将案例与选题、分析、结论进行贯连。

	案例教学	案例研究
载体形态	公开发表的论文、研究报告	汇入案例集、案例库
	材料经过精心处理，在有效突显某一关键主题的同时，叙事中也可能包含"有预谋的混乱性"。	客观真实地记录多渠道获得的资料，可以用"三角互证"检验不同的数据来源和资料收集方法。
	关注案例的知识性、完整性、可读性、启发性，以及对案例使用者的促进作用。既面向阅读与反思，又需考虑在互动、讨论中的可用性。	与其他学术型研究成果的评价标准相同，主要审核论文的创新性、科学性、逻辑性和应用性，同时也关注案例资料的真实性、有效性。

表 6-3 力图在案例教学与案例研究之间建立一定的比较关联，那么对于利用这二者的国际中文教师而言，如何"各美其美，美美与共"，将二者结合起来推动高效的专业发展就成了下一步的问题。特别对于教师教育者来说，在采集一手案例时，既要考虑案例资料与研究主题的契合，同时又要考虑案例资料与课堂教学目标的对接，这确实有一定难度，但又并非完全不可能。在案例加工的过程中，教师教育者如果以双向目标为导向，即同时考虑案例的科研性和教学性，还是可以定位到一些兼具案例研究价值和案例教学功能的素材的。而且案例资料无论是应用于科研中，还是课堂教学中，都要有逻辑分析过程和与理论对接的过程，这两个环节的应用，在案例式研究与案例式教学中不是独立的，而是交互促进的。所以，考虑到思维方式上的关联，无论是从案例开发走入案例研究，还是从案例研究里提炼开发新案例，都能够搭建国际中文教师案例学习的复合效应。

作为一门实践导向的学科，国际中文教育为案例研究这样一种经验性的、贴近现实的研究方法提供了发展和繁荣的沃土。在教指委发布的学位基本要求中，学位论文在选题、论文形式和规范，以及完成质量方面都有具体的要求。为了在学术训练中成长，以及完成毕业论文，并在职后发展中继续开展一定的教育研究，了解案例研究是非常必要的。仅结合目前各院校国际中文教育专业研究生的毕业论文写作情况来看，就能发现案例研究的对象非常广泛，涉及的类型丰富多元，所采用的方法各有千秋，有些案例研究的实施过程也已比较完善。以北京师范大学国际中文教育学院为例，该院教师曾对本校 2009~2018 年答辩通过的 620 篇学位论文进行统计，发现其中有 6%，也就是 37 篇运用了案例研究方法，研究内容可细分为汉语课程、汉语习得、汉教硕士、汉语教师四大类。"有些论文选题很好，分析细致，结论引人入胜"，如《韩国本土汉语学习成功人士案例研究》（黄圣珠，2017）、《英语母语者汉语学习成功人士案例研究》（黄荟如，2018）、《汉语国际教育硕士海外实习个案研究》（王薇，2009）、《中国汉语志愿者澳大利亚跨文化适应个案研究》（殷鑫，2018）等。虽然各个时期、各个院校的情况必然有所差别，但北京师范大学作为全国最早招收汉语国际教育专业硕士的高校之一，其课程设置、海外实习、论文质量诸方面均得到了学界普遍认可，该校专业硕士论文选题还是能体现一定学科风向标意义的。同时，我们还注意到，很多毕业论文虽然在题目上未曾明确标记出案例研究的方法，但研究设计中还是会引入个案，体现部分案例研究的技术思路的。特别是 2022 年 8 月公布的《国际中文教师专业能力标准》，针对国际中文教师的专业发展也提出了"掌握教育教学研究基本方法，具备基本的教育行动研究能力，促进自身专业持续发展"。所以，更长远地看，案例研究一直是教师教育进程中一项不容忽视的研究方法和教育研究的有效手段，了解它的操作程序并付诸实践，正是确保和促进自身专业持续发展的需要。

第二节 案例研究的设计与准备

关于案例研究的实践框架、具体步骤，并没有形成统一的定论和模式，从研究问题的提出到撰写研究报告，这一过程可以参照学术论文写作的常见思路。不过，研究者在实施过程中操作的每一步又都关联着案例研究的方法特色，我们可以从开展研究设计，进行资料收集，完成资料分析，撰写研究报告四个环节加以把握。本节将先对前两个准备性的环节提出一些必要的过程指南。

一、设计研究方案

研究方案可以说是直接连接研究的问题与预备收集的资料、诸种研究手段，乃至待得出的结论之间的预制网络，一般也需要研究者用详尽的文字记录和规划出来，作为研究实践的初步纲领。开展一项案例研究，首先要在这个纲领上基本计划好问题的提出、案例的选择，获取理论参照和基本的研究许可，它们的指向对研究者有地图一般的意义。

（一）研究问题

和其他研究一样，案例研究的起点可能是理论驱动的，也可能是现象驱动的。前者指研究者在国际中文教育现有的理论框架下，发现研究的热点、缺口或关注点，形成问题；后者指研究者依照更多的灵活性，在教育教学现实中观察到某种现象，并产生研究意识和问题取向。不论是怎样的起点，研究者找到自己感兴趣的角度，接下来需要从专业视角积极思考，促进初始研究问题的生成。再进一步地，研究者对研究问题陈述的归纳或假设的提出，将逐渐明确此项案例研究工作的中心，并形成一个更精细、更稳定的问题方向。例如赴韩志愿者起初对自己和他人遭遇的跨文化冲突充满困惑，开始在中韩文化间摸索各自的价值观与文化模式，力图将问题聚焦在校园环境中跨文化人际交往的表现与矛盾动因上，并为此收集了多个案例。那么这里的问题就经历了从切身感受，到理论聚焦再到明确边界的一系列"打磨"，指向了该项案例研究的直接目的。

实际上，很多国际中文教育的案例研究就如上文所举的例子一样，是在研究主体进入现场，获得了置身教育情境的独特印象，从案例本身发现和挖掘研究问题的。当然也有的研究主体在预备走入案例情境前，是有所预判和带着问题在思考的，这个时候就很难说是问题在先还是案例在先。而不断地明确问题，细分问题，如各项范围、维度、层次，修正问题中关键概念表达的边界，是在深入案例的过程中研究者一直要努力的。为自己的研究定位不同的"驱动"方式，需要细心把握、体察专业学习和实践中那些对理论的疑惑和追问，与相关文献的对话，以及充分反思自己工作中遇到的具体情境等。研究者通过搜集整理，识别可能的研究机会，结合以前相关研究资料的回顾，经历细化聚焦、思辨审视，总是能提炼出具有洞见和价值的问题的。

（二）理论参照

参照理论的确定是案例研究的一个重要组成部分，它能够指导研究设计、资料收集和分析等过程，并极大地支持作者归纳、概括案例研究的结果。特别对于案例研究的初学者，找到一个参照理论来指导个人的实践，就如同在漫长的工作过程中，获得了暗夜里的一个光源。它可以照亮所需观察的对象，让研究者聚焦于特定的事件或现象，发现此前不甚明了或忽略不察的地方。

管理学领域的研究者率先提出，可以在平时的文献积累和理论积累中，针对自己所关注的研究领域和研究主题，构建"理论池"，也就是说，平时至少积累几个重要的理论并熟知于心，便于面对现实灵活提取。对国际中文教师而言，我们打造"理论池"具体的手段可能包括关注本领域的常见主流理论；阅读梳理研究领域内的理论综述文章；广泛涉猎核心期刊最近发表的论文；适当关注发表教育论文的网站；积极参加领域内的核心国际会议；与资深学者交流等。在确定研究方向后，在初始问题的指引下进行文献回顾，也会帮作者从"理论宝库"中找到适合当下命题的资源。这时的作者也许会发现，已经有人很好地完成了此类的项目，或者在具备指导意义的现有文献里存在一些悖论。到文献回顾结束的时候，研究问题会再次得到明确和修正，而作者将文献回顾条理化、书面化的过程也会转化为"综述"样态，并进入到最终写作成果中去。

当然，前面所说的获取理论参照是基于一种假设：已经有某种解释性框架可用于某项研究所关注的现象或情况，作者的个案研究将用来验证这个框架或理论的。那么，这也意味着还有另一种假设是，现有理论可提供的解释框架不存在或至少不完全，研究者的目标正是构建或拓展某项理论。而这正是案例研究方法擅长的方向，为此，研究者就需要自我定义研究设计和实施的导向，为研究问题提供一个猜想性的回答——研究假设。其实在聚焦研究问题的过程中，我们已经在收集有关资料，梳理现实经验和回顾已有文献，一些关于研究问题的背景、情境、过程和机制的看法会逐渐清晰，或者说头脑中有意无意地对研究问题的答案有所回应，把这些思考具体化、条理化，付诸文字往往就形成了研究假设。例如一项关于周末华文学校的研究，我们预估案例学校的学生参加华文补习课程，可能受追求学业成绩、家庭重视祖语传承、家长中文能力有限等因素影响。那么，资料收集和分析的方向在接下来的工作中就会比较明确，三种因素提供的方向感和边界感会使研究者不断去检验假设的正误，让问题的答案越来越有解释力。不过，需要注意的是，提出研究假设还应尽量同时建立一些对立的或者竞争性的假设，因为单纯地证实某个假设与否定若干竞争性假设再形成的说服力相比，显然后者更强，研究结论的可靠性也更受认可。比如前面例子中，我们假设参加周末中文课程的学生是因为家长中文能力有限，对此还可以有一个对立的假设，就是中文能力很强的家长也会让子女参加补习。而我们的研究就是去揭示哪种情况更符合现实，或者两种情况共存，但发生条件各是什么。

（三）选择案例

在整个研究设计和进程中，选择怎样的案例是一个关键。虽然因为案例研究类型的差异，进入研究视角的案例数量可能是一个或多个，但就案例个体而言，我们基本可以结合单案例研究设计的思路，衡量每个备选的案例。案例研究专家曾提出，一个案例如果可以满足至少以下五个条件之一，即批判性（critical）、不寻常性（unusual）、典型性（common）、启示性（revelatory）、纵向的（longitudinal），那么就适用于单案例研究。这五点也可以看作是选择案例的普遍标准，具体以中国汉语志愿者在某国的跨文化适应个案为例，我们可以这样加以理解：如果这个案例与作者感兴趣的跨文化理论和理论假设有关，研究者着力借案例对跨文化适应理论进行该国语境下的检验或扩展，促进知识和理论的形成与发展，这就带有了批判性，那么符合这种要求的跨文化案例则可以成为研究的"备选项"。而如果志愿者在赴任国遭遇了极端的或独一无二的跨文化冲突事件，这个个案就呈现出一定的特异性，同样值得成为研究对象。相反的，单个案例的用途是了解前往某一志愿者派出大国后，中国志愿者表现出的典型的跨文化适应状态，那么这样的案例也是有价值的。如果志愿者赴任地是首次开辟孔子学院的地区或国家，研究者能进入以前无法到达的情境中，揭示先前研究者难以触及的现象，这个个案的启示性就比较强，很值得采用。最后，有的案例能揭示所研究主题是如何随着时间的变化而发生变化的，比如跨文化适应在时间轴上的动态模式，这也足以让一个案例成为我们的研究对象。

在多案例研究中，除了选中的单个案例要接近上述五个标准之一或更多，在案例之间还应考虑备选案例体现一定的"复制法则"，即或者能产生相同的结论（逐项复制，literal replication），或者能基于可预知的原因产生与前一个研究不同的结果（差别复制，theoretical replication）。仍以中国汉语志愿者在某国的跨文化适应个案为例，如果研究者收集和调查了 10 个案例，其中多数的案例能体现出志愿者跨文化适应的"U型"曲线，其内部是逐项复制的；另有少数案例则在研究中勾勒出"J型"和"W型"

曲线，和主体案例集合分属两种不同的模式，体现着差别复制。但这并不意味着哪些案例是失败的选择或一定要被剔除，全部案例就如同围绕同一问题设计的 10 个实验一样，可以合在一起有力地证明跨文化适应的时间轨迹。

除了把握一定的标准，当关注的案例比较多时，研究设计就涉及案例的筛选。而且目前案例研究的倾向是多案例类型的，甚至有的国际中文教育专业学位论文会选取 10 个以上的案例。为避免进入资料收集阶段后，发现案例不具备可行性或者出现过于分散的主题，甚至所选案例与研究者最初的设计背离的现象，研究者必须估计到案例包含的各种可能性，降低选错案例的概率，提高案例的说服力。来自案例研究专家的最简洁的建议是如果做的是单个案研究，在同等条件下，选择资料来源最丰富的案例；如果是多案例研究，则选择最适合（逐项或差别）复制设计的案例。

选择案例时的细节工作还包括明确资料收集和分析的单位。前一节已经指出，国际中文教育案例是一定时空边界下的某个人、某个人群、某个组织或某个事件、某些行动。那么整体性案例研究中，分析单位就是案例本身；嵌入性案例的话则要在个人、实体、事件过程等内部提炼出更加细分的和次要层级的分析单位。例如，《汉语国际教育专业硕士职业发展案例研究》这篇文章，关注某校六位进入实习的专业研究生，以每个个体为分析单位，了解他们的教学实习的情况以及学生给予的教学评价，分析了他们的成长轨迹，最后归纳出"准国际汉语教师"职业发展的初期步骤。

（四）对研究对象的保护

从完成研究设计到启动资料收集工作的这段时间里，案例研究者可能需要组建团队，做一些相应的准备工作，甚至进行前导性案例的试点研究。在这之中，特别需要慎重思考的是如何保护研究中的对象。这点在目前的国际中文教育专业的学术研究、论文写作中已经受到了重视。而之所以要保护被研究者，是因为国际中文教育案例研究都是人文领域的、教育学科的，自然关涉到师生个体或教育团体。和其他学科研究物理、化学或历史不同，在现实的情境中研究一个现时的生命或现象，并以书面形式将考察结果公之于众，就要求我们如医学研究遵循职业道德一样，使研究者的行为始终合乎伦理规范。为保护被研究者，研究者有责任以关怀的态度和敏锐的同理心来从事最初的工作，这种观念的重要性甚至要超出其他技术因素。在案例研究中，我们与参加研究的被研究者或者需采集数据的相关人员联系得更紧密，对于是否有权利占有他人的时间和精力，参与者是否有充分的知情同意能力，研究成果中如何处理保密性等问题，乃至一份会议记录、学生成绩的使用是否符合学术伦理规范，都应事先审慎规划。

在一些国家，"受试保护计划"需要获得研究伦理审查委员会等机构的正式许可，研究者不能仅仅将其视为研究规范的一道程序，而是要切实地执行和承担具体的责任。虽然目前国际中文教育专业的案例研究还只能依赖学位授予单位或教师任教机构的把关，但研究者还是可以初步地借助三个维度进行自觉衡量和自我监督，见表 6-4 所列。

表 6-4　保护研究对象的基本内容和方式

	内容	方式	反例
1	知情同意	知会所有可能参与案例研究的人，让他们知道此项案例研究的实质； 正式邀请他们自愿地参与研究，并获得口头或书面同意。	未经同意使用学校的档案记录。
2	伤害预防	尽可能公开研究目的，避免欺瞒行为，注意使参与者免受伤害或不利影响； 保护易受伤害的群体（未成年人、非汉语背景的人、存在学习困难的人），做好特别的防范工作； 保证参与研究的人员有权随时终止或退出项目； 为实现"有利性原则"，可将关联性研究结果与研究对象共享。	在父母不知情的情况下使用儿童学习者的照片。
3	隐私保护	遵守法律规定，按照最小必要原则，安全审慎地处理、保管相关数据； 保护参与者的隐私和秘密，涉及生活史的描述中，隐藏或修改可能会指向研究对象的具体信息； 某一参与者同意披露信息时，也注意为其他参与者规避风险。	要求参与者接受请求，登记在册，以备其他研究者将来研究所需。

二、开展资料收集

在系统化的研究设计中，本身是包含资料收集和分析方案的，而且研究者也应在平时就注意学习和掌握访谈、观察、问卷调查、实物收集等具体方法和研究技术。以下部分仅就几种常见的资料来源以及收集原则加以简要说明。这里所说的资料指的是任何类型的信息，包括数字数值类、文字图形类、照片类等。常用的案例研究的资料收集工作要考虑六种来源：文件、档案记录、访谈、直接观察、参与性观察、实物证据。在实际的案例研究中，通常是几种资源同时运用，近年的国际中文教育专业学位论文中常能看到多种资料来源和收集策略的混合，或者以某一种数据为主体，配合其他资料来源的方式，例如访谈作为主要资源，文档和观察作为次要方式。总的来说，文档、访谈、观察这三大类还是国际中文教育案例研究最常用的资料来源。

（一）文档资料

文件和档案记录属于自然、真实的数据来源，包括的实物形态有个人日志、备忘录、公告、会议记录、事件报告、政策文件、对相关事件或场所的正式研究或评估文件、新闻报道或大众传媒中的文章、政府的统计数据、组织记录、个人资料、地图和图表等。其稳定性、确切性较好，容易量化，还能覆盖更长时间、更大范围的内容，往往是研究者开始资料收集时的首选来源。随着技术手段的进步，数码照片、音频和视频等数字化文件既承担起高效的资料记录任务，也成了研究者观察的新媒介、新平台，带给案例研究更多元、更开阔的视野。

在使用文档资料时必须考虑和认证文本产生的背景与准确性，因为它们被记录、保存下来一般都是为特定事情、特定读者服务的，也可能存在一定潜在的记录误差，当研究者决定采用时就需要将之置于当时的背景中去理解、判断。而且现在互联网技术条件下的文档留存和传播，可能会在原始文件基础上混入虚假信息，这就要求研究者审慎面对文档资料的可靠性，并用其他来源的资料加以印证。

（二）访谈资料

研究者的访谈活动一般针对性较强，可以根据课题需要进行直接提问，获得涉及研究主题的明确信息。访谈方法按受访者数量划分，有一对一访谈、群体访谈；按接触方式划分有面对面访谈、电话和网络访谈等。

访谈问题的内容可以有不同的结构化程度，其中结构化访谈是就一系列预先准备好的问题询问受访者，可以相对容易、快速地对访谈进行管理和数据编码，但因其是无弹性的、标准化的操作，答案里的类别十分有限，受访者在回答时一般没什么发挥的余地，所以在面对面的方式中也就没有多少优势，完全可以被问卷替代。非结构化访谈为了理解参与者的心理和行为，更像是一场对话，研究者不必向受访者展示问题，可以让受访者成为谈话方向和主题的决定者。但在没有设置议程的情况下，提醒受访者回归主题或转换方向时，研究者就需要慎重而行。相比之下，半结构式访谈是小规模社会科学研究中最常用的一种访谈方式。研究者提供一个对话中需要涉及的议题的清单——访谈计划表，并保留追踪提问这些议题的空间。研究者采取开放和半开放的方式，先让对方根据自己的理解畅所欲言，然后再根据对方提供的信息逐步聚焦，保持对潜在问题的追寻，围绕一些重要的议题进行深入的交谈。总的看来，访谈的结构应为被访者用自己的语言表达自己的想法留有充分的余地。研究者应注意被访者对问题的定义和思维方式，遵循他们的思路，用他们的语言表述来讨论问题。

访谈的一般执行程序在很多研究方法类的书籍中都有论及，以下仅就访谈前的准备阶段和进入现场的实施阶段加以粗略介绍。

准备阶段的具体步骤可以包括确定和联系被访谈对象、收集调研对象的背景信息、准备和发放调研提纲等，其中根据不同的访谈对象设计对应的访谈提纲是最重要的。研究者要依据研究问题和目的、概念框架以及访谈对象的可接受性，策划数量适当的问题，并保证访谈问题表述明确，一目了然。访谈提纲主要起提示作用，既需要事先设计，又需要根据访谈的进程灵活运用。

进入现场启动访谈，在正式开始之前，研究者可以简单介绍访谈主题和目的，特别强调对话的学术研究性质，表明乐于配合隐私保护，以及将问题回避权力交给对方的意愿，这样和被访谈对象的初步信任才能建立。访谈过程中研究者应互动、回应、追问，通过积极的关注、共情的倾听让对方打开心扉，也显示研究者诚挚的态度。访谈中的问题应该尽量选用开放型问题，让受访者有充分表达自己的机会。为了避免将谈话内容引入抽象概括的学术风格，双方思维过于自控、理性，研究者问的问题还应尽可能具体、清晰，并留意询问事件的细节以及有关人物的反应。最后，国际中文教育案例的研究者还需要特别注意理解受访者的语言与文化，当我们可能遇到世界范围内不同文化背景、语言的访谈对象时，达成真正有效的沟通且助益于研究目的，这就必须考虑跨文化交际和更多背景因素。

研究者也可以携带其他工具进入现场，比如用于启示问题的图片，初步设定的记录模板。访谈过程中所有信息、数据的记录，要生成访谈笔记，再进一步加工，确保使之进入数据挖掘阶段后，有助于资料分析的溯源和形成严密的"证据链条"。

（三）观察资料

正如"观察"二字所表示的"观"与"察"，研究者的观察活动并不仅仅是一些外显的视觉行为，还必须有与之伴随的思维活动，要一边看，一边想，一边发现。实践证明，观察性证据通常会为案例研究课题提供相当多的信息，比如要对一个新设计的课程进行研究，那么深入课堂的观察将会十分有利于了解课程的实际情况和潜在问题，这也是众多国际中文教育专业论文资料收集时借助的有效手段。

其中参与性观察中的研究者不单纯是被动的观察者角色，他们实际参与所研究的活动，可能担任不同的组织工作。像很多来自国际中文教育一线的案例研究就是教师成为教学活动的见证者、协作者、决策者后，一边参与教学活动一边进行观察。其优点是研究者可以深入某些场景和群体的内部，获得"局内人"视角，甚至获得机会去控制和调动某些研究对象的行为。不过研究者身兼双重角色，在保持观察的距离和中立性方面难度比较大。与此相对的，在非参与观察中，研究者是旁观者，观察时不参与被观察的活动。像很多实习生的课堂观察就是身临其境，但又"置身事外"，其优点是研究者具有便利的时空距离，能够比较从容地进行观察活动。但可能对被观察者的内部规则，或者出现的行为、语言的因由不甚明了。

在实际工作中，观察法的一般步骤经常是从无焦点式（unfocused）观察过渡到焦点较集中（focusing）的观察。这正如很多走上工作岗位的国际中文教师面对新环境时，持着开放的态度，全面考察教学现场的特征，随着逐步熟悉环境，切入自己感兴趣的具体场景，将注意力集中到特定现象上，系统寻找一些特定行为，并由此开启研究数据收集的某个侧面。在诸多灵活的观察方式背后，研究者始终要注意，随着主体的不同，每个人对于同样的事物，可能有不同的解释。因此，在实地进行观察时，研究者需要特别反思个人的观察方法和观察视角，了解自己的观察习惯、价值倾向、前设和归因等，明确自己的推理依据和过程，并在进入资料分析和论文写作阶段时避免过于主观化。

观察活动对于计划表的设定、记录的抓取也要依据具体的操作主题，由研究者结合专业的科学研究方法指南加以细致筹划，在此不做详述。

除文档、访谈、观察等方式外，在国际中文教育案例研究中，有一类资源也可以成为研究者收集的方向，就是师生使用过的实物制作，如学校的教具和相关设施、学生的作业制成品，甚至校园、家庭环境中物理痕迹。在教育工作者和研究者眼中，这些实物有着不容忽视的价值，也经常是研究活动关注的资料之一。充分发现、利用此类物态化的或数字化的人工产品，可以补充其他资料来源，从多种渠道支持研究工作的进行。

从研究设计出发，对案例研究者来说，在资料收集阶段开展的工作，特别是资料的质量和丰富程度会决定接下来分析、写作的方向，以及研究发现和结论的质量。所以，收集资料过程中就要随时有意识地评估资料质量，研究者要使用多种资料来源以全面把握案例的复杂性、问题的多样性，并注意判断资料的价值立场对其质量和研究工作的影响，对资料制作者、提供者乃至研究者自身的倾向性保持敏感。在这个阶段，实际还有一项具体的操作原则，就是资料的收集、整理是和分析并行的，这种"双线"推进的方式也是大部分质性研究所遵循的。为了保存前述多种方式得来的资料，发现遗漏和重复之处，有序处理规模庞大的质性资料，需要我们在每次资料收集工作告一段落时，就尽早启动资料整理和分析。这对新一轮的或其他方式的资料收集来说也有好处，只有经过这样不断的螺旋调试收集工作和即时分析，研究的问题才会得到重新的提炼，并为我们带来更多的新发现。

第三节　资料分析与报告撰写

正如上节所说，资料分析与资料收集不是简单的线性切割关系，它们是需要同步进行的。研究者至少要由收集阶段就开始利用"分析备忘录"，推动同步的记录、思考，以及一些面向案例的分散写作。本节将接续对研究活动的动态介绍，关注分析到写作的过程，或者说本着一种"撰写本身就是分析"的观念，整体地说明资料分析的方法、策略、原则，以及如何用文字化手段呈现、报告研究中的发现。

一、资料分析的方法与原则

案例研究的资料分析遵循"分-总"的原则，先分析较小的单位，在此基础上综合分析较大的单位。而为了能把握基本的分析单位，我们的工作起点就是要对资料进行编码，然后才能进行案例内的有效描述和解释。

（一）分析工作的起点

研究者面对收集来的质性资料，常常觉得它们无定形、无结构，甚至是海量的，再想从中提取一些有意义的东西，似乎就显得更棘手了。这是很正常的感受，而研究者走向分析工作的第一步，就是对这些模糊或庞大的资料进行编码。在梳理出有意义的资料片段，并赋予代码、贴上标签的过程中，我们就如同获得了"钥匙"，在艰苦的分析工作中找到了起步的方式。

其中一种起步方式是在开始分析时，研究者先认真阅读原始资料，熟悉资料的全部内容，同时采取一种"敞开"的态度，在资料所关联的意义中为可用部分贴上代码，对全部资料编码后，再归纳出更上位的或更抽象的代码，直至从各层级中提炼出资料的核心码或主旨。这种从下到上的方式也可简单称作归纳式编码，其操作过程见图6-1所示。

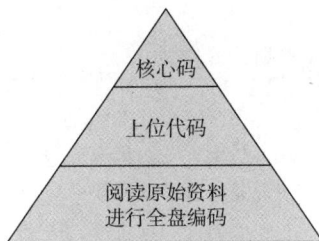

图6-1　归纳式编码过程

可以看出，这种编码方式对研究者的分析、综合、抽象、概括能力都有一定要求，必须放弃自己原有的"前设"和"主见"，尽量敏锐地反思从资料中获得的直观感受。因此也需要研究者有相当的经验，才不致迷失在资料中。

那么，另一种方式就是渗透着演绎思维的"预制式编码"了，它自上到下地"捉取"原始资料中有价值的信息，见图6-2所示。研究者首先要遵循案例研究的问题和理论假设，结合已有文献和概念框架拟定一份预制清单。因为研究者在提出理论假设后，通常会根据该假设来制定资料收集方案，那么，接下来从清单中找出匹配的初始代码，贴在

图6-2　预制式编码过程

相应资料片段上就相对容易。尽管分析过程中必然需要根据所获资料来增减、调整代码，但明确的理论取向还是有助于研究者安排整个分析过程，透视需要解释的相关议题，或者提出其他可能的补充。这样来看，这种编码方式能避免研究者面对资料无的放矢，对初步尝试案例研究的实践者而言就更加易于上手。

编码加工过程中，两种方式都会将我们带到分析路径的开端处，资料在这里被压缩、聚合和结构化，研究者也得以"拨云见日"，深入挖掘，寻找更本质的思考逻辑。接下来，借助资料之中体现的连贯性、层级性或相似点，我们形成的看法也开始有分类、排序、简化、综合的可能，研究思路继续向描述和解释案例推进。

（二）基本的分析方法

案例研究的分析方法、策略和技巧是多种多样的。从质性研究共有的基础出发，研究者面对完成了编码的资料，可以采用的两种最基本的方法，一是分类法，二是情境法，详见表6-5所列。前者对研究对象作分解的和多面的观察，在资料中寻找反复出现的现象以及可以解释这些现象的重要概念，也被称作类属分析；后者对资料进行整体的和动态的呈现，将资料放置于研究现象所处的自然情境之中，按照故事发生的时序对有关事件和人物进行描述性分析。研究者需要时，完全可以结合两种方法同时

来开展分析，而撰写研究报告也最好将两类分析的结果综合起来使用。

表6-5　两种基本的分析方法

	分类法（类属分析、词类分析）	情境法（情境分析、语段分析）
特点	共时性的分析	历时性的分析
基础	比较，区别	整合，分解，再整合
含义	在资料中寻找反复出现的现象以及可以解释这些现象的重要概念和命题。在这个过程中，具有相同属性的资料被归入同一类别，并以一定的概念命名。	将资料置于研究现象所处的自然情境之中，按照故事发生的时序对有关事件和人物进行描述性分析，寻找将资料连接成一个叙事结构的关键线索。
要点	1. 通过同类、异类、横向、纵向、理论与证据等比较设定有关的类别； 2. 对类别之间的关系进行识别，如因果关系、时间前后关系、语义关系、逻辑关系、平行关系、包含关系、上下属关系等等； 3. 类别之间的关系建立起来后，发展出一个或数个"核心类别"，即类别中最上位的意义单位，在意义上统领其他的类别； 4. 每一个类别下面还可以进一步发展出下属类别，表示的是该类别所包含的意义维度和基本属性。	1. 将资料中的核心故事、关键人物、事件、关系等按照一定的线索整理出来； 2. 具体分析时，先对特定的情境或事件进行描述，然后进行深入分析，呈现事情发生、发展的过程及各种复杂的关系结构； 3. 进行情境分析的结构可以有不同的组成方式，如前因后果排列、时间流动序列、圆周反复等方式； 4. 具体手段包括轮廓勾勒、片段呈现、个案、访谈片段、观察事件等。

这两类方法形成的分析思路，如同从编码后的资料中梳理出经纬线：分类法能有效提取资料中与研究主题相关的各类主题，情境法则能透视案例所处背景和脉络。它们的使用也会影响案例研究成果的内容呈现方式，我们在下文将再做讨论。而不论研究者偏重哪些方法、策略，分析中借助一些图表，如矩阵图、网络图将思考成果可视化，都会对案例的描述和解释起到进一步的助益。

（三）其他分析策略

在资料分析的"工具箱"中，一些实证主义的案例研究也为我们积累了多项分析技术，罗伯特认为最值得提倡的技术就是遵循模式匹配（pattern matching）。具体来说，模式匹配的基本策略就是将建立在研究发现基础上的内容与建立在预测（出于理论或逻辑上的原因）基础上的模式进行一致性检验，分析匹配情况，资料呈现的实际模式和理论假设中的模式之间是对比的关系。例如研究者对汉语课堂中的师生互动情况有所预估，认为依据互动时长、频数、间隔等会形成A、B两种不同的潜在模式，并对此加以描述。在完成课堂观察后，研究者要依照实际记录得来的量化数据，确定与事前哪种预测更匹配。数据如果与A模式一致性高，则研究主题获得了相对合理的解释。如果发现了数据和两种模式都不匹配，研究者则必须重新审视这种"出乎意料"。

这里可以看出，上述分析策略在于发挥理论假设的指导作用，而建构性解释（explanation building）也是在同样的出发点上。它通过追因，提出一套有关某个现象的假定存在的因果关系，通过对个案事实的精确再现，对这些事实的不同解释加以衡量，根据最符合事实的一种解释得出的结论。这里仍是以课堂互动问题为例，研究者建立解释的过程类似于在理论假设和资料之间循环回顾，需要先建立一种对高频互动的解释，在掌握现场描述以及获得师生访谈的信息后，针对不同资料的相关性做出决定。一些事实会被排除，一些有用的线索受到重视，被研究者继续追踪，用资料不断求证或修正原始假设，直到形成一种关于实现高频互动的可靠解释。

除了模式匹配和解释构建，时间序列分析（time-series analysis）、逻辑模型（logic models）也是比较有效的技术策略。时间序列分析的基本特征就是找出特定的指标，划分合适的时间段，提出几个事件之间假定存在的因果关系。后者追寻一定时期内各个事件之间复杂而精确的链条，面向个体、组织、项目层面，借助各种图形形象表达因果类、机制类、阶段类的观点。在国际中文教育学科中，经常能看到这两种分析思路在案例研究中发挥作用。

（四）资料分析的原则

面对丰富的研究数据，手握一定的分析方法，操作者面向研究目标，获得发现的过程会伴随着不易言表的艰难，以及不时而至的喜悦。遵从一些基本的资料分析原则，会让研究者的工作始终有所依凭，不至失控。

首先，就资料内部而言，坚持三角验证（triangulation）是保证分析质量的最基本的原则。这里的"三角"只是一个概数，强调通过多种数据的汇聚和相互验证来确认新的发现，由此提高结论的说服力、稳定性。研究者应该从多个方面去收集资料，形成资料的多样性；并且搜集资料的方法也不是唯一的，要形成方法的多样性；不同研究人员对于同一个资料的分析是否得出相同结果也很重要，研究发现上要有主体互证；采用不同的理论视角要能形成竞争性的假设，通过不同的假设和维度去构建理论的多样性。多个访谈对象能够为同一个问题带来不同视角，文档分析也可以作为证据来验证访谈得到的数据是否带有偏见。

坚持三角验证颇为不易，研究者掌握多种资料收集方法的难度就很大，如果有研究技术上互补的伙伴和合作者则会令分析工作更高效。当研究团队能够用不同的资料来源、不同的分析方法、不同的参与人员以及研究理论的不同维度等多种资源和模式去验证发现时，案例研究的质量就获得了有力保证。

再者，就资料与研究内容的关系而言，研究者必须做好反复迭代的准备。因为资料收集和分析很难一次完成，本身具有高度的迭代性。分析过程中所得到的结果与原有的理论假设有出入，某个案例分析单元与最初设计的研究方案不匹配甚至毫无关联，这都是经常会遇到的。这个时候就需要研究者对于原有的方案进行重新调整，修正部分研究设计，补充资料，"毋固""毋我"地让科学证据说话。对于利用多个案例的情况，迭代还体现在案例样本的改换、调整上，研究者发现一些新的模式、机制和关系时，有时还需要扩充案例数量进一步论证。

在螺旋式前进的过程中，资料分析的反复、不断滚动、波动前行的特点是研究者需要认识到的，将自己的研究进程适时"刷新""升级"也是工作的一部分。而且，通过案例资料、理论以及现有文献之间的反复比对，新的理论建树也经常是在这样循环往复的程序中得以确立的。

在今天，数据分析工作由计算机软件技术不断赋能，案例研究的实践者们有机会在各项数资料集合中获得了相当的穿透力，看到更清晰、更有价值的方向。定量数据分析方面成熟的软件已经有了 SPSS 和 MATLAB，而定性数据分析方面，ATLAS 和 NVivo 等软件也显示了强大的作用。其他较为基础的计算机软件，如 Word 和 Excel 也可以为分析资料提供相当大的便利。

二、案例研究报告的要素与结构

沿着案例研究工作的轨迹，研究者行至此处，必须思考如何将自己的研究结果呈现出来了。其实从前文给出的建议中能发现，我们是提倡在研究准备和实施阶段就坚持同步的记录和撰写的。试想在研究设计环节便已规划研究报告的内容，这完全可以有效减轻最终写作任务的压力。不过，我们也承认案例研究报告作为公之于众的成果形式，根据用途或出版的要求，可能是项目结题报告、专著、专题论文或毕业论文，它们的拟写和成文还是有不同难度的。在这个环节，研究者的工作任务集中于用文字、图表等手段对探究案例的结果加以综合表现，要将原初的事件、后续的发现固定下来，与读者、导师，乃至未来的审稿人交流。开展述评、说明、叙事、论证等多种写作任务，如同在案例里经历一次深度的学术"冒险"，也最终会为那些研究结果赋予理论价值、经验价值。

为了回应研究者在写作中关心的问题：要点大致有哪些？框架通常如何构建？是否有可供遵循的程序？从何处下笔？何处又是重点？在无法穷尽成果发表形式要求的情况下，我们希望提出一些普遍性结构和内容要素，在这里给案例研究的实践者以点滴切实的帮助。

（一）从一般形态到国际中文教育案例研究报告

不论出版社、学术期刊或毕业论文评审委员会要求用何种形式呈现和交流研究者在案例中的发现，案例研究报告的基本组成部分都可以在更大类别的质性研究报告中找到依据。根据陈向明的概括，比较通用的质性研究报告应该有六个部分，见表 6 - 6 所列，其中第一至第四部分涉及各种细节化、背景化元素，第五部分可视为写作的主体，而第六部分有"余论"功能，在这里我们不妨将之视为三个模块。

表 6-6　质性研究报告的六部分三模块

1	问题的提出	研究的现象和问题	模块一
2	研究的目的和意义	个人的目的和公众的目的、理论意义和现实意义等	
3	背景知识	文献综述、研究者个人对研究问题的了解和看法、有关研究问题的社会文化背景等	
4	研究方法的选择和运用	包括抽样标准、进入现场以及与被研究者建立和保持关系的方式、收集资料和分析资料的方式、写作的方式	
5	研究的结果	研究的最终结论、初步的理论假设等	模块二
6	对研究结果的检验	讨论研究的效度、推广度和伦理道德问题等	模块三

　　根据质性研究报告形式的灵活性以及不同学科、不同用途案例研究的要求，以上这些部分不一定在所有研究报告中出现，各个部分的内容也不一定严格按照上述顺序排列。比如，有的研究报告就没有独立的文献综述部分，像前文提到的肖莉的《汉语国际教育专业硕士职业发展案例研究》，就是开篇简洁地由文献或现象引出研究问题：

　　自开设"汉语国际教育硕士专业学位"（MTCSOL）以来，专家学者们纷纷发表文章，围绕该专业学位的培养目标、教学理念、课程设置、教学方法等问题展开热烈的讨论。关于国际汉语教师的基本素质及师资培训方式的研究也有很多。个别学者也关注了该专业硕士生的实习情况，如曹顺庆等（2008）讨论了分层综合实习模式，沈安怡（2010）以复旦大学为例探讨了海外实习的方式。但是很少有人将该专业硕士的校内外实习结合起来考察，从历时的角度分析他们的成长过程。本文将借鉴案例研究的模式，运用观察、访谈的方法，了解几名该专业硕士生积累教学经验的过程，借此讨论培养院校和指导教师在这一过程中所发挥的作用。

　　以上述六个要素为基础，我们把眼光转向了国际中文教育案例研究报告的写作。尽管目前还无法定义典型或典范的案例研究专题论文，但实践者们还是在教育学科、语言教学的交叉中促成了一定体例和风格的形成。为了使写作格式、产出成果更符合学科角度的接受预期，基于"中国知网"的学位论文资源，我们对十年时间内北京大学、山东大学、华中师范大学、北京外国语大学、中山大学等高校国际中文教育专业硕士、博士的案例研究论文体例进行了取样、梳理，发现这类论文的结构大致可由引言、文献综述与理论依据、研究设计说明、案例呈现与研究发现、结语五个部分加以命名，也分别对应着表 6-6 中的三个模块。对于其中每部分比较可行的写作要点，我们也做了归纳，具体见表 6-7 所列，作者可按照行文需要灵活安排顺序。

表 6-7 案例研究类论文的基本体例和要点

	章节	可能的要点			
1	引言	研究背景	研究意义	研究问题	
2	文献综述与理论依据	对相关文献和研究成果的梳理	可参照的理论框架或理论命题	明确切入点	模块一
3	研究设计说明	研究范式、方法的选择与理据	研究对象的取样方法和情况	数据收集过程和分析路线	研究伦理规范说明
4	案例呈现与研究发现	研究发现（类属型、情境型、结合型思路）	解释原因或提出问题	提出与研究主题相关的对策、启示	模块二
5	结语	与既有理论的对话	研究局限和未来研究方向		模块三

以上三个模块也可以按研究者的需要，细分为引言、文献综述、理论框架、研究设计、案例呈现、研究发现、结论。其中理论框架、研究设计两个部分的安排尤其显现着多样性。首先，理论依据部分有独立与合并，明线与暗线几种不同的处理方式。最易于观察到的是单独撰写论文的理论框架，但因其与文献综述的关系比较密切，作者的选择也有将这两部分合为一章的。同时，很多论文会将理论依据化为暗线，在案例呈现中参照或发展各自的理论，而不将理论要点设为明确的一章。再者，关于研究设计的整体陈述，当仅需对研究方法、研究内容加以简单说明时，作者们多是将之纳入引言部分的。但随着案例研究方法本身的特点日益受到重视，近年的论文中关于研究方法的选择与理据、研究对象与场景的说明、数据收集和分析的技术路线等也成了作者需要介绍的重点。对于个人研究工作"方法论"的细节化披露体现着案例研究的科学性和严谨性，所以开始有些论文将研究设计列为专章。当然，在不同的研究主题下和作者的不同视角中，有些部分结合得更紧密，处理方式也很难固定。我们为了把握写作中整体的逻辑链条和工作要点，以下仅依照三个模块，逐一简述。

（二）模块一：研究工作的概述和理论参照

这里所说的"模块一"指的是案例研究报告中对问题的提出、研究目的和意义的介绍，以及研究者依据的背景知识、选择的研究方法等。在所研究的案例"登场"之前，这部分如同音乐演奏中的"序曲"，必须为研究者打开声面。

案例研究报告首先要有一个类似"引言""前言""绪论"的部分，它在开篇时出现，至少要向读者介绍研究的背景和意义，并围绕研究问题的明确提出而预备展开讨论的前提。而专业学位论文一般从选题缘起或研究背景开始，介绍针对某项内容开展研究、撰写论文的因由和动机，在这里研究问题就开始初具面目。在作者对研究内容的大致解说和"预告"中，研究问题还会随着研究对象、目的等的引入而被再度勾画出来，得以显示出清晰的边界和方向。至于讨论选题的研究意义，其实也是在说服读者明白研究问题的重要性，通常的思路是从理论意义和实践意义两个维度加以阐述。比如论文将补充、扩展、修订、验证某项理论，或通过对某项现象的解释形成新的理论模型，具备对教学应用、文化传播的实践意义和价值等。

在研究问题明确地被表述出来之后，寻找问题的解决思路，作者就必须梳理文献中的已知与未知，对文献进行归纳整理、提炼重述。文献综述部分是作者对研究领域的基础面貌与最新进展的把握，可以参照学位论文的基本要求，按照相关性、系统性、权威性、时效性等原则，组织文献，完成评述。在此期间，作者还必须克服文献回顾中盲目、散乱等缺点，避免有的文献与研究问题和参照理论的联系不紧密，缺乏对文献中引用的核心概念的定义，梳理出来的文献线索缺乏条理甚至相互矛盾等等问题。对于国际中文教育专业的研究生而言，更能体现作者批判性思维的工作不仅是要汲取、展示优质文献的那些研究结论，为自己的理论构建提供文献证据与支撑，更重要的是要识别、总结已有文献的空白，突出论文的理论创新之处。

考虑到进入文献回顾的理论可以和作者的意图形成对话，显示研究机会，析出命题，所以有些论文也会在这部分同时明确文章选用的参照理论，继而在理论与研究主题之间建立有效的连接。也有些论文是致力于检验某些理论的，那么清晰介绍理论框架和核心概念，或者在形式上独立出新的一部分，都有利于为案例研讨指明方向和线索。研究者立于参照理论这个"枢纽"之上，应该明确的原则就是将之与接下来的案例研究情境紧密挂钩，指出理论概念在案例中的体现或整体框架对所选个案的支撑作用，避免"故事"和"道理"脱钩。在相对简短的期刊论文中，如果该案例所讨论的问题有非常鲜明的理论命题或具有共识的理论模型，也可以省略对参照理论的详细介绍，直接进入案例的呈现。

不论体例上是否单独把理论命题和理论模型开列出来，作者都要避免"故作声势的精致"和"不证自明的草率"。前者类似于刻意打造一个表述精致、繁复的理论框架，颇有声势但徒增困扰，对分析将要出场的案例，为读者证明案例价值都无其帮助；后者一般是作者为所研究的问题铺陈一些基本概念与相关理论，然后就断层式的转入某校、某班、某老师的案例材料，逻辑随意、结构松散，但却期待读者能自行了悟理论与现实的关联。

这部分还包括对研究设计和过程的展现，要能够突出案例研究本身的特征，证明研究者工作程序的科学性，并提升读者对研究结论的信任感。大致来说，研究者要解释研究设计路径的依据，介绍研究对象的取样方法、数量、代表性及其作为样本的基本情况，展示采用的数据收集技术和分析方法、过程。事件的情境在案例研究中是比较重要的，有的作者希望在研究设计部分的基础框架中，先行突出情境化特色的内容，比如案例中的研究对象是某所学校的中文课程体系，那么这里就提供该校课程开设情况等背景信息，让读者尽早接触到研究问题的情境，也是一种呈现研究对象的有效手段。不过，将全部案例内容独立为一个后续章节，而非将其前导式背景纳入研究设计中，也是较为常见的做法。

完整清晰地说明个人研究设计的方方面面，其实并非易事，许多文章在这里可能有内在的研究方法的不适配，外在的表述模糊宽泛，缺少细节等问题暴露出来。例如，从一个班级中抽样，从介绍被调查班级的整体情况到开始分别描述学生个案，中间缺少对抽样方法的说明，就让读者无从了解案例选择的依据。

（三）模块二：研究发现及其中案例的呈现

在"模块一"提供了相当的背景式、预备式信息后，"模块二"将成为展示研究者探索成果的浓墨重彩的部分，这里会逐步展现研究假设、案例面貌和研究结果。因为本章上一节已经简略讨论了研究假设的形成，这里仅对如何呈现案例和研究结果稍加介绍。

研究报告中所说案例呈现部分与课堂教学中个人阅读的教学用途案例不同，其表述形式与参与案例讨论前后撰写的案例分析报告亦有差别。我们将之视为研究者陈述研究发现的前提，这也预示着案例研究报告的核心写作过程由此启动。这部分除了一方面说明案例的背景、案例的主题与问题，描述各个侧面，另一方面还重点关联着作者的分析和发现，要预备有条理地展示资料和解读数据，让理论关联得以从事件中自然体现。所以，从由表及里的关系看，案例研究的作者必须使自己的事件记叙走向理论表达。案例的呈现在行文中可能有多种形式，如一章一个案例，写出一个故事；按时间顺序叙述，划分线性段落；将事件、人物分成层次性标题或小节，来陈述案例的每个方面等。不论如何设计，以叙事手段呈现研究对象的内涵、特征及影响因素，都需要依靠理论框架来讲述事实。作者们可以借助因果类、机制类、阶段类模型及各种图表，或是展示现象、概念之间的因果关系，或是呈现各因素共时发生的相互作用，或是揭示研究对象随时间演进而逐渐出现的变化，最终以穿透性的信息聚焦于对现象背后复杂本质的阐释。试想案例研究如果是单纯解析现象，可能类似于只讲"故事"，不说"道理"。一些案例研究生硬地采用"列举文献＋讲故事＋给结论"的三段式结构，这样得出的结论也往往不严谨，与案例资料之间的逻辑比较生硬。案例研究虽然与具体情境联系在一起，这是它与一般研究方法不同的地方，但它最后的目的是指向超越情境的结论的，更大的目的不是为了解决案例中的问题，而是要解决"走出个案"之后同类的问题，由案例出发完成对教育教学普遍结论的认识与推广。

更进一步地，案例叙事、理论叙事与数据叙事的融合，是表明研究发现的有效通道。在鲜活的事件面前，原理一般来说显得比较抽象的，在呈现完事的同时，作者不能期待读者可以"自动"聚焦到问题本质上，所以需要有对数据资料的层级性、总结性解析，围绕个案做深入讨论，以各种来源的资料与数据逐步回答研究问题，让参照理论有力地支持研究发现，帮助作者得出研究问题的整体答案。展示、解读资料既是在故事框架之内，也受到理论线索的推动，其呈现方式与前文所述资料分析的两种方式——分类法、情境法有关。前者会形成类属型的呈现方式，也就是采用分类的思路，以案例资料中显现的各类重要主题来组织研究发现；后者会推动情境型的呈现样态，即着重表达情境和过程信息，可以在事件展开的时序过程、逻辑关系里表明研究发现。这两种研究结果的呈现方式互为短长，写作中，我们可以扬长避短，同时结合使用。比如，我们可以使用类属法作为研究报告的基本结构，同时在每一个类属下面穿插以小型的个案、故事片段和轮廓勾勒。我们也可以以情境法作为整个报告的主干叙事结构，同时按照一定的主题层次对故事情节进行叙述。不论是以分类为主、辅以个案举例说明，还是以叙事为主、辅以类属分析，都可以称为"结合型"，国际中文教育案例研究中常能看到这种互补式的撰写思路。

这里还要避免一种情况，就是利用各种思考工具，获得来自访谈、现场笔记、调查问卷等的资料后，部分研究者想尽可能多地展示证据，有时会导致证据堆砌，甚至重叠难辨，与原本想验证的理论框架失去了必然关联。这时就必须注意到，决定分析质量的不是数据覆盖面的全面，而是要在复杂的数据来源中抓住主要的矛盾或矛盾的主要方面，批判性、辩证式地揭示案例若干因素相互之间的关系。

（四）模块三：研究进程的总结与反思

在研究报告主体接近尾声时，研究者需要对研究结果做出一定检验，讨论研究的效度、推广度等，一个类似"结语""余论"的部分就非常必要。结语也许对此前写作完成的研究发现和结果而言是终点，但它通过对全部研究过程和要点的回顾、反思，也有可能会带来后续研究的起点。

结语也不是对研究发现的简单回顾和重述，它要将此前各章节的线索串联起来，是对研究工作的升华和"点睛"，而不是一笔匆忙画下的"句号"。这里同时包含着作者对研究过程的反思，对个人的探究在多大程度上回答了研究问题的自我评估，需要指出研究局限和未来研究方向。这部分还可以与以往文献进行再次对话，从而提炼出案例研究的理论贡献。根据研究结论建立一定预测性内容，为国际中文教师提供某些建议，也会显示出本项研究的实践意义。但是，在这个部分案例研究质量的考察标准，还是结论与案例关系的紧密度和阐释力，因此无须刻意地把收尾写得"锦上添花"，还是要在科学精神和前文逻辑的基础上完成"凤头、猪肚"之后的"豹尾"。

在以上论及的三个模块之外，案例研究论文也需要编制附录，集合各种资料来源的原始记录和样本，如问卷、访谈提纲、研究对象的知情同意书等。

总的来说，案例研究适用于解读国际中文教育领域层出不穷的新颖或独特现象，也非常适合深度解剖复杂的教育教学问题。它从现象中归纳出的理论与教师的教育实践天然地密不可分，可以与大样本定量研究在多个维度形成良好的互补关系。这类学术研究和写作活动将继续成为学科常态，乃至国际中文教育研究未来的增长点。

第七章　教学前沿案例举隅

　　本章收录了近两年来案例课程主讲教师和汉语国际教育专业研究生共同开发的案例，主题涵盖网络教学、文化活动、课程德育、语音教学、班级管理、跨文化交际、教学资源开发，由处于不同职业发展阶段的教师结合国际中文教育的新领域、新议题，从教学一线中提炼、撰写而成的。其中第一至第三节分别对应评估型、决策型、诊断型案例，已用于第四章第一节案例分析思路的演示。案例每节文末所附两篇"评析"不是严格意义上的案例分析，只是作者、审稿人和课堂讨论中所得出的对案例所涉问题与情境的看法、意见和评论。

第一节　如何在同步直播课程中加强互动

　　概　　要：借助在线教学平台开展的同步课程当中，教师常感到互动活动受到限制，师生分处屏幕两端，学生之间也增添了空间阻隔。在这种情况下，如何发挥网络和平台上既有的技术手段与资源优势，重新开发、加工基于在线需求的教学内容，开拓带有"网课属性"的互动模式，成了很多老师探索的方向。白老师较早在他的写作课中，结合学生的情感、学习需求，进行了初步的尝试，对同步直播课中的多维互动有了新的认识。

　　关键词：教学法　在线教学　高级写作　互动

　　2020年春季学期，高级班的汉语写作课程采取了线上教学形式。六名学习者分别来自埃及、尼日利亚、英国、丹麦、伊朗和芬兰，平均年龄二十二岁，HSK水平已达到或接近五级。此前，他们就是C大学汉语国际教育学院的语言进修生，彼此较为熟悉。三月开学时，学生不论身处北京，还是自己国家，都克服了各种困难，与白老师在线上聚齐，由此开始了他们的同步实时小班直播课。

　　随着课程在线上持续，白老师感觉到网络虽然弥合了师生之间的时空差异，但实际存在的物理距离和令人不安的疫情因素还是会带来很多的阻隔，学生的内在需求上除了对这种状态下"学什么"有一定要求，还特别在意"怎么学"，那些打破心理、交往距离的人际沟通和互动活动往往是更吸引他们的，即便这种互动只能在"云端"实现。那么，老师到底能为他们做些什么呢？多利用教学平台界面有趣的互动工具、加入更丰富的课堂交互活动、在授课内容之外加强和学生的联结等，白老师在教学中摸索着答案。学期过半时，似乎求解方式积累得越来越多，于是，他决定在日记写作的专题教学中开展一次集中的尝试。

白老师说

作为此次线上课程的授课教师，我在六七年前曾承担过同类的写作教学任务，当时沿用前辈教师讲、练、评、改的基本模式，也思考过如何将互动观念融入写作课程的设计与实施中。在年初那番"转型"的慌乱过后，我重新意识到，疫情背景下的在线写作教学甚至比在面授课堂中更需要互动。如何在语言知识、技能的建构过程中，为学生创设多维互动的情境与内容，确实是教师在熟悉网络课程的特性之后亟待解决的问题。

课堂情况：转入线上的高级写作课程内容沿用了汉语国际教育中心自编的"讲练手册"，这套讲义包含预备技法、写人记事、应用文类、说明议论、HSK 应试、学术写作几个单元。每个课程单元下设两三个专题，我们一般在一周内（四课时）完成一次专题写作训练。以第一课《介绍自己与了解他人》为例，这一专题中又涵盖以下模块：词汇释例、思路延展、热身练习、课堂习作、补充知识、作文讲评、附加练习，另配有前几届学生留下的相关范文可供写作者参考。

我们的"上课地点"Classin 是一款一对多的直播互动教学平台，其部分界面见图 7-1 所示，教师和学生可以按固定时间表到写作教室"出镜"，借助在线教室的

图 7-1　Classin 4.2.10.616 PC 版工具箱界面的部分功能

实时授课功能和多样化的课堂工具，共同完成语言要点和写作知识的学习、作文现场写作、课后作文评改等一系列教学活动。从外部条件来看，这个平台对于模拟教育场景很有帮助，可以为教学互动提供较为全面的技术支持，满足写作课师生的需要。

白老师的课前活动：咱们的日记交换吧

在原本的教学设计中，我只是想通过作业来"摸底"学生的日记写作水平，所以就简单要求他们以一周之中任意一天的生活为内容写出日记，通过 Classin 平台发布到作业栏。但在布置作业时，我意识到此时正值期中阶段，是课业压力增加的时期，学生已显露疲态，而且在已无法回归教室的形势下，他们的学习热情也正在消退。找到一个鼓励他们写作的"借口"应该比单纯地督促上交作业来得有效，因此我直接把作业标题写成了很有噱头的"咱们的日记交换吧"。

交换日记倒不是要师生交换隐私，学生都是成年人，自会斟酌哪些内容是可以写来交予我看的，而我想回馈他们的日记也并非来自个人经历，而是一篇参照当时新闻报道"杜撰"的《航海日记》，见图 7-2 所示，本就是为这周上课预备的素材。上课前几天，《新京报》发布了一条视频新闻——"25 名荷兰高中生因疫情滞留海外，驾船横渡大西洋回国"。我觉得新闻内容的现实情境和励志成分正可以利用起来，便由当事人身份出发，虚构了"我的一日"，写成了不到一百字的《航海日记》。主要用意是简明地呈现中文日记格式，标记出备忘式日记的特点，用三个句子分别关联不同的写作方法，为学生提供写作练习的底本。当然，新闻内容本身还提供了一个课堂讨论的适用话题，以此作为"钥匙"或许能帮学生打开心门，一起直面疫情带给生活的影响。

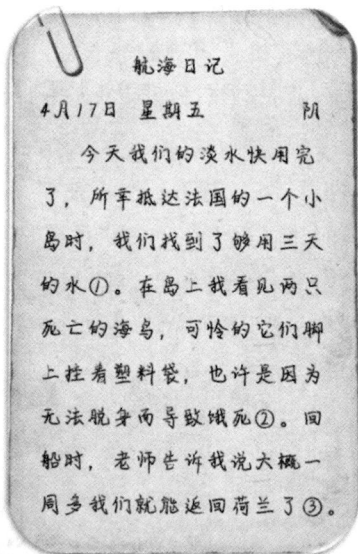

图 7-2 航海日记 1.0 版本

学生的作业交来后，他们日记写作的初始水平——显露，这为我本周的教学活动划定了起跑线。而我"回赠"他们的有写作格式、语言运用方面的批改和提示，也有一些对他们日记内容中情绪问题的回应和疏导，当然还有那份提早发出的学习材料——《航海日记》。交换过去的日记真的引发了学生的关注和好奇，一位年纪稍长的英国学生还凭借自己的航海经历，"批评"我缺乏船上生活的常识。虽然对于交作业鲜少热情的那位学生依然故我，但我还是有些庆幸设置了这次课前的师生交互环节。学生有一种找到了面对读者或文友的感觉，在日记里表露出疫情之下真实的心声：有的人因为无法自由如常而感到难过，甚至愤怒；有的人在日记开头就写下了"此刻的世界正处于黑暗的时代"。我如果仅是给予例行公事般的反馈，恐怕会使他们觉得未被关注。日记的双向交流至少能传达出我对学生情感上的尊重，而我写到的内容也多少能给此时的他们带来情绪上的"同频共振"。

白老师上线：今天的日记合作写

这天上午进入在线教室时，我已经计划好把学生通常独立写作的环节也转为互动形式，就是要他们"组队"扩写《航海日记》，通过三个人的合作完成一篇包含了纪实、议论、抒情不同写法的"2.0版"。帮助学生掌握日记多种写法的同时，我也希望大家围绕新闻内容交流感受，实现彼此情感上的支持和互助。为了达成这些目标，我沿用了原有的"讲"，重新设计了"练"，又在两部分之间增加了讨论一环。

1. 讲写作知识

我用四十分钟左右分享了备忘式、纪实性、抒情式、议论性四种日记的基本特征、写法要点，学生们比照例文，对自己上周所写的日记进行反思和评判，领会到大多数人"生活清单"式的备忘日记只体现了基础写作方法，在此之外还可以探索一天的不同记录方式。而我用于交换的日记虽然看似新奇，但同样写法平淡，正可以拿来做改进与练笔的试验品。

2. 论此时感受

我向他们解释《航海日记》的"出处"后，大家一起在在线教室里观看了那条作为写作背景的视频新闻，见图7-3所示。交换彼此的观感时，每人体悟各不相同，有人对这些高中生表示敬佩，有人担心当事人在船上的生活，有人从这样曲折的回家路谈到了自己的滞留，还有的人认为这样的新闻更让人伤心。二十来分钟的时间里，我们用新闻的不同维度作"锚点"，第一次在课堂里坦陈了彼此的困惑和焦虑，也把各自

图7-3　作为讨论话题的视频新闻截图

的正负面感受梳理了一下。我最后鼓励学生，"你们在线上，他们在船上，都很了不起！""大家都能想到办法，都在坚持，那么总有好起来的希望。"

3. 练各式写法

讨论结束后，我向学生发布了"合作日记"计划，请他们依自己喜好，分别"认领"《航海日记》中标记的①、②、③三个句子，对应选择纪实、议论、抒情写法，从句子内容出发，迅速构思，扩写到二至三百字。学生之间有默契的"平均主义"，每种写法都是两个人选，所以这就帮我顺利地把他们分作了两组，每组正好可以连缀出一篇包含了三种写法的新版日记。大家同时在 Classin 在线小黑板上写作，每组的三个人之间既有分工也可合作，我随时查看着每个学生在小黑板上的写作进度，对正在发生的并影响表达的错误提出意见。三十分钟左右的时间里，原本一百来字的日记被迅速升级，每一组都大致完成了三个部分内容，每部分依此指向找水经历、环境问题、思乡之情。当这些内容由我拼接成一篇后，他们就欣赏到了自己小组的整体成果。而两组之间的内容既包含共性又各具想法，对比来看亮点不同，写作过程中的你追我赶也带来了竞争的乐趣。

白老师的课后安排：日记的评改靠彼此

线上写作的三个环节安排得非常紧张，下课前，小组之间只来得及匆忙欣赏一下对方的作品，他们用若干的欢笑与讶异之声表达了对同学的赞许。但两篇日记扩写版还有段落衔接和表达细节上的错误，好在小黑板上的书写内容可以即时保存，我就请学生下课后完成小组间的批改、评价，继续依靠彼此为《航海日记》"3.0 版"定稿。

以往我们会在作文评改上花两个课时，一般是由我整理出所有习作中的精彩部分供同学品评借鉴，再把语篇、语法、词语方面的错误汇总到课件上，以提问的方式请学生逐一修改。这次的扩写完成后，我考虑可以将学生之间、小组之间的互动延续下来，就决定了将评改环节转移到课后，直接两组互评。但实际上，最后的互评互改得来的结果并不理想，学生或是"宽于待人"或是能力有限，都没能为对方提供足够的评价性意见，只简单留言"我们喜欢你们写的日记""你们写找水真有意思"之类的。内容上的修改意见只是针对个别词语，语法上还出现了越改越错的情况。但是，再用这两篇日记的评改占用后续课时又显得没什么必要，所以只能由我来帮每组完成修改稿，再通过 Classin 作业栏分享给全体学生。

白老师的反思时间

其实整个教学流程我并没有事先的通盘设计，感觉一路都在"见招拆招"，遇到了什么样的教学素材就提炼出什么样的课程内容，学生交来什么样的作业就回应什么样的写作思路。原来结构化、稳定化的线下授课模式几乎都打碎了，但正是在这些用来重建线上写作课的"碎片"之间，师生、学生之间获得了更多互动的余地和机会。很庆幸我个人原本对于写作知识与技法的储备，对于学生心态的理解和把握能成为"万变"中的"不变"，这似乎就是我能应对紧张、陌生的网课，可以推动写作活动一直"升级"的动力吧。对这次线上写作教学做整体回顾的话，我觉得可以用一张图来大致标记出课前、课上、课后的互动过程，见图7-4所示，说不定我以后其他教学设计也会拿它来参考。

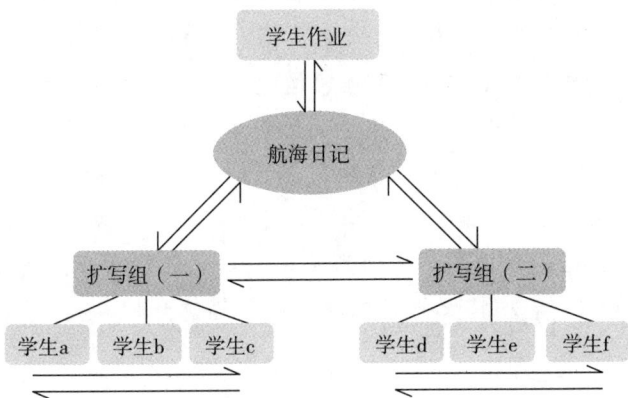

图7-4 日记写作线上教学的互动过程

请思考：

1. 请按照你认知中的逻辑关系，整理、说明案例中"多维互动"的各个维度。

2. 写作作为个人化思维、表达活动与白老师这一课追求的互动之间是否存在矛盾？如果有的话，应如何平衡矛盾？

评析A

围绕写作课型、线上条件，案例中的白老师开展了以课堂互动模式为核心的一系列探索，特别是在日记写作专题下，将原本主要运用在课上时间和教室条件的互动策略延展开来，使学习者在写作技能的建构过程中保持了较强的主动性、参与性，获得了丰富、积极的在线学习体验。

课前阶段的一份前测作业提供给了教师与学习者就知识框架、情绪感受对话的机会，当师生日记的交换互通被增加进来后，这种对话显得更加平等和亲切。更重要的是，授课阶段线上的多元化同步实时互动贯穿于讲授、讨论、练笔等环节，教师与学习者全体及个体之间、学习者个体之间、组际之间的内容交互推动了整个教学进程。最后，在课后阶段涉及习作修改和反馈时，教师也发现了学习者持续交流、协作的可能，希望充分调动他们的语言知识、写作能力为共同的目标服务。所以，整体来看，这次写作教学方案的实施虽然有成功也有失败，但至少体现了一条明晰而有凝聚力的时间轴，课前—课上—课后有条不紊，可以供我们在其他教学设计中参考。

对于最后的作文评改环节，白老师注意到了结果并不理想，其实还是有当时教学设计的漏洞的。如果这是第一次完全交给学生动手的作文评改，虽然假定他们对写作内容已经熟知，而且以组为单位会降低难度，但还是需要为小组中的三个人明确分工，给出评价的参考标准，或者在作业里圈定一些需要修改的地方，以便提供有效的"支架"，让学生离最终的成果更近一些。

更要注意的是，互动的量度、时长和教学效果之间并不是简单的线性关系，要避免表面化、低质化的互动行为，对于希望独立写作、自主性强的学习者也应考虑及平衡他们的个体需要。案例中的教学活动还明显地包含一些临时起意或缺乏预见性的方面，诚然，新鲜活泼的教学设计会令师生享受到学习的乐趣，但教师也必须以专业化手段控制教学实施，实现科学化的过程和产出。除了教师反思中提到的要点，在线上同步教学中互动的探索仍有不少前进的空间，比如我们可以结合在线课程平台记录的学习行为数据，或者配合面向学生的问卷调查，通过研究互动频次和互动深度指标，分析在线课堂互动的特点及其如何影响学生的课程满意度，把这一话题的讨论引向深入。

评析 B

案例中白老师的尝试可以给在线教学的实践者带来很多思考，推动我们对互动模式普遍框架的理解。美国学者摩尔曾把远程教育中的交互划分为学习者与学习内容互动、学习者与教师互动、学习者与学习者之间互动三种类型，而如何构建和实现这三类交互作用正是在线教育中要不断摸索的。结合案例来看，第一类学习内容的互动可以说是此次尝试的核心，教师首先为教学计划的执行加入了灵活性、创新性的因素，主动降低了原有教学内容的结构性，去寻找那些学习者易于产生关联的资源，增加了学习内容的可对话性，从而提升了学习者和教师彼此可回应的空间。同时，教学活动又始终围绕新开发的素材做文章，《航海日记》是写作框架示例和预习材料，也是观后讨论和分组扩写的支撑，经师生之手不断"增容"，实现了与教学活动主体的实质性交互，而这样的过程正是学习者表达技能、写作技能的提升过程。对于前面提到的第二类、第三类，也就是通常所说的师生互动、生生互动，我们也可以从案例中看到不同的设置方式，有课前和课后分散的、侧重式的安排，上课时高频的、集中化的交流，组内人员协商与师生个体互动的同步等。这些在传统的垂直交互模式的基础上，体现了一种建设多向、立体的课堂互动的努力。

案例中的师生除了在语言学习的基本维度上保持互动，更在一系列活动中加强了线上学习社群的良性联结，体现了互动本身的人际情感维度。正如研究者已经发现的，师生互动可防止学习者产生孤独感，学习者间的交互能够缓解焦虑并建立情感支持，而这种情感互动与学习者的成绩、自主学习效果直接相关。那么，全球公共卫生事件的社会背景下，线上学习活动的参与者则更加依赖由互动带来的积极情绪，案例中的教师就有让写作、交流发挥疗愈作用的意图，学习者也有互商互赖、加强沟通的意愿，他们的互动始终是以共情为基础的。可以说，无论在线教育科技赋能的力量多么强大，教师也不能放下真正有力的人文关怀的"支点"。

参考资料：

［1］史金生，王璐菲．新冠疫情背景下高校留学生线上汉语教学调查研究［J］．语言教学与研究，2021（4）：23-33.

［2］王义堂．教学互动程序与方法［M］．长春：吉林人民出版社，2005.

［3］肖锐，赵晶．后疫情时代线上汉语教学有效互动实现路径研究［J］．国际汉语教学研究，2021（3）：90-96.

第二节　让汉语和友谊在"文化市集"里流通

概　要： 国内外的中文教育机构经常会举办与中国文化有关的语言实践活动，因此也要求任课教师同时具备活动策划、组织的能力。案例中的安老师有意开一次新年期间的"文化市集"，计划在内容上体现中国物态文化的日常元素，并努力将目标导向中级班的语言学习和运用，同时为各国学生增进友谊服务。但是，除了带着此次"文化市集"活动设计的初衷，她还没拿出一个最终可行的计划，在刚刚勾勒出的三个备选方案中，她需要尽快做出抉择。

关键词： 文化符号　语言实践　活动策划

汉语国际教育中心的安老师一边翻着手机上的日历，一边盘算着自己班新年前的文化活动要怎么规划。她今年秋季开始负责的二十一个留学生里，有不少是由初级班升上来，一直"追随"她到中级班的。前一年的新年文化活动中，安老师已经带班上的同学做了剪纸，写了毛笔字，当时大家倒是忙得不亦乐乎，但作为活动策划、物料筹备、现场指导的安老师却觉得有些遗憾。因为当时同学们的汉语水平有限，班上只是简单地用毛笔摹写了"新春快乐""福"字等，做了做手工。她也是第一次搞文化活动，学生既没有与老师一道参与前期的准备工作，也没能在活动中充分发挥自己的汉语交际能力。

今年的新年文化活动肯定不能"历史重演"，客观来说，那些通行的技艺类项目在现在的中级班里不好重复进行；主观来讲，安老师也想有所突破，在文化活动中融入更多语言实践。可是，新的活动方案在哪呢？她脑子乱乱的，而时间已经到了十二月中，教研室主任还等着每个班的先期汇报呢。班上一部分没什么期末考试压力的同学，也有些来问她今年新年怎么过了。

中级班的背景介绍

语言进修生今年来到安老师的中级班的，有近一半的学生是韩国人，他们大部分是几所韩国院校来的交换生。另有一对夫妻是在中国工作生活了一段时间，那些韩国大学生还挺敬重他们的。亚洲学生中还有三位来自泰国，准备读完语言班再去考本科。余下的欧美学生中有荷兰的、匈牙利的、英国的、塞尔维亚的、美国的等。大家虽然文化背景、个性不同，但目标一致，学习氛围浓厚。加上有些同学已经相处快三个学期了，师生间互动沟通都比较融洽，几位原本害羞、内向的学生也越来越多地展露出自己的才华。

这个班上除了安老师和另外一位口语老师是院里的专任教师，还有两位研究生分别担任听力课、阅读课教学。安老师入职快五年了，从初级班开始就担任班主任，需要在班上传达教学管理要求，组织文化活动时，自然她就是主要负责人。口语老师的经验更丰富一些，安老师遇到棘手问题或者想全面把握学生动态时，两位老师就会在办公室一起沟通商量。负责阅读课的研究生这学期是第一次授课，前半个学期总感觉不得要领，自顾不暇，不像另一位学姐，不仅能承担自己的听力教学，还能偶尔和安老师汇报一下学生进步和需求。至于四门课程的具体内容，目前用到的教材涵盖《汉语教程》《发展汉语》涉及中级水平的部分，四位老师大体能知道彼此的进度。

安老师常用的文化教学方式

综合课教学的经验稍微多起来之后，安老师将原来在词汇、句式、课文中渗透文化因素的教学方式，变成了依据某些学习主题进行文化专题的策划。虽然开展的次数有限，但都尽量每次和语言实践结合起来，例如"调查中国朋友的三个惯用语""给中国古代名人写一封信"等。她也听说阅读课的老师会根据授课篇章内容，为同学们介绍一些中国历史、古典建筑、民族音乐之类的专门话题，每次用的时间不多，大家也觉得饶有趣味。这也是不错的方式，但安老师自己的综合课实在是容量大、时间紧，这样的尝试她还没做过。

不过在初中过渡阶段，利用教"把字句"的机会，班上也搞过饮食文化实践活动——包饺子。那可远比备课难多了，给近二十个人准备足够的原材料，还要考虑厨具、灶具、餐具等，而且这一切都只能在教室里施展，真是一片"兵荒马乱"。还好安老师自己会包饺子，同学中有几位善于持家的年长者热心帮忙，这才让每位同学都尝到了几个"奇形怪状"的自制成果。好在大家不为吃饱，只为体验。不过当时若想让学生在操作过程中多说几个"把字句"，那实在是不可能完成的任务了。安老师一个人根本就顾不上，只好容忍教室里各国语言、各种手势，乱成一团。

新年文化活动的愿景

汉语国际教育中心的文化活动在新年前不是"必选"项目，因为有很多同学要庆祝自己的圣诞节，而且考试时间随着教学周的安排，并不能完全确保年底每个班都有空档留给比较大的文化活动。今年时间算比较合适，而且有几位相处了一年的同学要结束学业回国了，安老师也很想留给他们一段温馨、特别的回忆。即将回国的同学里有两位问过老师们，想带纪念品回国的话，有什么推荐。安老师没有随意传几个网购链接给他们，而是想着购买东西的过程也许可以利用起来，作为班上的语言实践机会。但是她又不能要求班上每个学生都去买纪念品，而且书签、钥匙扣、中国结这些纪念品身上能做出什么文章呢？

思来想去，一个"文化市集"的计划开始慢慢在安老师脑子里浮现了出来。因为在这一个学期中，安老师先后利用实物、图片和视频资料介绍过一些具象的中国文化符号，包括福字、对联、剪纸、京剧脸谱、陶瓷、刺绣、餐具、折扇等等。这些都能以物质形态呈现，而且符合未来新年、春节的喜庆气氛。学生对了解这些文化内容一直充满好奇和热情，之前还会跑来汇报自己又在哪些地方见到了某类物品，甚至又提醒了老师补充诸如中药、茶、茶点这些一度被忽略的东西。更有趣的是，几位同学课间分享花草茶、北京小吃、山楂糖之类的，也没忘了安老师那份儿。

那么，如果不满足于简单地串联起这些物品一次性地复现总结，或者大家在教室里"坐而论道"，是不是可以让师生一起行动起来，给这些物品附加上语言练习、情感传递的功能？让同学们自行筹备、采购带有"中国印记"的伴手礼，寻找能代表同学情谊的小物件，再带到教室里进行"交易"或馈赠活动，既能把此前讲到的内容做一次丰富的呈现，也能让学生在现场用语言推动交际，完成真实的买卖、赠予物品的任务。安老师大致有了新年文化活动的方向，但是具体怎样把语言训练和活动前的准备、活动中的实施、活动后的反馈联系起来，她还没有清晰的规划，于是她想找班上另几位老师一道商量看看。

办公室里的各抒己见

安老师利用课间休息时间，在教研室里陆续和中级班的另外三位老师碰了面。口语老师听了她的计划觉得不错，估计说虽然"文化市集"的计划可能包括了漫长的"进货""打广告"等过程，但一周之内如果有老师课下的跟进或辅助，应该也能实现。还建议既然要搞活动了，就不必"关起门来"，干脆把时间定在大课间后的那节，这样可以持续一个多小时。中级班的同学不但能内部活动，还可以把其他班的同学也邀请进来参与。负责阅读和听力的两位研究生一听这个想法，都显得很兴奋，他们提出来可以帮助学生采买东西，指导网购或带留学生去找小商品批发的商场。安老师倒并不担心这个环节，因为她已经感觉到中级班的学生有一半简直快进化成"网购高手"了，有时他们说到自己从网上淘来的东西，几乎就是一副"分享达人"的样子。

有位初级班的老师也听到了安老师他们讨论这次的文化活动计划，担心她的工程量太大，到时班上能热热闹闹地玩乐一通就不错了，哪里还能顾得上语言实践。不过，这位老师同时也提醒她最好尽快征得教研室主任的许可，毕竟这会打破常规教学计划。

安老师的"三选一"

虽然几位带班老师大致赞成"文化市集"的计划，但做出决策的还得是安老师。不管最后的决定怎样，似乎都要冒一定风险，要么在非常有限的时间内开发并实施一套新的活动方案；要么对学生说"不"，随便敷衍点儿什么，让今年的文化活动就那么过去。

安老师还是倾向于拼一拼，用上自己的那个新点子，她在纸上涂涂写写，感觉下周五留给她的不外乎三种选择。第一种办法是在用十一点之后的时间专门在班上开办"文化市集"，而且放手让学生去做。这对毫无"经营头脑"的安老师来说，风险最大，一旦货源没保证，或者没有顾客，整个活动就搞不起来了。为了降低风险，当然可以由教师提前帮学生采买，但这样一来，活动筹备的时间成本对老师来说就加大了。而且在教师可控因素比较小的活动中，再增加语言训练的要求，实施起来的难度也在增加。

第二种办法是在教师可干预的课堂环境中，办一次模拟的"文化市集"。请学生带来他们认为有中国特色的物品，教师也准备一些，大家坐在一起讨论"我想把哪件物品送给谁""我想买哪件东西"。学生之间可以靠临场的角色扮演搭建起对话机制，而老师也可以要求学生为所准备的物品写一段书面介绍，这样看起来一个小时的活动能稳定不少，不至于失控。

第三种办法最为简单，风险也最小，干脆回归实物和图片的词汇复习或句式操练，开一次"纸上谈兵"的"市集"。把学期中提到的那些文化物象整理出来，拿一小时做复习，让同学们用问答方式说说自己的心愿单上会有哪些东西。虽然这显得有些"不思进取"，但的确利于简便行事，只做语言层面的复习，对一个综合课老师来说也无可厚非。不过安老师本人觉得这几乎就等于根本没用什么新方案，只有看得见摸得着的东西才能获得潜在的效果，才值得大家期待。而且"文化市集"的点子一旦弃之不用，她也失去了机会判断自己在文化活动策划上还有多少前进的空间。

安老师深深地吸了口气，把手中的笔朝纸上一摔。她感觉她的每个"曲儿"都自成曲调，似乎又都有不靠"谱儿"的成分。但必须在这周五前向教研室主任汇报想法啊，除非打算放弃"文化市集"！除了讲明自己的理念以外，她还要拿出活动的细节规划，这可比上课"烧脑"多了。

请思考：

1. 借由案例中对安老师以往文化教学经验的描述，你可以规划出几个层面的文化教学内容和形式？

2. 如果选用第一个方案，把自主权交给学生，请问老师要为活动的前、中、后作出哪些规划？

评析 A

目前，安老师的问题是要在"三部曲"中选定一个方案，而且时间紧急。如果可以对不同的方案设计进行充分的比较，再做出决策，也许我们可以找到一些基准，帮她评定出更适合中级班同学的一项。

就互动性而言，三个方案都考虑到了用师生、生生互动的方式，在文化活动中促进意义协商，达成可理解性输入和语言输出，助益于学生第二语言能力和跨文化能力的发展。不论是引入实物，还是代行讨论，再或是仅做复习，安老师其实都关在注语言层面的互动和意义协商，并力图帮助学生更深一步地接触物态层面常见的文化产品，感知和理解那些文化符号传达的意义。在不同的计划中，看来第一个要引入的互动人群更广，其他学习者也会加入，相对来讲班内学生的互动机会也就更多，而教师这面则必然增添一些不可控因素。

再来看三个方案在体验性方面的特点。国内学者祖晓梅等曾倡导第二语言教学中采用体验性文化学习模式，并认为体验性学习模式是跨文化能力训练的有效方法之一。体验性学习不仅能够培养学习者知识、技能、态度、意识等方面的综合文化能力，而且也会大大增加学习者学习文化的兴趣和动机。能看出安老师以往的教学设计并非是以教师传授文化知识为主的模式，她也期待学生从被动的知识接受者身份中解放出来，增强参与性和体验性。那么，延续这种理念，审视不同方案的内容，我们能发现体验性相对强的还是第一个方案。教室内的"市集"看得见摸得着，学生的前期采买，现场的交易和馈赠都将真实发生，师生也有机会实景沉浸，在参与、实践中活化和利用语言。

最后，基于任务化的原则，我们不妨从学生角度将各个方案分解为不同的任务，见表 7-1 所列，也可以帮老师清晰地衡量每个方案的容量。

表 7-1　三个活动方案里的主要任务元素

	学生任务	教师活动
方案一	预备实物，邀请参与，买卖、赠予物品	协助购买，现场维护
方案二	预备实物，写作物品介绍，角色扮演，讨论	组织讨论，检查书面表达
方案三	复习词汇，表明心愿	预备图片、实物，提问

虽然我们不能简单以任务数量来衡量每个方案的优劣，但还是能比较出来，方案一中的学生将承担若干真实而有意义的任务。在完成这些任务的过程中，他们可能要在网上或实体商店搜寻、购买物品，邀请班级之外的同学、朋友参与"市集"，并在现场实现物品的交换或交易。在这之中，他们要使用相关的汉语词汇和表达，拿出自己的交际能力，用目的语一一解决现实中的事务。相较之下，方案三里学生能承担的任务目标最少，方案二虽然任务也算丰富，但还是在教室环境下的，此二者指向的也

都是学生的常规语言表达。

安老师开始有"文化市集"的念头，可能并没意识到如何让自己的想法条分缕析地呈现出来。而通过前面三项基准的衡量，现在我们应该有足够的理由说服她了。结合中级班学生的基础和需求，相信她可以放开手脚投入到第一个方案的准备中去了。

评析 B

安老师的犹豫可能来自她没能清晰地形成关于"文化市集"的活动规划，她似乎感觉这个项目本身周期长，程序多，教师的可控因素又少，所以急于筹划其他备选方案。但如果她能对活动目标与内容，活动准备与实施，以及活动过后的反馈都形成初步的计划，再加以认真的审视，还是可以准确衡量这计项划的可行性和工作量的。

在中级班里，安老师未来的文化活动还是有着一定基础的，因为她曾先后利用实物、图片和视频资料介绍过一些中国文化具象的符号，包括福字、对联、剪纸、京剧脸谱、陶瓷、刺绣、餐具、折扇等等。所以相当于已经分散地解决了一些物象感知、文化展示的任务。以"文化市集"命名的活动计划内容是让学生自行筹备、采购带有"中国印记"的伴手礼，再带到教室里完成真实的买卖、赠予物品的任务。其目标既在于将此前积累的内容做一次丰富的呈现、发挥和加工，也是为了让学生运用语言推动交际，参与实践，更带有一定的社交和情感沟通功能。

活动的准备环节，安老师已经有了充分的估计，确实相较于正常教学任务，她需要付出指引学生购物、清点物品、场地预约、现场布置等努力，而在此之中其实也蕴含着与学生进行一对一互动的良好契机，完全可以布置诸如复述现场或网上的购物过程，为所准备的物品写一段书面介绍等语言练习任务。同时，文化活动筹备这方面安老师也是有经验的，还可以向其他老师寻求帮助。在物理条件上，师生至少要考虑环境布置，装饰教室，将桌椅摆放成便于走动的格局。货品应写好名牌和价签，摆好提前准备的商品介绍。在时间条件上，活动可以寻找向其他班级开放的机会，根据学生现场的语言交际和互动情况估计总时长。

一旦进入活动开展的过程中，教师就要掌握好时间，观察参与者状态和反应，适当调动现场的节奏和氛围，尽量灵活应对，努力收获最佳成效。为了关注真实场景中学生如何用汉语实现活动目标，像和"商家"讨价还价，询问商品信息等都可以用视频方式记录下来，以便活动结束后回顾，再落实到语言学习的反思上。在活动进行完之后，如有可能，教师还可以将前述阶段积累的各项成果加以总结，引领学生在一些完成度不高的语言实践上做出修正、提升。

当然，就活动本身的创意和规划而言，"文化市集"还没达到典范、标准的意义，它只是在一定程度上符合这个班的现实和需要。安老师也可以在文化活动的开发原则、设计路线上继续打磨，摸索一些适用性强、转化率高的策略。

参考资料：

[1] Seelye H N. Teaching Culture：Strategies for Intercultural Communication

[J]．Teaching German，1984，20（1）：318.

[2]李泉．文化内容呈现方式与呈现心态［J］．世界汉语教学，2011，25（3）：388－399.

[3]陆俭明，马真．汉语教师应有的素质与基本功［M］．北京：外语教学与研究出版社，2016.

[4]祖晓梅．汉语文化教材练习活动的编写［J］．语言教学与研究，2018（1）：8-17.

第三节　从"使者"到"师者"

——高级汉语课文《完璧归赵》的教学案例

概　要： 在总时长为八课时的《完璧归赵》教学中，蔡老师围绕重点词汇、语言点、话题和功能，帮助汉语国际教育本科留学生运用和强化各项语言技能，还希望在呈现成语故事基本内涵的同时，从文化知识、文化理解的层面和价值探寻的角度引领一次不同以往的深度学习。课程中串联起不少现实生活中的楷模人物，教师将其共性特点归纳为强大的使命感和担当精神，以求配合课文原文，在语言教学中生成"立德树人"的思想价值，引发学习者的共鸣。

关键词： 成语故事　高级汉语　立德树人　文化教学

汉语国际教育学院的蔡老师从 2021 年起，承担基于《HSK 标准教程 6 下》的高级汉语网课教学。她在一些课程设计中努力贯彻"结构—功能—文化相结合"的理念，日常师生交流中，一直有意识地带动学生了解中国社会时事和当代建设成就。这种关注使得教师发现对课文《完璧归赵》进行现代转化的可能，由《史记》列传改编的故事虽是来自历史，但其中的某些侧面也是可以指向学生的现实经历、品德修养和当今中国生活热点的。

蔡老师所教的是汉语国际教育本科班，九名学生分别来自荷兰、也门、俄罗斯、越南、马来西亚、塞尔维亚和韩国，年龄为 19～25 岁。他们中的大部分人获得了国际中文教师奖学金，接触中文的历史长则十年，短则三年。汉语既是他们长久学习的语言，也可能转化为未来的职业目的。大一第二学期过半，在蔡老师看来，《完璧归赵》一课中语言学习任务对学生的挑战虽然有一些，但在小班课的有利条件下，解决现有难度的内容，再进行教学素材的扩充，搭建现实关联，注入"立德树人"元素，对这些未来的中文教师还是可能和有必要的。

整体的课程设计思路

通过梳理教材对蔺相如故事的记叙，蔡老师计划利用其主体部分，从"经过"的三个片段里集中提炼出一些激励元素，以帮助班上这些未来的中文教师获得"使命与担当"的价值引领，其具体思路见表 7-2 所列。

表 7-2　基于《完璧归赵》课文主体的"立德树人"线索

情节	场景名称	人物侧面	操练话题	关联例证	核心价值
起因	以城换璧				
经过	承诺赵王	无畏重任	对话设计：一位医生准备前往危险区域提供医疗服务，与家人商量的过程。	1. 印度援华医生柯棣华家书中文版的部分语段； 2. 中国医学生誓言文本。	人类共通的责任感与使命感；汉语人才的使命与担当。
	初见秦王	智勇兼备	心理独白：一位记者考虑自己的报道可能承受外界压力，想象其内心活动和处理办法。	1. 中国新闻网短视频《竹内亮：用镜头记录疫情下真实的中国》； 2. 中传校友记者王冠《让世界听懂中国》新书见面会视频片段。	
	再见秦王	进退有据	讨论：除文中极端情况外，在当下生活中还发现中国人有哪些"朴素"的英勇和牺牲？	《中国青年报》《光明日报》对航天员邓清明的文字和视频报道片段。	
结果	人璧两全				

首先，随着学生逐步进入成语故事学习的氛围，在熟悉了故事的"起因"之后，教师将"经过"切分出三个重点场景，在每一个场景中提炼出"蔺相如"精神内核的一个侧面，着意进行现代转化和场景设置，让学生经由话题操练，分别体会人物无畏重任、智勇兼备、进退有据的典范力量。接着，结合语言操练的总结和拓展，为每一个侧面提供一到两个当代历史和现实中的榜样人物或事例，加强学生对这些精神特质的理解。这里作为关联例证的事迹既涵盖知名国际友人的故事，又联系中国人生活实际，既有适合语言学习的文本视频素材，又来源于对时事热点的现实关切。最后，启发国际生在从古到今、中外兼有的人物故事里，通过写作和讨论归纳出其共通的责任感、使命感，并推动他们思考一个优秀汉语人才，传播中国声音，促进中国与世界各国民心相通方面应有的作为和担当。

总体来说，蔡老师"立德树人"的目标就是从语言学习的素材出发，在中华传统文化、社会主义文化、革命文化乃至人类普世价值观念中建立多个辐射点，使之映照到汉语学习者自身，唤醒他们作为汉语学习者和文化传播者的责任，而这样的过程又始终是以语言知识学习、语言技能训练为载体和平台的。

教学过程取样：第一课时

一个《史记》中的经典性和传奇性故事，转换为教材中的改编课文，应该以怎样的姿态进入国际学生的视线？又要指向怎样的语言教学价值和思想价值？蔡老师围绕这样的思考，把第一课时设定为对成语故事的整体感知环节，努力使之为后续教学的开展和人物精神的提炼奠定导向，也让学生了解到教师对其学习成果的各方面预期目标。具体教学过程大体包括：

1. 热身：介绍并设置"完璧归赵"的适用场景，针对成语的运用和历史故事的认知情况提问。推动学生初步的输出，使之意识到自己汉语知识的不足和表达的难点，产生学习动力，也开始感受到中国成语文化的内涵和深厚魅力。

2. 感知：在线观看电影《渑池会》中与"完璧归赵"情节有关的十二分钟内容，按"起因""经过""结果"将之划为五个场景，师生共同梳理故事情节，对重点场景加以命名，为后续教学投影下整体图式，也形成了对人物特征的感性认知。借助观影活动，学生从影片台词中还体会到典雅书面语的美感和力度。

3. 任务布置：首先是口语任务，即要求学生以同伴合作方式，选定"承诺赵王""初见秦王""再见秦王"中某一场景，课后练习分角色配音，上课时按组依序呈现。这就把以往内容复述类的练习方式，转化为互动式、情景式、娱乐式的交际练习，期待学生经由合作学习和输出驱动，协作达成基于课文内容的口语成果，同时也能不断深入故事情节。

第一课时还布置了写作任务《正如"相如"》，即要求学生随着对蔺相如人物特征的理解，在中国社会各领域和更大范围的历史现实中发现有共同品质的人物，完成300字介绍，一周内提交。这不仅明确了与语言学习维度相关的思考和表达目标，也为提炼历史故事的价值指向打下伏笔。因为习作要求已经提前在微信群发布，所以师生在明确人物精神气质上先展开了讨论，大家就影片形象提出了"正义""淡定""高尚""爱国""忠诚"等概括，也期待在课文学习中再深入总结。

教学过程取样：第三课时

第一天的学习结束后，师生在了解了故事起因的基础上，开始一起聚焦课文主体情节"经过"。在这一过程中，相较于生词、语法项目的学习，学生们对故事脉络和人物特征的解读更有兴趣，蔡老师也着意把中国社会现实、学习者自身相关的话题融入课堂中。

以第三课时为例，这部分讲授故事"经过"的第一个场景"承诺赵王"，其中主要的语言教学环节和德育元素，蔡老师已经详细写在教案里了，见表7-3所列。

表 7-3　第三课时的教学设计

教学实施过程	立德树人线索	主要补充材料
1. 热身（5分钟）： 依照口语任务布置，在课文学习启动之前，"承诺赵王"小组尝试对电影片段进行分角配音。 结合故事背景和起因，师生讨论古代外交使者的职责。 2. 语言促成（20分钟）： 处理课文和生词，开展重点词汇和语言点的练习，提炼出两难处境中表明抉择的话语结构，"A……，若是……；B……，那么……。因此……。"给定工作跳槽、感情抉择等日常话题，让学生开展单人口语操练。 3. 价值拓展（10分钟）： 给定新话题，即表现一位医生准备前往危险区域提供医疗服务，与家人商量的过程。两人一组设计对话。 总结评价学生的表现，再以柯棣华家书为素材，请学生根据其中内容模拟父子对话。 简要还原人物事迹。 4. 补充练习（13分钟）： 以《医学生誓言》为快速阅读材料，师生讨论医学生的自我要求、理想追求，以及医者的职业使命。 5. 小结（2分钟）： 归纳重点词汇、语言结构，教师提示一个"汉语使者"应具备的使命感。	感受蔺相如自荐出使，勇担重任的态度，启发学生思考古代知识分子的政治道德。 学生随课文讲解深入发现人物特点，总结出无畏、理性、重诺言等侧面，做自我关联思考。 学生完成与医者的内心对话，感受其职业使命感。体会医者受命于人类健康事业的"大爱"。 了解中国医生作为专业人士的精神起点，理解中外医者共同的价值标准。	配音场景提示： 印度援华医生柯棣华家书翻译版片段： "亲爱的爸爸，我已向杰弗拉吉·梅塔医生咨询了援华医疗队的事……他告诉我此行可能存在的风险，包括生命危险、中断学业和失去工作机会等。我已递交了申请，希望通过展现我的真诚和优点能被选上。"（《人民日报》2015年05月28日21版） 医学生誓言： **健康所系，性命相托。** 当我步入神圣医学学府的时刻，谨庄严宣誓： 我志愿献身医学，热爱祖国，忠于人民，恪守医德，尊师守纪，刻苦钻研，孜孜不倦，精益求精，全面发展。 我决心竭尽全力除人类之病痛，助健康之完美，维护医术的圣洁和荣誉。救死扶伤，不辞艰辛，执著追求，为祖国医药卫生事业的发展和人类身心健康奋斗终生。 （引自国家教育委员会高等教育司1991年106号文）

教学过程取样：第七课时

教学中的最后两个课时用于对最初布置的口语任务加以复现贯连，对写作任务进行检查、评价以及处理教材习题。课程开始时的配音任务已经陆续完成，那么整体总结时如何再现"完璧归赵"故事内容呢？蔡老师借助了思维导图中的"故事山"模型，让学生接力复述"以城换璧""承诺赵王""初见秦王""再见秦王""人璧两全"的情节。学生回到这种记忆水平的练习上，除了说起自己配过音的部分还算自如，其余多半内容都遇到了各种障碍，蔡老师也只好放弃让一位学生完整讲述起因到结局的想法。其实，回想此前给课文三个场景配音的活动，当时也是一路磕磕绊绊。学生配音的词汇量、流畅度等受制于自己已有基础，虽然替人物"代言"确实带来了压力、动力，但他们在语速，组员的搭配等细节上总是出问题。所以，整个故事内容的掌握在新课、小结两个阶段都显得不甚理想。

　　写作作业提交上来时，蔡老师也已经注意到了产出的结果并非完全如她所愿，因为大部分学生会结合自己的教育背景和个人体会，找到一个独有的和蔺相如类比的人物。有的认为自己学过的曹操的诗中就体现着强大的使命感；有的从自己国家的领袖人物身上看到了和蔺相如一样的力量；有的则关注到了中俄两国历史上都存在的无名战士……就如同"一千个读者，就有一千个哈姆雷特"。蔡老师回过神来，作业设计没有充分预见到基于文化背景差异和对写作主题的多重理解，学生未必在"面向中国"的路线上去选择对象。成果内容真是让她亦喜亦忧，《正如"相如"》的写作没能把大家聚拢到中国历史、现实人物的挖掘上，反而提供了"百家争鸣"的平台，写出了同学们对人物的多元理解。面对这些作业时，蔡老师很快做出调整，放开接受各种个性表达，也给出了应有的反馈意见。

　　在课文内容全部呈现完毕时，蔡老师原本感觉从人物故事和若干补充例证中凝练出一条德育主线，应该显得水到渠成。不过，在国际生那里依然有不言不明的阻隔。最后，她就直接鼓励学生可以像医者、记者那些专业人士一样，为他们长久学习、热爱的语言和文化承担更多使命，走好未来的教师之路，学生倒也能够接受。

蔡老师的回顾与检视

　　一周八个课时下来，蔡老师处理了按故事时序出现的课文、词汇、语言点、篇章结构、历史文化知识。简单回顾来看，她的做法包括：第一课时整体感知环节，让学生对知之不多的"完璧归赵"的故事内涵、成语运用产生学习的欲望，了解课程完成时的产出目标；随后的第二至六课时，用于讲解故事内容的起因、经过、结局，针对每个主要场景的语言教学设计同样是以结构为基础，以功能为导向，在文化内容上多角度开掘；最后的第七、八课时用于集中处理练习题，检验一周内学生陆续完成的口语任务和写作任务，推动学生对自己掌握的内容进行反思和总结。

　　与教学设计并行的，是这次深度学习中"立德树人"线索的建构。教材中的成语故事历来是传播中国传统文化的重要内容，对学生道德品质的陶冶，哲学思维的训练以及处世观念的引导都起着不小的作用。蔡老师不满足于停留在原文解读，希望从中生发出人生理念和职业使命，内化到学生的心中。不过，目前所能做的尝试，还只是一些微观角度的思路。

在教学设计实施的一个教学周里，蔡老师既跃跃欲试于贯彻自己的"双线"设计，又在学生那里遭遇了数次"带不动"的尴尬。不只是作业反馈阶段发现的问题，她还慢慢意识到学生的汉语水平虽说接近或达到六级，但对成语知识和用法的了解还是短板。那些与成语故事背景相关的中国历史知识，对大多数人来说也还没形成清晰的线索。她急于贯彻自己的教学设计，没顾及调试教学起点，定位学生的学习需求，似乎忽略了为学生澄清故事内容这样的基础工作。虽然找到了文本和电影的结合点，但又太依赖影像手段，自己忙着制作影片剪辑消音片段、配上必用关键词，没有很好地正视和化解影视资料中改编情节对教学主线的干扰。当语言内容理解的"地基"没有打好，这次的教学设计到底能登得多高呢？也许该回头再看看学生这课词汇、语法的掌握情况吧，这部分是不是也有"失守"的地方啊？

请思考：

1. 目前你能发现哪些汉语教材的内容比较关注来华留学生的品德培养？

2. 如果从教学内容容量和时间容量的辩证关系上来看，你会建议蔡老师怎么做？

评析 A

面对教材中比例不小的叙事性课文，汉语综合课教师在"立德树人"线索的建构上，还是可以从蔡老师《完璧归赵》这一课中汲取若干具有普遍意义的经验的。

首先，可以从比较根本的"认识论"入手。在国际中文教育"提质增效"发展的宏观格局中，一线的教师需要认识到，面对来华留学生以及海外的汉语学习者，我们的教育教学活动同样包括了培养什么样的人、如何培养人的问题。在教育部的《来华留学生高等教育质量规范（试行）》中，对来华留学生的人才培养目标有四个方面的表述，其中的"对中国的认识和理解""跨文化和全球胜任力"提出了这样的要求：来华留学生应当熟悉中国历史、地理、社会、经济等中国国情和文化基本知识，了解中国政治制度和外交政策，理解中国社会主流价值观和公共道德观念，形成良好的法治观念和道德意识；来华留学生应当具备包容、认知和适应文化多样性的意识、知识、态度和技能，能够在不同民族、社会和国家之间的相互尊重、理解和团结中发挥作用。可见，与语言能力和学科专业的培养并行，认识中国，理解中国也是汉语人才的必备素养，而使之成为民相亲、心相通的使者，则是汉语教师和专业教师努力的方向。

在此基础之上，教师则可以由总体理念出发，寻找和开拓自己具体化的"方法论"。案例中蔡老师确实尝试了一种"语言文化＋德育"的双线融合思路，并希望至少实现"1＋1＝2"的效果。但可能到了课程最后两课时，她才从学生的表现中意识到了些问题，通过对现象的收集和初步思考，她注意到的几点经验都是很有价值的，例如坚持打好语言内容理解的"地基"，预判学生对历史人物精神特质的多元理解。

在《完璧归赵》的教学设计里，教师在内容上考虑到了将语言、文化、德育层面的内涵自然结合，语言角度有成语知识和用法、课本的 50 个生词、4 个语法点，以及教师设定的若干功能项目；文化角度看得出老师想带领学生在传统文化、社会主义文化、革命文化乃至人类普世价值观念里打开视野；德育角度对楷模人物也要做多维挖掘，又联系现实，增添例证；教学方法上，有"结构-功能-文化相结合"的设计主线；教学手段上要用到电影配音、讨论、写作等，所以，总结到这里，我们可能就发现了问题，蔡老师设定的"应然状态"对学生来讲，各个方面太过丰富了。老师想做太多"加法"，在固定时间容量下，学习收获就必然会被做"减法"。那么，案例中出现的"实然状态"就是语言文化和德育两条思路没能"双赢"。期待的状况和现实之间的落差也许是到了课程收尾阶段，蔡老师看到学生口头、书面输出的结果才发现的，但其实源头已然蕴含在最初的教学设计里了。

评析 B

以上案例在汉语类课程中开辟"立德树人"的教学思路，充分考虑了国际学生德育目标的特殊性，在成语故事课文的平台上使课程呈现出几方面特色，值得我们关注：

1. 多元榜样

在我国的大学生思政教育工作中，榜样激励是一种常见的路向。案例中的教师就是以成语故事中人物的精神力量为基准，启发国际生联系人们在当下生活中表现出的使命与担当、智慧与勇气等优秀特质，从而进入到中华民族历久弥新的精神世界。同时，教师也为国际生在自我人格塑造方面补充了若干"国际典范"，让更具身份相似性、更能召唤认同感的人物为他们的人生道路提供示范。

2. 双重路径

以上授课实例是参照"结构-功能-文化相结合"模式进行设计的，实践证明这也能比较贴合叙事类课文的教学思路，在语言和文化的双重路径中推进学习目标的达成。在不动摇语言知识和技能训练的基础上，案例中的教学活动挖掘历史文化的优秀内涵，结合当代中国的价值观念，面对国际生有的放矢地开展中国文化教育，引领着国际生对中国文化的热爱之情和全面理解。

3. 单向指引

在众多的榜样力量和学习指标中，国际生接收到的德育内容丰富厚重，但为了避免这些内容散漫失焦，就需要教师不断聚合他们接受到的角度，将相关例证都归纳到最适合学习者内化的方向，提供集束式的指引。案例中的做法是将这种指引带入到国际生正在进行的中文学习活动，提出"使命与担当"的核心价值，让他们汲取中国的文化自信力量，肩负起运用、传播中文和推动世界文明交流互鉴的责任。

本项案例建构起上述三方面特色的同时，还能发现教师在一些教学设计上尝试新思路，加入新创意，比如蔡老师在语言与文化、中文教育与品德塑造之间，始终依靠具有情境性、功能性的话题和表达活动，没有脱离"话题纽带"，避免了空洞的说教。

这就能够发挥学习者的能动性，从言说达成理解，从开口变成入心，从写作促成自勉。另外，课程中充分容纳当代历史和现实生活中国际友人的事例，有意突破中外界限，既为国际生提供语言学习的榜样，也在这些知华友华的楷模中传达了共同的价值观念。

可以看出，这位老师语言教学过程中"立德树人"的思路是经过整体设计的，不是那些碎片式、偶发式的思想启迪。尽管这种尝试型、短时化的努力一定会有很多不足，但对于如何在语言类课程中融入德育内涵，以上案例的教学设计和实施过程还是提供了一些有益的思路。

参考资料：

[1] 陆颋浩. 高校来华留学生德育建构的三维路径 [J]. 思想教育研究，2019 (10)：130 - 133.

[2] 王春刚，王凤丽. 来华留学生德育研究 [M]. 北京：知识产权出版社，2020.

第四节　在小班课上给高级阶段留学生正音

概　要：在高级水平的汉语学习者中，有一些人仍然对正音有相当的需求。尽管在通常的观念中，达到高级汉语水平的人大都有较好的听说读写能力，生活和学习中的汉语运用已经比较自如，但事实上，声韵调不准确给他们带来的沟通障碍还是很多见的。专业的正音课是帮助这部分学习者有针对性地突破难点，重建汉语学习信心的最好办法。方老师在对留学生的语音教学方面有较为丰富的实践经验，针对高级阶段学生的正音课，她进行了几点有益的尝试。

关键词：正音　高级汉语　差异化教学　汉语语音教学

作为一名专业的语音课老师，方老师给不同汉语水平的留学生上过语音课，发现效果最明显的是零起点班级，而中高级阶段留学生语音面貌的改善却有限。因为语音水平和学习时间不一定成正比，到了中高阶段，有的学生再来进行语音修正相当于"回炉加工"。虽然学生们较强的汉语能力有助于领悟老师的讲解，但由于语音习惯已经养成并且形成"石化现象"，一般的正音课程教学往往收效甚微，有时可能比从零开始更艰难。近来，方老师就一直在探索如何给高水平留学生上好汉语正音课。

"高手"班级的语音难题

2021 年秋季学期，学院为高级班的六位同学组织了正音小班课，学生分别来自巴西、尼日利亚、韩国、德国、日本和越南，汉语都通过了 HSK 六级，能够自如地应对汉语学习。学生学历水平都较高，有一位已经博士毕业，两位有硕士学历，其他几位也是本科毕业。他们在中国生活的时间至少三年以上，其中有两位更是达到了十年。

正式开课以前，方老师和六位同学分别做了交流，了解到他们的学习目的和需求，同时也给他们做了一百个单音节词和四个句子的语音测试，对他们的语音状况做了评估。通过课前的访谈和诊断性测试，六位同学的语音情况以及未来的学习重点在方老师心中都有了初步的轮廓，见表7-4所列。

表7-4　正音课堂学生的语音状况

学生	国籍	学历	语音优势	语音劣势	学习重点
A	巴西	博士	韵母发音较准确	声母舌尖后音和舌面音混淆；送气不送气混淆；声调较随意	声母和声调矫正
B	尼日利亚	硕士	声调较准确	a、e、ü、u均存在舌位和唇形的偏移；舌尖音与舌面音区分度不高	声母、韵母矫正
C	韩国	本科	语音基础非常好，声韵调准确	语流表达中缺乏停顿、重音等韵律意识	语流中韵律要素的运用
D	德国	硕士	语音基础较好	声调不稳定，复韵母韵尾不稳定	韵律教学为主，声韵调纠正为辅
E	日本	本科	语音基础较好	声调不稳定，复韵母韵腹失落	
F	越南	本科	语音基础较好	声母k、j等发音不准；声调阴平和去声不准	

比较棘手的是，六位同学的语音水平差别较大，有的已接近母语水平，有的声韵调还需要细致的矫正。要在固定的班级、有限的时间里让每位同学有所收获，方老师就需要一方面为每位同学定制具体的学习内容，另一方面又要把握好课堂时间的分配管理。不过，和以往的课程相比，这次的正音课是学生自愿选择的，所以他们的学习意愿很强，学习目的也很明确，都希望改善、提升自己的语音面貌。这意味着他们对具体的理论和内容有更多接受的可能，也会更愿意付出时间和精力去反复进行那些甚至有些枯燥的练习，而这种练习对语音提升来说非常必要。

"老师，我哪儿不对"

尽管课前进行了周密的准备，但开学初课程内容的执行并没有向方老师理想的方向发展。最先遇到的问题来自日本同学E。这位同学的整体语音其实不错，只有个别声调存在问题，主要是涉及上声变调的音节，比如"妥帖"中的"妥"常常被他发成二声。按上声变调规则，上声在阴平前面时实际发音音值是"211"，但E同学的调型没有下降的过程，而是上升，听起来像是"35"第二声。当方老师向E同学指出他的问题，并辅以反复示范，画图对比，他仍是一脸茫然："老师，我觉得我的发音和你的一样，我哪儿不对？"也就是说，他当时听不出来两种发音的不同，这是语言教学中比较难处理的一种情况。由于学生无法感知到他自己的发音与目标发音的不同,那么就不可能去改变原有的错误发音,尤其是对一名已经学了多年汉语,习惯了固有发音的学生,这个问题就更难处理了。

幸好方老师以前学过一段时间 Praat 语音软件,这款软件可以对语音信号进行分析、标注、处理和合成,用它来辅助语音矫正应该也是可行的。她先试着自己录了"zai4""san1""zou3""su4",上传到软件平台,语图上出现了清晰的四个音节的波形图和语谱图,还包括共振峰、音调,见图 7-5 所示。四个音节声调的音高变化显示了阴平的"平"、上声的"曲折"、去声的"降"等典型特征。如果让学生能在听着自己发音的同时,也看到音高的变化,那他应该就能清楚自己的声调问题了。

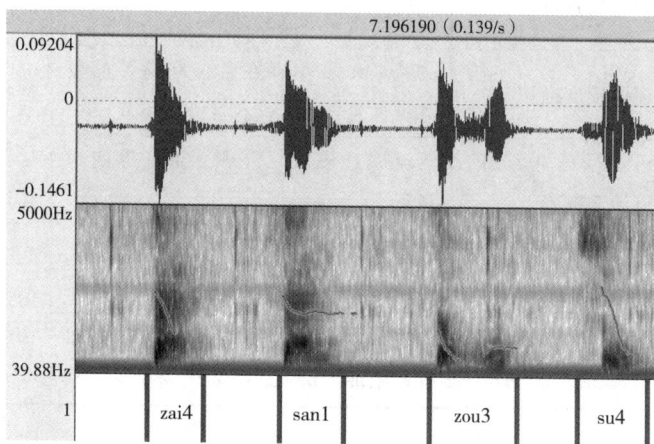

图 7-5　Praat 语音软件上四个音节的语图界面

接着方老师又把 E 同学和自己"妥帖"的录音上传到 Praat,从语图上就能非常清晰地看到两者发音的区别,见图 7-6 所示。示范发音"妥"呈下降趋势,而 E 同学的则呈上升的趋势。看到语图对比之后,E 同学很快就明白了自己的问题所在,也很快就找到了正确的方法。

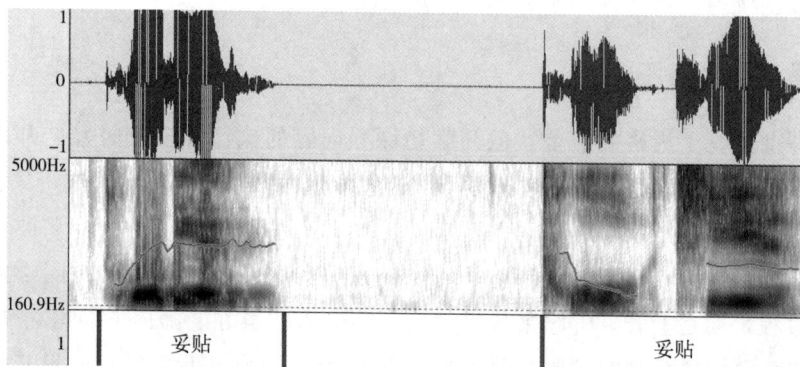

图 7-6　E 同学的发音和教师示范发音的对比语图

"我想像电视台的主持人那样说汉语"

作为一名语音老师，方老师的大部分工作都围绕着学生千奇百怪的声韵调，在帮他们分析和纠正时从来也没想过以尽善尽美的标准去要求。如果有一天一个外国学生站在方老师面前宣布："老师，我想像电视台的主持人那样，生动自然地说汉语"，方老师一定会吓一跳。没错，能吓到方老师的学生出现了，就是韩国的 C 同学。尽管她的语音基础非常好，听她说话时，大部分中国人不会认为她是一位外国人，但她提出的这个要求仍然让方老师觉得目标过高了。因为即便是中国学生，如果想要像电视台的主持人那样说话也是需要进行长期艰苦训练的。

C 同学坚定的决心和刻苦的精神还是打动了方老师，让方老师沉下心来分析她的问题，并试图帮她找到通向她个人目标的途径。通过语音评估发现，C 同学没有接受过专门的韵律训练，朗读时语调较为平淡，缺乏自然度，主要原因是缺乏恰当的停顿意识，没有重音和语调的变化，节奏过于单一。于是，方老师计划重点提升她在语流中的停顿、重音把握、语调变化能力。

练习的方式包括以下这种给一段对话选择合适的重音：

例 1. 刘京：你′看见和子了吗？

　　　玛丽：没′看见。你进大厅去找′她吧。

例 2. 刘京：你看见′和子了吗？

　　　玛丽：′没看见。你进′大厅去找她吧。

没有重音意识的学生通常凭感觉读成第一种，同样 C 同学第一次朗读时也是如例 1 那样，将重音落在"看见""她"上。经过启发，C 同学结合语境分析理解语义，很快地能正确地设置重音了，读出来更像例 2 中的感觉。

重音的设置只是第一步，多次训练，C 同学找对了重音，但还是无法正确地以声音表达出来。她还需要体会到重音的表现方法。汉语重音主要由音高、音长和夸大声调调域来表达，有时还会伴随着音强特征以及音色的变化。凡是重音，一定要在非重音的环境中存在，在非重音的环境中突出。这就需要让她体会同一个词语在音高、音长等物理表现形式上的变化。比如这句话："你应该′多跟中国人交谈"，根据对语意的理解，重音是设在"多"上，但如何在表达时把重音表现出来呢？"多"前后的音节"应该""跟、中"都是阴平，但"多"因为是重音，所以音高明显高出很多，用 Praat 软件可以很清楚地看到这种区别，从听力上也比较容易分辨出来。学生一旦掌握了这种变化，就能自己有意识地表达出来了。C 同学很有悟性，很快就能自如地进行重音表达。

同样，在语调等其他韵律表达上，方老师也设计了练习材料。比如：

A1：老王的女婿是一个艺术家，近来每天都郁郁寡欢。

B1：郁郁寡欢？

A2：是的。郁郁寡欢。老王也很抑郁。

B2：老王也很抑郁？

A1、B1 和 A2 中都出现了"郁郁寡欢"，但因为处在句子中不同的位置，承载了语调的表意功能，其音高有所不同。C 同学最开始无法表达出这种变化，三个"郁郁寡欢"完全一样。方老师给 C 同学进行了汉语中"声调和语调"关系的理论阐述，并引用了赵元任先生的"大波浪小波浪""代数和"的解释，C 同学居然对理论非常感兴趣，而且表示理论知识进一步激发了她对语音学习的兴趣。这让方老师也完全放下了心理负担，以前她总是担心给留学生做相关的理论解释会让他们觉得乏味，现在看来也是因人而异的。

C 同学的韵律学习进展很快，比如 B1 句中的"欢"因为疑问语调需要向上抬升，同时又要保证声调不受影响，C 同学很快就能做到了。同样，B2 句的"抑郁"因为处在疑问句末尾，也只有语调上扬才能表现出恰当准确的语意，但是"郁"是去声，音高是下降的，语调又要求抬升，音高出现了一个看似矛盾的读法。方老师给 C 同学反复对比并加以示范，她也很完美地实现了出来。

在给日本 E 同学、韩国 C 同学正音的同时，另几位同学的语音学习也同时紧锣密鼓地进行着。六位同学的语音问题有共性，但更多的还是个体差异，所以对方老师来说工作量有些大，有时候难免会顾此失彼，颇有些"焦头烂额"。好在高级班的同学理解能力的确很强，而且他们彼此之间也能互帮互助，无形中也缓解了方老师的压力。一学期的课程结束，六位同学感到意犹未尽，方老师也觉得句号并没有完美地画上。尽管同学们的语音面貌在原有基础上有了很大改善，但是正音课结束，离开老师的定期帮助，他们会不会逐渐"原形毕露"呢？这依然是方老师有些担心的问题。

请思考：

1. 面对高级或初级水平留学生开设的语音课，这二者在教学目标和策略上可能有何不同？

2. 语音教学中特别重视为学生设计个性化的语音练习材料，以凸显教学的针对性，那么应该遵循怎样的原则来设计练习呢？

3. 针对高级水平留学生的语音教学要重视语流中的韵律因素，请查找资料简要说明如何开展韵律教学？

评析 A

这个案例中的高级班教学向我们展示了语音课堂可能的独特性、复杂性，学生们的汉语水平整体都达到了精通程度，但语音面貌和缺陷却是千差万别。在短则两三年，长则十多年的汉语学习中，因为师资、教学内容以及学生自身条件、兴趣和学习特点等因素的综合影响，进入高级阶段的留学生在语音上表现出的这种巨大差异性也是一种正常现象。那么，接下来的问题就是，教师在这样的前提下启动教学任务，要如何面对和改善差异呢?

在方老师的做法中,我们首先能意识到,教师必须积极主动地发现差异、顺应差异,继而缩小差异,尽量使每个学习者达成相对自己而言的完善状态,从而保证班级整体语音水平的提升。通过课前语音测试以及访谈发现学生的语音问题点,就是发现差异的过程。这一过程可以将貌似复杂的语音现象抽象出来,为接下来的教学内容设计提供支点。在教学实施过程中,老师也尊重差异,为每位学生提供了具有针对性的正音方法和练习材料。通过老师的塑造和学生的改变,使每位学生都向自己的学习目标、标准状态靠拢,随着各自语音问题的缓解,彼此之间的差距也缩小了。

当然,能达到改善语音、共同进步还要依赖教师语音教学的专业性。发现差异以及提出解决方案需要教师具备专业的听音辨音及纠音能力,而这些能力是以扎实的语音理论素养和较好的语音示范能力为基础的。学生往往因为某一个语音问题在语流中反复出现,给人带来语音不太好的印象,专业老师能凭借良好的听音辨音能力抓住学生语音的规律性问题,并分辨出造成问题的主要原因,再进行有针对性的教学。在教学中,什么时候给学生示范,什么时候进行适当的理论讲解,让学生进行哪方面的练习,老师都应该有自己的专业判断和设计。形式上再借助专业工具、技术手段也是一种不错的思路。

不过,基于差异性的教学设计也会带来课堂时间管理的失衡。尊重了学生的个别需要意味着会产生整体与局部的矛盾,教学内容的过于分散,课堂管理散漫无序都是可能的。案例中方老师重点介绍了针对每位学生采取的不同的教学方法,没有提及整个班级的课堂时间的管理和分配,其实即便是这种小班课也不难想象其中要面对的挑战。哪些内容可以被定义为全班适用的教学素材,如何平衡有限时间内的不同需要,保证班级教学的整体作用,或许也是案例中的教师和我们应该进一步思考的问题。

评析 B

汉语正音课是一门以解决语音偏误为重点,完善学生汉语发音水平的特色课程。案例中方老师为了使正音课更加高效,在宏观和微观上进行了两方面有益的尝试。一是整体上基于课前对学生的诊断性测试,设计了"因材施教"的差异化教学;二是遇到学生有听音辨音和韵律变化方面的具体问题时,靠教学方法、素材、技术工具的灵活运用解决他们的个性化需求。可见,如果要承担起纠正学生发音的任务,教师除了对汉语的语音系统有比较深刻的把握,还必须拿出一套自己的方法或"章法",能够对理论进行具体、生动的运用。这对新手教师而言尤为重要,我们不妨如方老师一样,从两方面加以把握。

首先,就是明确教学原则,精讲多练、针对性、实用性这是基本出发点,由此我们就要科学地规划,除基本的声、韵、调外,哪些内容适用于学习者语音面貌的改善。有学者已经指出:"对外汉语语音教学,应该把轻重音和语调纳入教学内容。我们知道外国人学汉语,语音的最大问题是'洋腔洋调'。对于'洋腔洋调'的形成,有各种不同解释,但归根结底在于学生没有掌握汉语轻重音的规律和语调特点。"案例中方老师面对日本、韩国两位同学，就是有针对性地弥补他们的轻重音和语调问题，改善了他们可能从初级水平就遗留下来的"洋腔洋调"。

其次，有了一定的原则指导，教师应掌握汉语正音课的总体教学方法和练习方法。练习发音的传统方法有演示法、对比法、夸张法、手势法、拖音法、带音法等，方老师就既有借鉴也有创新，特别是借助了语图对比"直击痛点"，力求"药到病除"。这也是追求教学效果优化的一种策略，其实调动各种方式、方法、媒体，都是为了实现高效快速地解决语音问题。

我们需要把正音教学视为一种有目的、有计划的教学活动，将之与那种低风险的、传统的语音教室形态区别开，突破"一言堂"和"平均用力"的做法。借鉴方老师的经验，提前掌握学生情况，发现和重视个体需求，选择适用的教学原则并及时调整内容、方法，这样在改善学生语音面貌，实现教学目标的道路上也许会走得更快。

参考资料：

[1] 孙德金. 对外汉语语音及语音教学研究［M］. 北京：商务印书馆，2006.

[2] 赵元任. 汉语口语语法［M］. 北京：商务印书馆，2005.

[3] 朱川. 外国学生汉语语音学习对策［M］. 北京：语文出版社，1997.

第五节　课堂也有"市场经济"
——我的班级管理契约

概　要：赵老师在北京一所小学的国际部任教，她负责的中文课一般是混合编班，学生来自二到五年级，年龄段为七到十岁。学生的第一语言包括了英语、俄语、波兰语、蒙古语、朝鲜语等。在这样的班级里，尤其需要建立有序的教室规范，创造和谐积极的课堂环境。

关键词：课堂管理　行为契约　奖惩制度　中小学汉语教学

每次接手新班级，学生的自我管理意识、团体规则意识的塑造都是一等一的大问题。班级管理也不仅仅是班主任的工作，各个科任老师也应该至少形成自己的课堂规则，和班主任联合起来共同建设一个有序运行的学生集体。在我这个学校汉语补习班的老师看来，面对十几个汉语零起点，年龄为七到十岁，来自十余个不同国家的孩子，中文课更要建立有序的教室规范。在积极稳定的课堂环境中，教师的教学任务才能更加有效地推进，而最终受益的还是成长中的孩子们。

今年新学期还未开学，我就制定好了一整套以奖励为主，奖惩结合的"课堂管理契约"，准备开学后公之于众。

　　经过开学第一周的磨合，在这天的汉语课上，我拿出了我的两盒神秘"法宝"——代币，见图7-7所示，告诉孩子们我们从今天开始要玩一个非常有意思的游戏。一听到"游戏"，学生们都来了精神。

　　首先，我介绍了手中的"代币"：代币的面值分别有1、2、5、10四种，以"分"（point）为计价单位。在他们对着各色代币眼睛放光的同时，我预告说以后发生在教室里的一切活动，都将与这些小小的代币息息相关。

图7-7　中文课堂计分工具——代币

　　接着，我又向学生展示了一张表格，作为代币奖励的规则清单，也就是说学生在中文课上"挣钱（分）"的方式主要有五类，见表7-5所列。

表7-5　代币的奖励规则

得分方式（HOW TO GET POINTS）	分数（POINTS）
1. 一周五天都来上课（全勤）	2分
2. 按时上交作业并得三颗星	1分
3. 听写得到三颗星	1分
4. 上课出色回答问题	1分
5. 做班级服务中的一种	1分

　　其实表7-5具体指向的是到课情况、作业管理、课堂表现、班级服务四个角度。其中班级服务比较烦琐，日常化的收拾粉笔、擦黑板、打扫、整队等虽然不是直接的学习行为，但对培养学生的规范与责任，平衡自己与他人权益还是很有帮助的。为此我又专门制作了图文配套的每日登记卡，见图7-8所示。

　　最后，"赚钱"规则大体清晰后，我将打印好的每个学生的照片贴在他们各自的置物袋上，做成"积分口袋"，以此作为学生存储自己代币的专属位置。这时，我开始邀请在未来要参与班级积分管理的学生在自己的照片上签名，准备按照契约精神就此宣告活动正式开始。

　　"赚钱"的魅力总是无法抵抗的，很多孩子听到在教室参与活动还能"赚钱"，已经跃跃欲试了。但是，也有思路清晰的孩子不忘提问："老师，如果我有一百分，我可以用它们做什么呢？"我说："别急，接下来老师就要告诉大家，你们可以用这些'钱'做什么！"

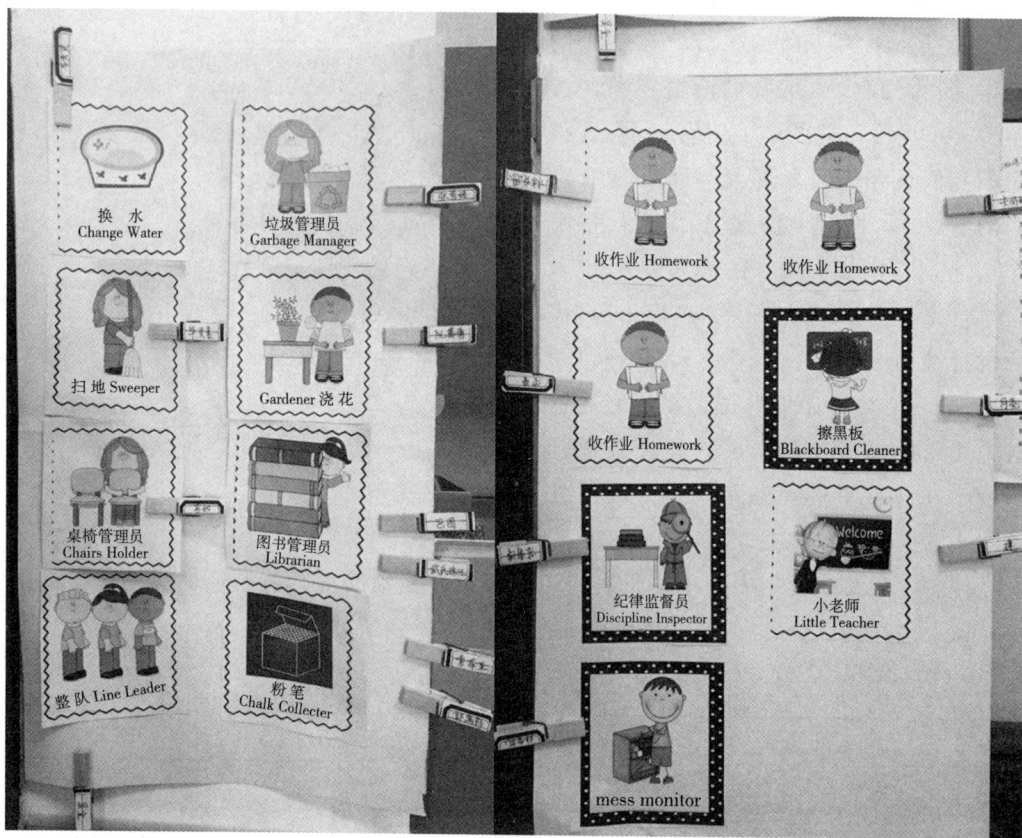

图 7-8　班级服务的每日登记情况

　　我其实早就对那些丢三落四的小糊涂虫多次强调，每天晚上睡前要检查书包，整理好文具书本。但自我管理的意识除了老师的耳提面命，他们可能付出一些"代价"才能学得到。这时候，积分就派上用场啦！我宣布会向学生提供文具"租赁"服务：如果忘记带文具，忘记削铅笔，学生可以向老师"租"一本课本、一支铅笔、一个练习本、一个卷笔刀，但同时也要支付给老师一分。当然，像忘记一次作业、上课有一次不遵守纪律的严重情况等，也会相应地损失一分。有罚也有奖，"市场"才能平稳运转嘛。

　　这套规则在我推出的当天就开始运行，初时我也适应了一阵子，但孩子们认真起来，我真是一分都不敢给他们记错落下。每个人的"积分口袋"都渐渐鼓了起来，后来每两周，我会开放一次"班级集市"。在班级集市上，我拿出一些实物进行买卖，有孩子们喜欢的绘本，漂亮的文具，还有最具吸引力的卡通玩具，卡片等等。每样商品上都标好了"价签"。每逢集市，每个人兜里都揣着沉甸甸的"货币"进行买卖。对于很多学生都想要但数量有限的"商品"，我还参考了市场经济中"供求关系"的原理，开启了"竞价拍卖"的模式，出价高者得。拍卖现场气氛那叫一个热烈。这样的流程进行过一整轮之后，也就大概是一个月的时间，每个学生都已经深深沉迷在这套游戏中了。课堂上，课堂下他们都在卖力地完成班级工作，努力遵守教室规则，积极回答问题。在孩子们的内驱力之下，以往令老师头疼的班级管理问题一个个从中文课上陆续消失了。

请思考：

1. 你能否预估赵老师在推动学生执行班级管理规则时可能会遭遇的若干困难？

2. 同样是建立积分制度，教师使用"代币"和直接书面记录，对赵老师的班效果会有什么不同？

评析 A

如果与国内中小学教育模式相较而言，国际中文课堂管理的重要性常常是被低估了的，很多国际中文教育专业的老师遇到的职业生涯第一大难题就是课堂管理。传统的课堂管理模式常常以行为操控为中心，但缺乏对团体自立的指导，对学生自律的引导。一个好的课堂环境，应当不仅尊重秩序，而且充满活力和自我成长的空间。如何避免课堂管理走向"严格但沉闷"或"自由却松散"两个极端？案例中的老师就尝试将重点放在培养学生的规则意识和契约精神上，让每个学生都有发挥自己能量的机会，并且在行为规范的指引下，改掉丢三落四的习惯，提高出勤率，积极回答问题，共同维护着良好的教室环境。试想，学生每天为了"挣分""赚钱"忙得不亦乐乎，自然少了很多破坏规则的可能。在没有压力的自我约束中，孩子们主动管理着课堂纪律和自身行为，缓解了老师班级管理的压力。而且，从汉语学习内容上看，学生们在积累代币的时候等于练习了使用中文数字，也让活动具有了跨学科的性质。而"班级集市"的设立也可以鼓励、带动学生进入真实交际的现场，用中文进行口语交流。看来，教师在开学时花费几周的时间设计合理有效的课堂管理规则并认真执行下去，师生在整个学年，甚至未来都将受益。

不过，我们也能设想到，在执行这套规则的过程中，根据实际情况和运行效果，应该会有很多新的条例不断被加入进来。那么，在原有基础上，最好能够将老师与学生商量好的奖惩条例文字化，或者张贴在教室里，使之面向动态的班级管理需要而不断更新。除了让班里所有孩子签名，增强契约的分量，还可以让学生成为规则的制定者，将他们有共识的班级公约也加入进来。为了保证这套方案的长期有效性，师生还要严格按照商议好的条目执行，不能朝令夕改，尤其当某个孩子的个别化问题会动摇规则的稳定性时，老师要注意维护班级管理制度的威信，这样也有利于既定方案的有效执行。

评析 B

如何在小学的中文课堂上发挥"游戏力"，这是案例中赵老师给我们的启示。在美国心理学家劳伦斯·科恩所著的《游戏力》一书中，提到了"游戏力"在和孩子建立联结、培养自信、创建规则、稳定情绪上的重要意义。"游戏力"并不限于课堂上带领学生做游戏，而应当渗透在学生走进教室的每时每刻。中文补习课上"筹码"的使用，本身就是用积分游戏的面貌贯彻一套班级管理规则，带领孩子在他们天性喜爱的活动中走向自律，发挥了游戏本身的育人效应。

在这个过程中，我们也能发现"正面管教"的力量远大于"负面施压"。教育活动和教学对象本身具备复杂而灵活的特性，但教师难免在工作中会将某些要求、标准简化成条条框框，如果完全用这样的条框去塑造成长中的学习者，恐怕会忽略个体的多元可能，以及人性中基本的情感力量。美国教育学博士简·尼尔森在《正面管教》中提到管理孩子应该以互相尊重和合作为基础，把和善与坚定融为一体。严格本身是非常必要的，但太过严厉的负面施压（如让学生面壁冷静）偶尔使用可能奏效，却会在孩子心中树立成年人的权威，形成有距离感或层级性的教室文化。"正面管教"的气氛和以奖赏为导向的班级契约，在赵老师的中文课上远比负面施压来的更有力量。而且"代币"的奖励机制的设立是建立在任务驱动的基础之上的，学生每完成一项任务，就可以得到相应奖励肯定，在一项项明确的任务目标下，学生往往会正向自我监督，认真做事，而完成任务获得的成就感也会激励他们学习汉语的信心。

参考资料：

[1] 劳伦斯·科恩. 游戏力：笑声，激活孩子天性中的合作与勇气 [M]. 李岩，译. 北京：中国人口出版社，2016.

[2] 简·尼尔森. 正面管教 [M]. 玉冰，译. 北京：京华出版社，2009.

[3] 刘晋红. 对行为契约式课堂管理模式的探究 [J]. 教学与管理，2016 (21)：73 - 75.

[4] 魏云. 美国加州中小学课堂管理模式探究 [J]. 基础教育参考，2017 (13)：12 - 13.

第六节　初次见面，语伴"难办"

概　要：对于大班制授课的开学第一课，很多老师都非常重视，在课上如何进行师生介绍、明确学习规划和制度等方面也有各种详细的讨论。但一对一授课和非正式的语伴项目，作为不少国际中文教师最初接触的授课形式，其开端也同样需要"第一次"。在这样的课程形式和时间点上，如何面对教学对象？是否有一些针对性的策略呢？

关键词：跨文化交际　教学设计　语伴

大一的第二学期伊始，学院为英国短期班的汉语学习者选拔一对一语伴。听到这个消息，我兴奋极了，抓紧填写了报名表。经过了简历筛选、汉语教学技能考察、英文口试，我终于如愿以偿，成了一名汉语语伴志愿者。

我的语伴是一名18岁的英国苏格兰女孩，名叫利亚，和我同龄。她在苏格兰选修过汉语，已经通过了HSK四级。从资料上看，她汉语基础不错，除汉语外，还掌握了阿拉伯语。我想象中的她热情奔放、幽默开朗，也许我们很快会无话不谈……我开始无比期待和她见面的那天。

我俩的第一次见面只是在教室里互相加了微信，并约定了一对一课程开始的时间和地点是周六下午三点，留学生公寓一楼的咖啡馆。除此以外我们没有过多的交流，这和我预想的不太一样。我以为她会上来给我一个大大的拥抱，没想到她和我一样害羞腼腆，甚至"hello"也是我先说出口的。

第一次上课的日子很快就到了，为了第一次课我做了比较充足的准备，特地将《对外汉语教学语法释疑201例》来回翻看了好几遍，从中找出一些自认为符合利亚汉语水平的知识点，准备教给她。此外，我选了几首比较好听的汉语歌，准备课间休息的时候分享给利亚。

据我了解，英国人比较守时，为了郑重起见，周六下午我提前十五分钟到达了咖啡馆。利亚从楼上下来倒是按我们约定好的时间。由于这是第一次正式见面，我不打算马上进行汉语教学，而是想先和利亚熟悉一下，了解她的基本情况。在介绍姓名时，我对利亚的名字产生了好奇，因为大部分留学生取中文名时，会选择英语读音和汉语读音相似的字作为姓氏，比如"利亚"的中文名一般情况下会叫"李亚"。对于此事，利亚回答道："一开始他们给我起的中文名的确叫李亚，但我不同意，因为我不姓李，我有我自己的姓氏，利亚只是我的名。"听到利亚这么说，我有些不知道怎么回答，看来她对自己文化身份有强烈的认知和保护意识，是一个很有想法的女孩子。这又一次打破了我先前对语伴的幻想，看来她还挺有个性的。

在介绍到年龄时，利亚顺便说了每次她向中国人介绍年龄时，中国人都会很惊讶或者不相信，觉得她应该不止18岁。利亚不明白这是为什么，因为在她看来，她自己和18的中国女孩没有什么区别，是看不出年龄更大的。我原本也想在我们俩之间再聊一下年龄话题的，但听到利亚这么说，赶快把一些自己想说的话放在了心底。可能对于利亚来说，年龄也许不算敏感话题，但不同人种的面貌差异她并不认同或者还没发现吧。

当我说到我是安徽人时，利亚突然很兴奋地说："我去过安徽合肥！在那里学习生活过一段时间。"借着这个话题，我问利亚还去过中国哪些地方。利亚列举了北京、杭州等地。经过这么一段聊天，我发现利亚的汉语口语水平比较高，对中国也比较了解，我隐隐担心自己准备的教学内容对于利亚来说会不会过于简单，边担心边想着怎么调整策略。

由于提前知道利亚是苏格兰人，涉及英国政治敏感问题的方面，我都没有提及。不过聊到语伴互助，我问利亚日后能否使用伦敦腔同我交流时，利亚突然语气不太友好，义正词严地告诉我："我是苏格兰人，不是英格兰人，我说的是苏格兰英语。"我内心突然一惊，难道是我触碰到敏感话题了？无奈之下，我只好说那咱们以后还是说汉语吧。

基本的交流之后，我和利亚进入了正式教学阶段，我拿出了提前准备好的内容，打算为利亚讲解几组词汇辨析，首先开头的就是"我们"和"咱们"的区别。拿书本的时候我问了利亚一句："你知道我们和咱们有什么区别吗？"利亚很积极地回应我说："啊！这个我知道，"咱们"包括我和你，"我们"有时候不包括。"此时我内心又喜又惊，虽然利亚的回答不是很标准，但从她的回答中我能感觉到她对这个知识点是清楚的。果然，利亚的汉语水平远远超出了我的预期，这次我准备的教学内容对于她来说恐怕是小菜一碟。我马上调整教学策略，以免她小瞧了我这个"老师"。我佯装淡定，将书本翻到辨析"我们"和"咱们"的页面，说道："你对这个知识点掌握得不错，那我们做几道题目试试吧。"对着书本上的题目，利亚边读题边说答案。一番操作下来，看得出这个知识点掌握得确实比较准确。但第一次课我不能让利亚觉得汉语是如此简单好学，也不能让她觉得我这个小老师提供的教学内容毫无帮助，我得想办法把场面圆回来！

于是，在完成练习题后，我带着利亚回到课本上讲解的部分，将标准的答案及解说强化了一遍，并要求利亚复述给我。我还对利亚说："我在对你进行汉语教学的时候，不完全是将你当作学生来教。因为未来你可能会成为一名汉语教师，我就以教师的高标准来要求你了。以你目前的汉语水平应该是可以接受的吧？"利亚听毕，爽快地说了一句："可以"，并露出她的小虎牙，甜甜地笑了。我也不由得松了一口气。

为了准确掌握利亚的汉语水平，我对着《对外汉语教学语法释疑201例》的目录，由易到难，一个一个地向利亚提问。最后发现，利亚对中等难度及以下的实词掌握得非常好，只有一些难度高的实词和部分虚词、方位词等，辨析得不是很好。经过这么一番摸底，我不禁陷入了思考，在后续的教学中，我该以什么方式，选择什么内容来进行呢？看来，教汉语水平比较高的学生，对于我来说真是一种挑战啊。

在课程的最后，我向利亚分享了一首《陪你度过漫长岁月》。没想到利亚说她是学歌剧的，非常喜欢唱歌，这首歌她很爱听，还打算学唱。第一次课结束，我们的磨合总算带来了几许轻松，也让我庆幸"初为人师"有惊无险。

请思考：

1. 如果你是案例中的老师，后续的语伴课程你会考虑如何安排教学内容？

2. 对于了解初次见面的学生，除了现场沟通，你还有什么方式掌握学生情况？

3. 选用一对一课程的汉语教材，你会给案例中的老师哪些推荐？

评析 A

案例中的志愿者由于自己对英国人的某些刻板印象，导致第一次和语伴见面时，产生了若干跨文化交际的波折。有些问题可能无关紧要，即便是同样语言文化背景的陌生人见面也需要磨合。但作为学校短期项目辅助学习系统中的一分子，志愿者还是要具备相当的跨文化沟通敏感意识和对文化多样性的开放意识。在个人交往方面，对于学生姓名、样貌、个性等自然条件都应充分尊重，不能急于评判。

一对一课程的初次教学，虽然教师影响学生的数量显得不多，但教学开端的意义并无改变，本质上是一样的。这就需要志愿者或新手教师以严谨的态度，科学规划授课内容。尽量少安排或者不安排正式教学内容，也许是一种选择，因为在对学生汉语水平把握不准确的情况下，就开始教学，很容易带着主观臆测去备课。案例中英国学生本身的汉语水平在交流中才显现，让志愿者老师觉得受到了一定的挑战。这其实也是可以避免的，如果在学院允许的条件下提前查阅学生背景资料，梳理当时短期班正式课程内采用的教材，或者与学生的授课教师进行初步沟通都会对即将见面的学习者形成更切实的认识，这比空怀期待、兀自想象要科学得多。当然，教学组织单位如果能为语伴志愿者提供工作守则或指导，重视课外辅助教学系统的打造，可能个体教师也会少了一些盲目的成分。至于语伴课程的教材选择，也应减少主观性、随意性。为此，有针对性地对学生汉语水平进行前测摸底，了解学生汉语学习中的需求，听取学生本人意见再进行长期规划都可以为后续的课程教学做好更充分的准备。

评析 B

汉语教学第一课要经过教师的精心设计才能顺利启动，一对一授课和非正式的语伴项目也应是如此。案例中的这位老师课前已经做了一些准备，但在专业层面还要注意什么，才能"无惊无险"，顺利开局呢？

首先，这位老师还缺乏对她教学对象全面系统的了解，对学生的定位不够准确，对第一次课程教学内容的准备出现了偏差。一对一教学的特点是真正的个别化和针对性教学，分析教学对象是启动教学过程时的决定性环节。教学对象的"画像"可以从自然特征、学习目的、学习起点和学习时限四个方面来勾勒。其中学生的"底色"，也就是自然特征主要包括学习者的国别、年龄、受教育程度、第一语言及文化背景等。教师没有对教学对象进行个性化了解时，常会基于其自然特征而用若干"标签"去认识他们，但只有克服刻板印象，才能上好专业教师的第一节课。

此外，教学方面，由于对学生汉语水平的定位不准确，这位老师的备课内容也有些想当然，对于自己语言教学工作的定位也还不成熟。比如，为了让学生觉得汉语有难度而做一些不算高效的练习、复述实际上只是权宜之计。教师在课前还是要针对学生的特点和需要充分备课，对自己作为语伴能起到的朋辈互助和引导作用有所认识，课程才能够顺利进行。

虽然这位小老师的经历暴露了一些问题，但从她身上还是能发现值得我们学习的闪光点，比如碰壁时及时改变话题和教学策略，随机应变地补充摸底测试，重新定位学生的水平，在发现兴趣点后顺势引申到教学中，这样做都有助于第一节课的"破冰"。

接下来，语伴工作还要继续，这位老师应该怎么做呢？深入学生生活，充分了解教学对象，更充分地把握因材施教的原则应该是基本的。而且重新准备教学内容，选取适合的教材也是必需的。完全可以双方进行协商，共同选取教学材料，制订教学计划。如果未来可以有意识地将教学内容与学生的兴趣结合起来也会是不错的办法。既然音乐属于这位英国学生的专业和优势领域，那么通过中文与音乐的结合，在"跨学科"的视角里帮助其提高汉语水平，小老师可做的还能有很多。

参考资料：

[1] 胡文仲. 跨文化交际学概论［M］. 北京：外语教学与研究出版社，2012.

[2] 晏响玲，郑艳群. 在线师生一对一汉语教学的特点及相关问题［J］. 汉语应用语言学研究，2014（0）：88－97.

[3] 祖晓梅. 跨文化交际［M］. 北京：外语教学与研究出版社，2015.

第七节　我在"抖音"上的教学资源开发之路

概　要： 从普通用户的抗拒到接受，慢慢转变成以专业人士的眼光去发现、利用，我在"抖音"平台上开始走出自己的教学资源开发之路。我选定了补语作为教学内容，开始挖掘平台上适于教学的功能，筛选实用有趣的话题和文化知识，还想通过角色设定来更好地讲述当代中国故事。如果在移动终端上陪伴中文学习者，能让他们在欢乐中学习中文、爱上中文，数字素材的能量也是不容小觑的。

关键词： 教学资源　移动学习　短视频　补语

移动学习似乎已经成为当代年轻人的重要学习方式之一，这类的学习软件、方式有很多，但也带来了知识碎片化、娱乐化的挑战。在国际中文教育领域，我们并不追求知识的碎片化，但碎片化后的知识有效利用却能给学习者带来的价值。当把精短的语法知识和抖音这款娱乐软件相结合，我居然在自己教学资源开发的道路上找到了一点新的可能。

普通用户的挣扎与觉醒

不知何时，抖音及其海外版应用（Tik Tok）成了人们不可缺少的娱乐软件。交通工具上、路边或家中，我们都能看到人们刷抖音的身影。鉴于对此类应用易沉迷的警惕，我下载使用一段抖音后就毫不留情地卸载了。不过，很快我就发现，即使不使用该软件，身边有不少抖音爱好者还是会实时直播其中的热点信息和"洗脑"背景音乐。我惊讶于抖音的强大魅力的同时，也开始对其成功的奥秘感到好奇。于是，我重新安装了抖音，也在使用中，开始以审视者的眼光研究它。我发现，虽然起初抖音被定义为一款音乐视频软件，但其功能却非常丰富。各类短视频赛道的作品满足了人们的娱乐需求，视频拍摄难度低，制作成本低，在手机终端上简直"触手可及"，这些特点大大拓展了其使用群体的范围。同时，随着网民素质的普遍提高，人们不满足于纯娱乐享受，知识类短视频越来越受到大家的青睐。这类视频短小精悍，使观看者能以尽可能低的时间成本获得愉悦，还能大体地掌握一些碎片化的小知识。可以说，抖音短视频正在创造一种新的学习模式。

专业人士的眼光与思考

作为汉教人，我首先想到的便是抖音可以运用于中文教学。我先去了解了抖音及Tik Tok上的语言类短视频博主，比如英语教学博主"Andrew Cap""哈佛雪梨"、韩国的"李相道中国语"、日本的"李姐妹 ch"等。还有一些海外本土博主或是中国的海外旅居者发布的与中国文化相关的短视频。相较于文化类短视频，语言类短视频引入课堂的应用方式还较少，它们似乎更多地服务于中文自学者。

在特别观察了 Tik Tok 上中文博主们的视频后，我发现这类的短视频普遍存在着知识点较散、系统性不够强等问题。短视频的主角往往是以教师的角色出现，教学内容趣味性偏低，目标对象的水平定位也不明晰，过简单或过难的知识点常在同一个视频中出现。有了这些类似"市场调研"一样的基础，我萌生了设计基于抖音平台的中文教学短视频的想法。如果能挖掘抖音平台可服务于中文教学的功能，为中文学习者提供更具科学性、实用性的短视频资源，我也许能走出自己的教学资源开发之路。

化身"补语"频道供应商

由于是初次尝试教学素材的"生产"，我想先以某个知识点作为试验性设计，汉语补语这个语法点就成了我的"样品"。选择该语法点的原因，一是我希望短视频能尽可能照顾到不同水平的学习者，在《国际中文教育中文水平等级标准》（以下简称《标准》）中，补语正是一到九级学习者都需要学习的语法点；二是补语教学更依赖动作和场景的创设，便于我设计出动态感、现场感的短视频。我将自己的短视频标签定为中文学习、语法学习，而受众目标就是对中文和中国文化感兴趣的抖音用户。

确定好教学内容和目标对象后，第二步便是尽可能地挖掘平台上可服务于教学和学习的功能。从知识的输入和输出角度看，我发现短视频用户可以使用的功能主要有字幕、专注功能、评论区、私信、群聊、"一起看视频"和"合拍"七种。其中，前两个功能用于输入新知识，后几种兼备输入和输出中文两种通道。比如，学习者可以通过"一起看视频"邀请与自己志同道合的朋友同时观看一个视频。而当学习者发现自己喜欢的短视频时，也能利用"合拍"功能来模仿节目中的人物，并发布自己与原作者同框的作品。这两项功能更适于互动，也能利用起来实现"云共享"学习。

接下来便是最重要的一步——短视频拍摄，我的脚本的依据就是《标准》。补语被分为结果、状态等六大类，往下再细分成 20 个小类。依据此分类，我就策划了 26 个短视频，包括 20 个学习短视频和 6 个复习短视频，每个短视频时长约 1～3 分钟，详见表 7-6 所列。其中，学习短视频分情境导入、展示例句和归纳释义三部分。复习短视频采用思维导图的形式，帮助学习者将碎片化知识联结成知识网络。

表 7-6 《标准》与短视频拍摄方案的对应情况

内容等级	二级	三级	四级	五级	六级	七至九级	补语小类数量	学习视频数量	复习视频数量
结果补语	a	b					2	2	1
趋向补语	a	b	c	d	e		5	5	1
状态补语	a			b		c	3	3	1
数量补语	a b	c de					5	5	1
程度补语		a		b		c	3	3	1
可能补语		a		b			2	2	1
补语数量	5	7	1	4	1	2	20	20	6

在刚开始撰写短视频脚本期间，我陷入了设计情景的怪圈中，设计好了一个情景，不是觉得过于单一就是觉得趣味性不强，不符合当代短视频用户的口味。一个人的苦思冥想很难有新意。经过多番尝试后，我发现真正吸引外国短视频用户的是当代中国的日常生活，趣味也理应是在中国人的日常片段中呈现出来的，而不是被额外附加上去的。于是，我开始更仔细地观察身边人的日常生活，记录那些受到热议的新闻时事。

跟紧时事、凸显中国文化就成了我在挑选话题、设计场景时的标准。比如，我在微博、微信等主要社交媒体搜集热词，2022 年初的有抗疫、刘畊宏、内卷、摆烂等。同时，我也搜集了多本国际中文教育的文化类教材，像《这就是中国：中国日常文化》《中国文化》，以及新出版的《国际中文教育用中国文化和国情教学参考框架》，逐渐挑选出当代中国消费文化、中国茶文化等要点，希望能将之融入我的短视频中。我也有意识地钻研抖音上盛行的拍摄模式，比如有一个作品拍了两个主角互换饮食的一天，这种拍摄方式为我提供了短视频主角互换一天的新思路。从以上三个渠道找到的话题点、文化点和创意点越来越多，我筛选出了那些与补语出现语境更为紧密的场景。

陆续请出两位"明星"

筛选完话题和文化点后，我开始构思单个视频的构成形式。以比较主流的抗疫为主题，我撰写了《中国志愿者小雨的一天》的短视频脚本。借助 Vlog 以视频主角自叙个人生活的方式，我设计了小雨自叙抗疫志愿者一日工作的内容。志愿者的一天会涉及许多动作类的词汇，我便将短视频的教学重点定位为简单趋向补语"动词＋来/上/下/进/出/开"。小雨这个人物既是普通中国人，也是疫情这个特殊期间的贡献者。从小雨的视角，学习者还可以看到普通中国人在抗疫道路上坚守和奉献的精神。

不过，在观察与描绘当代中国的路上，我发现短视频的视角过于单一，多是中国人在展示中国生活，何不邀请我们的外国朋友加入讲述中国故事的团队呢？于是，我又新增了美国小伙迈克这一角色。美国小伙迈克是刚到中国生活的美国人，迈克的中文也随着我们短视频系列的陆续推出而不断提高，给予学习者更好的陪伴感、现场感。我在文化类教材中选择了茶文化这一要点，以中国女孩小雨和美国小伙迈克为视频主角，设计了迈克在中国喝茶的脚本，详见表 7-7 所列，从迈克的视角观察中国人的喝茶礼仪。情节设计的主线是由于迈克不熟悉中国喝茶礼仪，在拿起茶杯时想与小雨干杯，通过解除误解来突出中国的茶文化。由于喝茶过程中涉及的"洗干净""看懂""学会"等为结果补语，因此我们将视频知识点定为结果补语"动词＋错/懂/干净/会/清楚"。在短视频里，不同肤色，不同口音的学习者都用中文表达着所思所想，交流着所感所得，这是我的视频更希望呈现的。小雨和迈克代表着两种不同的文化，他们的交流也让学习者看到了文化的碰撞，这两位"明星"也足以撑起那些补语知识点。

表 7-7　《美国小伙第一次到中国茶馆》短视频脚本

教学目标	学习者通过观看视频、做练习掌握结果补语含义及结构，了解"动词＋错/懂/干净/会/清楚"的常用语境，激发对中国茶文化的兴趣。
教学重点	结果补语"动词＋错/懂/干净/会/清楚"
教学对象	HSK 初等（二级）
话题任务内容	邀请、赞扬
短视频标题	美国小伙第一次到中国茶馆
封面图	迈克和小雨喝茶图
场景	中国女孩小雨带迈克去茶馆体验中国茶文化。
背景音	《茶香四溢》纯音乐
道具	茶几、茶具、水、中国传统红木家具
结束语	在中国怎样喝茶，你看懂了吗？弄清楚了吗？
视频总字数	约 80 个字

教学过程：

情境导入	
画面	对话内容
小雨洗杯沏茶。	迈克：我第一次在中国喝茶。
小雨沏完茶，把茶杯放在迈克面前。	小雨：是吗？快来吧！杯子洗干净了，请！
迈克拿起茶，想要与小雨干杯。	迈克：干杯！
小雨边说边示范喝茶步骤：先闻茶香，再小口喝茶。	小雨：哎呀，你做错了，中国人喝茶不干杯，请看我做。
迈克拿起茶杯，先闻，再小口喝。	迈克：这次我做对了吧？
小雨表示赞赏。	小雨：对了，你一下就看懂了！
迈克欣喜。	迈克：太好了，我学会了，可以教给朋友。
展示公式及例句	
"动词＋错/懂/干净/会/清楚" 杯子洗干净了。 我做对了。 ……	
归纳释义	
Some verbs or adjectives can be used after a verb to add remarks about the result of an action. 如"洗干净、做错、做对、学会"。	

一人即团队的种种挑战

在撰写脚本、拍摄视频的过程中，我遇到了许多困难，比如当"编剧"就得面对语法教学与文化教学的冲突。我在以补语为主要教学内容的同时，又力图要加入中国文化元素，然而初级水平中文学习者的词汇量、知识背景等又让他们很难看懂视频中的文字讲解。我的办法是尽量简化短视频主角的语言表述，依照《标准》规定的词汇和汉字表来撰写脚本，对于部分超纲词，我辅以英文注释。目前，对不同水平学习者理解短视频文化层面的内容，我还没有更好的处理办法。

当"导演"时，我也受到了多方阻碍，其一就是拍摄主角的寻找。短视频需要多个国家的演员来配合拍摄，加上疫情影响、返校困难，我年初只能先拍摄中国女孩小雨的那部分，后续再补上外国学生出演的部分。其二是拍摄场景的设计。我们希望带观众到真实的目的语境中去学习中文，感受中国文化，比如去中国餐馆点单吃饭，去乘坐中国的交通工具，体验线下扫码消费的便利等。这类拍摄计划就需要助手或团队，依照我目前的条件也只能暂缓。

从细节上看，现已完成的脚本部分仍难做到台词完美，比如《中国志愿者小雨的一天》中我为了让视频中的语言朗朗上口，有意识地设计四字短句，如"晚上九点，放回工具，开心回家。"这里的"开心回家"似乎符合字数要求，但这样的状语和中心语结构并不严谨。如何能既照顾到学习内容的科学性和实用性，还同时能让短视频中的语言形式易学易记，甚至呼应媒体语言的特色？这是我需要继续探讨研究的问题。

目前我在泰国一所小学做国际中文教育志愿者，我发现这些低龄学习者也十分喜欢在 Tik Tok 上观看短视频，一些"神曲"在他们之中开始传唱。这让我意识到，之前短视频的受众年龄定位是偏向于成年学习者的，如果转向青少年又应该如何设计呢？与面向成人的学习素材会有什么不同？还有什么好的方法让知识碎片成为体系吗？这些问题我也正在思考。

请思考：

1. 作为国际中文教育资源的载体之一，短视频的目标受众也是有"学习者标签"的，除了按中文水平分类，你会怎么划分类型？

2. 开发服务于儿童的中文学习短视频素材，你会考虑哪些原则？

3. 请调查一下有哪些基于社交软件开发的汉语视频学习资源，思考它们的突出特点表现在哪些方面。

评析 A

当今社会，我们倾向于将移动学习定义为手持式移动技术支持的学习或跨越各种情境、地点发生的学习。移动学习以交互、便捷、突破时空界限、学生自主性强等特点深受学习者的欢迎。学习者通过抖音短视频来学习中文的学习方式也属于移动学习，教师可以为之提供的资源可能是挖掘已有的移动学习素材，也可能是根据受众对象及学习内容进行独立设计。案例中作者进行的尝试明显属于后者。

移动学习作为数字化时代的热门学习方式，其内容开发也需遵循教学资源的基本原则，比如简明、实用、关联和互动。简明指内容简洁，呈现鲜明；实用体现在为学习者创造有实用意义的情境；关联指零碎知识间的逻辑性、系统性；互动指资源传收双方信息的双向流通，学习者能及时获得反馈。案例中补语系列视频的设计大体符合这些准则，创作者在传播当代文化、加强交流意识上还有更多新意。

为提高短视频传播效力，制作这些中文教学资源还需依据一定传播学原理。设计制作短视频时，我们要注意对传播内容、媒介、传播过程、受众和传播效果五大因素进行把关。比如，对于中文知识和中华文化的内容要素，创作者要保证其正确性和实用性，利用《标准》并不断反思都是好办法。投放教学资源的媒介选择，尤其需要考虑其本身的特点，以及与目标受众的紧密度。抖音海外版 2021 年的总访问量已超越 Facebook、Instagram、Twitter 等应用，月活跃用户超过 10 亿，平台提供的创造者、使用者页面功能，就限定了中文教学资源应用的环境。在这个庞大的群体中，利用碎片时间学习汉语的人群应该是偏年轻，也更适合数字化生活的。基于这些条件，开发和投放补语系列视频，案例作者既有自己的空间，也必须有的放矢。作为未来的视频设计者，充分挖掘中文教育数字资源应用的需求，明确当前资源的最具体的教育教学目的，强化功能定位，甚至开发个性化的或更有针对性的应用也是一种不错的思路。学习内容走大众化还是分众化的路线，路线的划分依据年龄段还是中文水平，也是后续视频上线后能否成功的关键。

评析 B

国际中文教师要想成为语言学习短视频的建设者，创作更优质、更具吸引力的教学资源，需要学习的还有很多。这最基本的可以从观摩借鉴他人的创作经验入手，面对潜在用户做好"市场调研"后，还要不断拓宽和规范自己的策划、制作思路。对于案例中这位老师已有的成果，"补语频道"的继续加工还可以考虑在视频开头以醒目的字体说明当前内容的汉语难度等级和话题关键词等，对全系列视频进行简明的主题划分或编辑，以方便用户快速查找。整体上还可以对视频号进行"装修"包装，比如使用个性化的文字、图像设计或专门的头像，形成这样的产品形象后更易于在各类社交媒体平台和社交群内进行宣传。当然，这就要重新衡量运营工作方面的人力和时间成本。

同时，通过观察我们的中文教学活动，能发现教师在课堂上利用新媒体技术下的数字化资源已经变得越来越普遍。那么，如果获取了像案例中的短视频素材，面对"他山之石"的教师又要注意什么呢？

可能起点就是定位问题，因为短视频媒体更适合应用于泛在学习，教师在课堂系统化教学之余利用短视频作为课内外的补充，帮助学生高效、合理地利用碎片化时间或者建构汉语学习的拟态化场景都是可行的。但碎片化的知识和资讯对学生系统化的深入学习是远远不够的，教师对于抖音或其他平台上短视频，既需要摸清其产品形态、功能和特性，也要由此形成自己对这些资源的甄别、判断、选用标准。另外，短视频来源众多，质量可能良莠不齐，此时对于涌入课堂的信息进行过滤和筛选就是教师的责任。我们作为"把关人"，要确保这些辅助教学内容的可用性、合理性和科学性，至少在应用前，需要核实此类短视频的知识点是否正确和准确。最后，如果启用了类似案例中的抖音短视频资源，我们就要物尽其用。教师应充分利用平台本身的技术条件，例如抖音的私信和评论功能，借以促进学习者之间的探讨与交流。继续探索和调动短视频平台的其他交互性功能，创造语言运用的机会也很重要，这能帮助教师用好、用活新资源。

参考资料：

[1] 阿格涅茨卡·帕拉拉斯，穆罕默德·阿里. 移动技术辅助语言学习国际手册 [M]. 王迎，侯松岩，江子鹭，王怡丹，译. 北京：国家开放大学出版社，2018.

［2］焦建利.指尖上的学习——移动学习理论与应用［M］.北京：北京交通大学出版社，2020.

［3］孟竹.新媒体视角下自媒体教育探究——以短视频为媒介的对外汉语教学为例［J］.传媒论坛，2020，3（8）：159＋161.

［4］翁克山，李青.移动语言学习概论［M］.北京：光明日报出版社，2014.

参 考 文 献

（一）案例集类

[1] 陈琪，倪慧君. 国际汉语教学从这里开始：中小学国际汉语教学案例与分析 [M]. 北京：北京大学出版社，2019.

[2] 孔子学院总部/国家汉办. 国际汉语教师经典案例详解 [M]. 北京：人民教育出版社，2018.

[3] 刘美如，吕丽娜. 智在沟通：国际汉语课堂教学与管理案例及解析 [M]. 北京：北京大学出版社，2017.

[4] 刘志刚. 多媒体辅助汉语教学案例集 [M]. 北京：北京语言大学出版社，2020.

[5] 刘志刚. 北美故事：美国一线汉语教学案例与反思 [M]. 北京：北京大学出版社，2021.

[6] 卢福波. 汉语语法点教学案例研究：多媒体课件设计运用 [M]. 北京：商务印书馆，2016.

[7] 毛力群. 国际汉语教学案例（一）[M]. 杭州：浙江工商大学出版社，2022.

[8] 齐春红. 汉语课堂教学案例与分析 [M]. 北京：科学出版社，2018.

[9] 叶军. 国际汉语教学案例分析与点评 [M]. 北京：外语教学与研究出版社，2015.

[10] 张恒君. 汉语国际教育案例与点评（亚洲国家篇）[M]. 北京：华语教学出版社，2016.

[11] 张艳莉. 汉语国际教育案例分析与点评 [M]. 上海：上海外语教育出版社，2020.

[12] 朱勇. 国际汉语教学案例与分析（修订版）[M]. 北京：高等教育出版社，2015.

[13] 朱勇. 国际汉语教学案例争鸣 [M]. 北京：高等教育出版社，2015.

[14] 朱勇. 跨文化交际案例与分析 [M]. 北京：高等教育出版社，2018.

（二）专著类

[1] 陈大伟. 教育案例写作与研究 [M]. 北京：教育科学出版社，2012.

[2] 陈琦，刘儒德. 当代教育心理学（第 3 版）[M]. 北京：北京师范大学出版社，2019.

[3] 陈向明. 质的研究方法与社会科学研究 [M]. 北京：教育科学出版社，2000.

[4] 陈向明. 教育研究方法 [M]. 北京：教育科学出版社，2013.

[5] 崔永华. 对外汉语教学设计导论 [M]. 北京：北京语言大学出版社，2008.

[6] 高熏芳. 师资培育：教学案例的发展与应用策略 [M]. 北京：九州出版社，2006.

[7] 郭睿. 汉语教师发展 [M]. 北京：北京语言大学出版社，2010.

[8] 何克抗，林君芬，张文兰. 教学系统设计（第 2 版）[M]. 北京：高等教育出版社，2016.

[9] 加里·托马斯. 如何进行个案研究 [M]. 方纲，译. 北京：中国人民大学出版社，2021

[10] 靳玉乐. 案例教学原理 [M]. 重庆：西南师范大学出版社，2003.

[11] 李亮，刘洋，冯永春. 管理案例研究：方法与应用 [M]. 北京：北京大学出版社，2020.

[12] 刘元满，刘路. 国际汉语教师教育课例研究 [M]. 北京：北京大学出版社，2021.

[13] 路易斯·A·林德斯，詹姆斯·A·厄斯金，迈克尔·R·林德斯. 毅伟商学院案例教学法丛书：毅伟商学院案例学习（第 4 版）[M]. 赵向阳，黄磊，译. 北京：北京师范大学出版社，2011.

[14] 罗伯特·K·殷. 案例研究方法的应用（第 3 版）[M]. 周海涛，夏欢欢，译. 重庆：重庆大学出版社，2014.

[15] 罗伯特·K·殷. 案例研究：设计与方法（原书第 5 版）[M]. 周海涛，史少杰，译. 重庆：重庆大学出版社，2017.

[16] 马尔科姆·泰特. 案例研究：方法与应用 [M]. 徐世勇，杨付，李超平，译. 北京：中国人民大学出版社，2019.

[17] 迈克尔·R·林德斯，路易斯·A·林德斯，詹姆斯·A·厄斯金. 毅伟商学院案例教学法丛书：毅伟商学院案例写作（第 4 版）[M]. 赵向阳，黄磊，译. 北京：北京师范大学出版社，2011.

[18] 芮洋，杨启秀. 小组工作（第二版）[M]. 北京：北京大学出版社，2022.

[19] 孙军业. 案例教学 [M]. 天津：天津教育出版社，2004.

[20] 王少非. 在经验与反思中成长：案例开发与教师专业发展 [M]. 济南：山

东人民出版社，2008.

[21] 威廉·埃利特. 案例学习指南（第 2 版）［M］. 刘刚，殷建瓴，钱成，译. 北京：中国人民大学出版社，2020.

[22] 闻亭，常爱军，原绍锋. 国际汉语课堂管理［M］. 北京：高等教育出版社，2013.

[23] 小劳伦斯·E·林恩. 案例教学指南［M］. 郏少健，岳修龙，张建川，曹立华，译. 北京：中国人民大学出版社，2016.

[24] 央青. 国际汉语师资教育中的案例教学及案例库构建研究［M］. 北京：中央民族大学出版社，2012.

[25] 詹姆斯·A·厄斯金，迈克尔·R·林德斯，路易斯·A·林德斯. 毅伟商学院案例教学法丛书：毅伟商学院案例教学（第 3 版）［M］. 黄磊，赵向阳，译. 北京：北京师范大学出版社，2011.

[26] 张民杰. 案例教学法：理论与实务［M］. 北京：九州出版社，2006.

[27] 郑金洲. 案例教学指南［M］. 上海：华东师范大学出版社，2000.

[28] 周海涛，郭二榕. 如何做案例研究［M］. 北京：教育科学出版社，2022.

[29] 周小兵，等. 汉语国际教育研究设计与论文写作［M］. 北京：外语教学与研究出版社，2021.

[30] 祖晓梅. 跨文化交际［M］. 北京：外语教学与研究出版社，2015.

（三）论文类

[1] 包学菊. 全案例教学模式在汉语国际教育专业中的应用——以 MTCSOL "课堂案例分析"为例［J］. 国际汉语学报，2017，8（1）：105－111.

[2] 陈向明. 实践性知识：教师专业发展的知识基础［J］. 北京大学教育评论，2003（1）：104－112.

[3] 顾苏. 基于认知心理学和人本主义理论的商务案例教学［J］. 国际商务研究，2007（5）：62－66.

[4] 关海霞. 论知识类型与案例教学法［J］. 黑龙江高教研究，2009（2）：190－192.

[5] 黄锦章. 关于案例教学的若干理论思考［J］. 汉语学习，2011（2）：68－74.

[6] 黄劲松. 基于建构主义的工商管理案例教学方法论［J］. 管理案例研究与评论，2009，2（5）：350－355.

[7] 侯磊. 汉语国际教育案例资源研究与建设［J］. 汉语应用语言学研究，2018（0）：49－57.

[8] 汲传波. 案例知识与教师学习［J］. 国际汉语教育（中英文），2019，4（1）：28－35.

[9] 蒋霞. 案例教学法在汉语国际教育专业中的应用［J］. 教育现代化，2019，6

(59)：257 – 260.

[10] 李海鸥，周琼莎．汉语国际教育硕士专业学位课程中的案例教学——以"汉语作为第二语言教学"课程为例 [J]．海外华文教育，2011 (3)：7.

[11] 亓海峰．面向汉语国际教育的案例教学 [J]．国际汉语教育研究，2015 (0)：118 – 122.

[12] 邵光华．美国师范教育中的案例教学法及其启示 [J]．课程．教材．教法，2001 (8)：75 – 78.

[13] 吴应辉．国际中文教育新动态、新领域与新方法 [J]．河南大学学报（社会科学版），2022，62 (2)：103 – 110＋155.

[14] 向俊杰，陈威．高校案例教学中教师角色错位问题研究 [J]．黑龙江高教研究，2018，36 (12)：104 – 109.

[15] 徐晶凝．关于汉语国际教育硕士专业学位培养方案的思考——教师教育的国际化视野 [J]．海外华文教育，2016 (1)：27 – 35.

[16] 张新平，冯晓敏．重思案例教学的知识观、师生观与教学观 [J]．高等教育研究，2015，36 (11)：64 – 68.

[17] 周红．基于案例教学法的国际商务汉语师资培训模式探究 [J]．国际汉语教育（中英文），2017，2 (2)：76 – 88.

[18] 朱勇．基于学生日志的国际汉语教学案例分析课反思 [J]．语言教学与研究，2019 (1)：12 – 21.

图书在版编目(CIP)数据

国际中文教育案例指导与实训/包学菊编著.—合肥:合肥工业大学出版社,2023.11
ISBN 978-7-5650-6290-2

Ⅰ.①国…　Ⅱ.①包…　Ⅲ.①汉语—对外汉语教学—教案(教育)　Ⅳ.①H195.3

中国国家版本馆 CIP 数据核字(2023)第 047828 号

国际中文教育案例指导与实训
GUOJI ZHONGWEN JIAOYU ANLI ZHIDAO YU SHIXUN

包学菊　编著　　　　　　　　　　责任编辑　王　丹

出　版	合肥工业大学出版社		版　次	2023 年 11 月第 1 版	
地　址	合肥市屯溪路 193 号		印　次	2023 年 11 月第 1 次印刷	
邮　编	230009		开　本	787 毫米×1092 毫米　1/16	
电　话	基础与职业教育出版中心:0551-62903120		印　张	12.5	
	营销与储运管理中心:0551-62903198		字　数	270 千字	
网　址	press.hfut.edu.cn		印　刷	安徽联众印刷有限公司	
E-mail	hfutpress@163.com		发　行	全国新华书店	

ISBN 978-7-5650-6290-2　　　　　　　　　　　　定价:42.00 元

如果有影响阅读的印装质量问题,请联系出版社营销与储运管理中心调换。